ケイト・スワファー

寺田真理子・訳

認知症を乗り越えて生きる

"断絶処方"と闘い、日常生活を取り戻そう

WHAT THE HELL HAPPENED TO MY BRAIN ?
Living Beyond Dementia

KATE SWAFFER

クリエイツかもがわ
CREATES KAMOGAWA

日本語版発行にあたってのおことわり

原書が大部であるため、日本語版の刊行にあたり、オーストラリア特有の制度や著者の主張が重複する部分を中心に割愛しました。

- 本書に登場する「断絶処方」の原語Prescribed Disengagementは商標登録されており、それを表す®が付記されていますが、訳語ではこの表示は外しています。
- 本書では多くの文献等の引用があります。邦訳のあるものは『　』内に邦題を表記し、邦訳のないものについては『　』内に邦訳と英語を併記してあります。

また、原書においてはdisabilityとdisAbilityという語が使われています。前者は障害を意味するのに対し、後者はAbilityを強調することで障害があってもできることに焦点をあてています。後者を「障がい」と訳出することも検討しましたが、表記の不統一に見えて読みづらいため、日本語としての読みやすさを優先して「障害」で統一していることをご了承ください。著者が原語に込めた思いを、この場を借りてお伝えしたく思います。

First published in the UK and USA in 2016 by Jessica Kingsley Publishers Ltd
73 Collier Street, London, N1 9BE, UK
www.jkp.com

Printed in Japan

日本の読者のみなさまへ

２０１６年の原書版の刊行以来、認知症の業界では、特に私たち認知症当事者にとって多くの変化がありました。私は国際認知症同盟の共同代表であることを光栄に思うとともに、とても誇りに思っています。国際認知症同盟は、医学的に認知症と確定診断された当事者が運営する初の国際団体で、当事者のためだけのものです。認知症当事者が自己擁護できるように力を与えるためだけでなく、認知症があるすべての人とそれを支援する家族や友人たちへの人権に基づくアプローチのためにも、国際認知症同盟は国際的に大きな存在感をもつようになってきました。

私は認知症当事者の立場から本書を執筆し、認知症についてすべてを書きました。認知症とともに生きる人の内面世界を読者が学んでくれることが私の夢です。それだけではなく本書によって、日本においても認知症と診断された人たちが診断前の人生を取り戻し、できるだけ長くよく生きようと努力する力を得て、そして支援者の当事者を見る目が変わる一助となることを願っています。

本書は個人的なことから国際的なことまで、多くの話題を扱っています。他者が私たちの症状を、死への道のりとしてではなく、支援の必要な障害として見て、より長く独立できるようにすることが重要だと信じています。私は障害というレッテルを貼られるためではなく、このアプローチをとることによってアクセスできる権利の獲得のために活動をしているのです。障害者の権利に関する条約は、あらゆるタイプの認知症の症状によって生じた障害を含め、認知症やその他の病気や傷害によって生じたいかなる障害がある人も含め、他者と同様の権利を有することを確認するものです。認知症がある人たちが診断時にすぐにリハビリと積極的な障害支援によって日常生活の支援を得られるようになるのが私の夢です。私たちの自立を促し、より長く私たちの生活の質を改善し、現行制度の下での社会的烙印（スティグマ）と依存を減らすためです。

もしあなたが認知症なら、ただ家に帰って認知症のせいで人生をあきらめてしまう代わりに、認知症とともに生きるように、本書が励ましとなることを願います。そしてまわりの人たちがもっと前向きにあなたを支援するよう、力を与えることを願います。世界は認知症にやさしい地域の実現に向かって動いています。この流れの中に私たち認知症当事者を含めること、そして、認知症とともによく生きるよう私たちを支援することは必要不可欠です。私たちが仲間に入れられず、声をもたなければ、私たちの世界は認知症にやさしいものにも認知症があっても生きやすいものにもならないのです。

認知症とともに生きることについての私の個人的な話や考えを、こうして日本の読者のみなさまと分かち合える機会をいただいたことを光栄に思い、そして感謝いたします。

２０１７年３月

ケイト・スワファー

認知症を乗り越えて生きる＊もくじ

献辞

本書を私の素敵な、愛情深い夫ピーターに捧げます。夫は私のいちばんの親友で、私を無条件に愛してくれています。そして素晴らしい、才能豊かな2人の息子チャールズとマシューに捧げます。あなたたち一人ひとりを私は自分の存在のすべてをかけて愛しています。あなたたちの愛と支援への感謝を、どんなに愛しているかを、私の人生にもたらしてくれた全き喜びを、十分に伝えられる言葉を私は持ち合わせていません。

私たちはオープンに、正直に、ともに人生を分かち合ってきました。笑いと、そして私の知る限りもっとも深い愛情をもって。これ以上、私が望むことなどあるでしょうか……ありがとう。

死ぬ時が来たら、死への恐れに満ちた輩のように振る舞うな。
お前の死の歌をうたえ。
そして帰還する英雄のように死にゆくがいい。

オーパマット（1725年）モヒカン族酋長

認知症を受け容れる社会に

リチャード・テイラー博士

私はこれまでに認知症とともに生きる多くの人たちと話をし、その言葉に耳を傾けてきましたが、たいていは何百万人という先人たちの足跡をたどって、認知症とともに生きる旅を始めるのです。

先人たちはこう言われました。「あなたは認知症です。おそらくこのタイプか、あのタイプでしょう」。私たちは認知症の末期に焦点をあててしまいます。人生のコントロールや夢や関係性を失ったかのように自分に言い聞かせ、行動します。苦しみが終わり、混乱して独りで死ぬ時を待つようになります。

私自身は、診断後2週間泣き続けました。どうして泣いているのかわかりませんでした。誰もが認知症への社会的烙印を抱いているものです。

ケイト・スワファーも、私たちと変わりありませんでした。だけど彼女が際立っているのは、驚くべき洞察力を備えていることです。認知症と診断されると、私たちはたいていは圧倒され、怯え、混乱し、運命を恐れます。何が、なぜ、どのようにそうさせるのか、彼女は見抜くのです。だからこそ、できるだけ多くの人が本書を読むことが重要なのです。

彼女の誠実さ、率直さ、その精神には心が慰められるとともにためになり、とても前向きであるとともに私たちは大丈夫なのだと心から安心させてくれます。私たちの人間性は依然として損なわれてはおらず、そしてこれからもずっと、損なわれることはないのです。

私たちは今でも、一人ひとりに十全で有意義な人生を生きる機会に満ちた未来があるのです。

彼女は本書で説いたことを実践しているだけでなく、まさにそのような人生を生きています。

ケイトは読者に対し、認知症とともに生きる私たちを理解し、受け容れることを急がねばならないと、わかりやすく伝えています。立ち上がり、声を上げるようにとせき立てます。自分の人生を抱きしめなさい、状況の犠牲者になってはいけないのです、と。私たちを一人の人間として受け容れてくれるように彼女は介護者、専門家、友人や家族に頼み、時には要求します。

もしあなたが現代の勇気ある注目の人物を知りたいなら、そして認知症を徹底的に知りたいなら――本書を読むことです。

国際認知症同盟の創立メンバー
認知症当事者として活動。2015年にがんのため逝去

認知症に真正面から立ち向かう勇気

国際アルツハイマー病協会　議長　グレン・リース

自殺であれ、安楽死や孤独、うつ病であれ、本書でふれられていないタブーはありません。認知症がある人が診断後に感じるフラストレーションを、認知症ではない人が理解することが重要です。本書は、他者にとって何が最善かをいつもわかったつもりでいる人たち（私たち全員かもしれません！）に異議を申し立てます。パーソンセンタードケアを無意味にしてしまうのは失敗であると述べ、認知症がある人とその家族による必要な支援とケアにおける意思決定に現実味を与えています。

認知症は医学的状態であるのと同じくらいに社会的状態であるということがオーストラリアでも世界でも徐々に認識されてきていますが、本書ではその重要性が強調されています。明確なメッセージは、「断絶処方」が支配し、認知症と診断された人の雇用やその他の権利が考えもなしにはく奪されている限り、認知症がある人やその家族には生活の質などないということです。他者が享受する権利をはく奪しながら、どこかへ行って自分の人生をなんとかしろと言われるのは、治療ではなくうつ病とフラストレーションと怒りの処方です。

本書で認知症がある人の洞察を私たちは知ることになりますが、それは居心地のいいものではありません。

ケイトの人生には変遷がありました。『リンク・ディサビリティ・マガジン』に寄稿した「私の新世界」にあるように、「ただ部屋の隅に座って泣いて終わらないよう努力を続けて」いた時から、どのように新世界を受け容れ、自分自身であり、物事を達成し続けているのかを説く、勝利の道とも言えるところまで。ケイトの言葉によれば、「若年性認知症の診断が、私に本当の目的と意味を、その最も深いところで与えてくれたのです」。

一人ひとりは独自の存在で、ケイトが認知症に真正面から立ち向かったような自信や勇気をもつ人は滅多にいないでしょう。

アルツハイマー関連団体の諮問委員会や理事会は、その実体に認知症当事者を含めるようにもっと迅速に動く必要がある。そう考えるケイトが焦る気持ちは理解できます。しかし今世紀に入ってから著しい変革がありました。スコットランドのアルツハイマーソサエティなどがずっと前から道を切り開いてきました。

私は前向きでいたいのです。なぜなら、それが認知症がある人のよりよい生活の質を達成するために、他者を巻き込んでいく唯一の方法だからです。

学術分野に切り込んだ功績

シブリー・ラーマン博士

本書の刊行前から、ケイト・スワファーはすでに認知症の学術分野において後々まで残る影響を与えていました。そういう人は一握りです。彼女は「断絶処方」という考え方や「障害」の分析を通して独自の理論を構築し、倫理基準を抜本的に変革しました。ケイトの仕事のおかげで、政策の方向性が現在では変わり始めています。単なる薬の処方から人々が自分の人生を生きていける支援へと。

本書が幅広い読者層に訴えるのは自明ですが、あらゆる分野で研修を受けているすべての臨床家が慎重に読むべきだと思います。正直なところ、彼女以外の誰も本書を執筆することはできなかったでしょう。著者自身が認知症ケアの修士号を取得しており、若年性認知症とともに生きる自分の人生に意味を見出しているのですから。

本書が抜きんでているのは、ケイトがとても情報豊富であることと、すべての言葉にその決意が輝いていることです。またケイトは詩の美しさをもって文章を綴っています。本書は実によく書かれており、まさに「読み出したら止まらない」のです。

認知症とともに生きることがどんなものかを学びたいすべての人にとって、本書はかけがえのないものとなるでしょう。本書に匹敵する質と幅広さを備えた本は他にないでしょう。取り上げられている内容には、若年性認知症、雇用、診断の遅れの結果、罪悪感、車の運転が含まれます。それでいて、学術的な分析によってどのテーマも退屈なものにはなっていないのです。最終的には、本書を通してケイトは認知症の有無にかかわらず何百万という人々に訴えかけることになるでしょう。ケイトに関してよく耳にする言葉は、「勇気を与える」というものです。メディアでの誇張がよくある最近ではこの言葉が使われることも珍しくありませんが、ケイトの場合は十分にこの言葉に値します。

本書は非常に独創的なもので、言葉の乱用や認知症についての神話など、多くの主要な話題を深く掘り下げています。「専門家」やメディア関係者を含め多くの人は居心地の悪い思いをするかもしれませんが、慎重に耳を傾ける必要があります。本書は時代や場所を超越しながらも、今、ここにいる私たち全員に深く関係するものです。そして明らかに時代の先を行っています。

認知症というテーマで、本書に匹敵するものが書かれることはないでしょう――ケイトが続編を執筆するのでない限り。

認知症の診断と診断後のケアについて積極的に発信
認知症とともによりよく生きることをテーマにした著作もある

消え去っていく

人生が消え去っていく
怯えている　もうすぐ
子どもたちが誰だかわからなくなる

人生が消え去っていく
悔しい　もうすぐ
夫が誰だかわからなくなる

人生が消え去っていく
信じられない　もうすぐ
家族が誰だかわからなくなる

人生が消え去っていく
怒っている　もうすぐ
友人たちが誰だかわからなくなる
屈辱的だ　もうすぐ
どうやって運転するのかわからなくなる

人生が消え去っていく
絶望している　もうすぐ
自分が誰だかわからなくなる

これは、診断後まもなく私が書いた詩です。南オーストラリア大学のコンペで2等賞を獲りました。ありがたいことに、認知症の診断で当時ほどトラウマになっても恐れてもいませんし、認知症を乗り越えて生きることを学びました。今のところ、友人や家族を思い出せないことが時々あるだけです。しかし、かつて知っていた人生は、依然としてとてもゆっくりではありますが、とても静かに消え去っていっています。

はじめに

私の処女詩集『愛、人生、喪失――詩のジェットコースター（*Love, Life, Loss: A Roller Coaster of Poetry* 2012年）』同様、本書も私の人生について書いたものですが、若年性認知症の診断とともに生きていくことに特に焦点をあてています。厳密に言えば自伝ではなく、むしろ認知症とともに生きることを私がどう感じているか、本心からの話題や考え方について書いたもので、認知症だけに限ったものではありません。

学術書ではありませんし、医療介護分野に焦点をあてたものでもありません。認知症がある人やその家族、ケアパートナーのためだけの本でもありません。しかし、学者も、医療従事者も、介護事業者も本書から学ぶことがあると信じています。

本書は、私の真実、私自身の現実という観点から書かれています。時に私自身がそうであるように、本書のジャンルは紛らわしいと言えるかもしれません。ノンフィクションの側面もあれば、学術的な側面も、そして自伝的な側面もあります。共感を呼ぶような話題や考え方もあれば、そうでないものもあるでしょう。うるさく感じるものもあるかもしれませんが、それも常に私の本心なのです。

私が認知症について書くようになったのは、触発され続け、私の考えを分かち合うことで、私自身に「私は本当に誰なのか」を思い出させるためです。つまり、私の人生や思考、哲学を記録するためです。そうしておけば後に、私が何を考え、どんなことをしていたかを「思い出す」ことができなくなっても、その記録が残るでしょう。本の執筆とブログを通して、私はまた、自分自身の記憶を創っているのです。フェイスブックやツイッターのようなソーシャルメディアを利用する習慣は、コミュニケーションをとろうとする訓練になりました。実際、現在ではソーシャルメディアが他者とつながるほぼ唯一の手段なのです。携帯電話に出る人も少ないし、固定電話はたとえ持っていたとしても出る人はさらに限られ、コーヒーを飲みながらおしゃべりをする時間なんて、もはやほとんどもつ人はいないのですから。私たちは自分の生活であまりにも忙しく、お互いに話もできないようです。だから書くことは、それが本書であろうとブログやソーシャルメディアというサイバー空間を通してであろうと、私にとって他者とつながり続ける手段なのです。今では私のブログ「言葉で世界を創る——インスピレーション、愛と真実」、そしてソーシャルメディアが往々にして私が私自身と、そして世界とつながり続ける唯一の手段なのです。

誰も電話に出ない
無駄話の時間はない
携帯メールが役に立つ

書くことやブログによって、他の認知症のある人たちや私たちの家族や友人たちが、人生や病気、認知症や衰えていく能力について話し合ったり、私の話が他者（批評家ではなく読者）の目にどのように映っているのかを発見したりできる共有スペースを創ることがどれだけ重要か、初めて気づきました。『暴露（*Exposure*）』の著者である、洞察力に富んだ作家のジョエル・マガリーは、自分の言葉がソウルメイトや愛する人によって読まれ、反応をもらうことで初めて命を与えられたと感じました。その思いやりと共鳴は著書の中で次のようにとても優美に描かれています。

その言葉を自分がペニーに言うところを想像してみると、言葉は、私がもたせたかった重みをもつようだった。まるでこの孤独な経験が彼女に伝えられて初めて、本物の存在になるかのように。

このように「耳を澄ます」読書には、著者が読者の想像力に心から語りかけるのを許すような、哲学的で思いやり深い沈黙が求められます。これは批評的な読書とは別物で、人としての充実を与えてくれる貴重なものです。

本書が誕生したのは、認知症がある人たちを代弁するものが今までなかったためです。これまでに多くの本やブログを読んできました。なかには認知症がある愛する人に向けた深く心を打たれる言葉もあれば、教育的なもの、有益なもの、ケアパートナーに支援を提供するものもありました。けれどもこれらは、認知症ではない人が認知症の人について書いたものでした。悲しいことに、オンライン上で見た多くのケアパートナーの話と同様に、これらはたいてい、とても悩ましいものでした。なぜなら往々にして認知症がある人は家族にとってどんなに負担になるかとか、「もう消えてしまった」とか「もはや存在しない」といった表現がなされていたからです。これらは認知症を乗り超えて生きるという流れに反する多くの神話や社会的烙印（スティグマ）を増幅させるもので、認知症であることへの私の自責の念を強めてしまうものです。

認知症ではない人たちが、私たちに尋ねることすらなく、認知症がある人にとってはどのような感じであるかとか何が最善であるかということを講義し、書き、話し、提示していいと今でも考えていることに、私は日頃から憤慨しています。基調講演者として演台に立つ認知症当事者が誰もいないのなら、認知症についての会議やイベントにはもう参加したくありません。

「私たち抜きに私たちのことを決めないで」という言葉が認知症の分野で国際的に長年言われてきたにもかかわらず、そしてその前には障害の分野で長年言われてきたにもかかわらず、それでも完全に仲間に入れてもらっていないという現実があるから、私は声を上げているのです。世界認知症審議会は2014年からありますが、仲間に入れてくれるようにと私たちが声を上げるまでは、認知症当事者は一人もメンバーにいませんでした。オーストラリアのすべての権利擁護団体、そして他の諸国のアルツハイマー病協会の大半は、その理念に認知症当事者とその家族介護者の権利擁護と支援を謳っていながら、認知症当事者が理事会のメンバーにいることはめったにありません。これは言語道断な落ち度であり、私たち抜きに私たちのことを決めているという事実を裏づけるものです。

白書や報告書などは認知症当事者の声を取り落としています。これは屈辱的で不快なだけでなく、差別であり、私たちに引き続き社会的烙印を押し、孤立させ、締め出すものです。退屈で大変な仕事にもかかわらず理事会にどうして入りたいのかと不思議に思う人がいるかもしれませんが、私たち抜きに私たちのことを決められると、認知症についての神話が増幅し続けるからです。

私は、認知症は誰にでも、何歳でも発症しうると市民を教育し、認識を高めるために声を上げています。何よりも、あなたを私の世界へと招かなければ、認知症とともに生きることがどのようなものなのか、あなたに本当に理解してもらうことはできないでしょう。

認知症とともに生きるとはどのようなものかを当事者の立場から発信しようと決めたもうひとつの理由は、私たちが家族介護者にとってどれだけ「負担」か、どのように私たちが消えていっているか、どれだけ私たちの「問題行動」がマイナスの影響を与えているか、そして一般的に私たちの介護が医療介護制度ではどれだけ難しいかということを見聞きするのにうんざりしたからです。認知症がある人を室内に閉じ込めたり電子的手段で追跡したりすることが、いかに自分たちの絶対的な権利か、認知症ではない人が説くのを聞いたり記事で読んだりするのにはうんざりです。それが私たち自身の安全のためだ、といつも付記されているのです。

（他者が認知症がある人の安全のためと見なすもののために）人を室内に閉じ込めたり電子的手段で追跡したりすることは、いつから合法になったのでしょうか。私の知る限り、犯罪者として有罪判決を受けた場合だけです。重度の精神疾患がある人でさえ、室内に閉じ込めてしまうことはできません。それなのに、いまだに社会は認知症がある人を閉じ込めたり、電子的手段で追跡したりして基本的人権を侵害し続けることを、たやすく容認しているのです。認知症がある人を安全な認知症病棟がある施設に入れ、そしてその人のことを忘れてしまうのです。これは私だけの意見ではありません。いったん施設に入所すると訪問者がとても少ないことは、調査によって明らかに示されています。時には単に施設に行くことに関心がないからです。もちろん、これは一般論です。愛する人と多くの時間をともに過ごす家族介護者もたくさんいますし、施設に入れる以外に選択の余地がなかったと感じている人もいます。私もその一人でした。家族介護者として認知症がある3人を介護していましたが、いずれも今は亡くなっています。愛する人を施設に入れたあとに多くの家族介護者が感じる自責の念にふれておくことも重要です。夫の父親を施設に入れることで見捨ててしまったと、夫と私はずっと罪悪感をもち続けるでしょう。

しかしながら、施設でのケアが往々にして不十分で虐待につながることを知って、子どもたちを施設に閉じ込めるのをかなり前にやめたという事実もまた、一考の価値があります。それでもこの事実を無視して「彼らのためだ」と言って高齢者や認知症がある人を依然として施設に入れているのです。

ここで短くぶちまけましたが、第33章で人権についてさらに取り上げています。高齢者と認知症ケアの現状に適用する場合、かなり論争を引き起こす話題です。

認知症と診断されて以来私は、認知症当事者に影響を与える重大な問題について、幅広く関係者と有意義な対話をすることに身を捧げてきました。私はまた、これまでと同じように愛情深く、冒険好きで、そして時には深刻になれるのと同様に、やる気があって前向きでいられるように努力しています。私はよい人生を生き、清潔な靴を履いてマナーを守ることに気を遣うと同様に、礼儀正しく、誠実で、勇気があり、思慮深く、正直で、楽しいことが好きで、細かいことにも注意を払えるようにと、常に努力しています。

私の好きな歌手の一人トニー・ベネットはインタビューの中で、どのようにして人々に記憶されたいかを尋ねられ、「いい人として覚えていてもらいたい」と答えていました。私もこの単純でありながら深遠な哲学を望みます。このように、私はかなり古いタイプの女性で、なんとか21世紀を生き延びようとしているのです。

私たちは、死ぬまでは生き続けます。大半はできるだけ良い状態で前向きに生きて、生きている日々を楽しみたいと思います。グラスに半分入った水を、もう半分しか残っていないのではなく、まだ半分も残っているのだ、と常に自分の世界を楽観視しようと思います。

本を書くことはここ数年私自身が考えていたことで、出版社から連絡を受ける前に、すでにかなり進めていました。しかし、自分から出版社に連絡をとるほど整理ができていなかったのです。ツイッターを利用して本を書く考えはあるかと連絡を受けた時、それが本書を書き終えるのに必要なインスピレーションになりました。そして本書に続く第2、第3の本を書くインスピレーションを受け、いずれもすでに進行中です。本書は学術書ではなく、私の心と魂からの個人的な話や考えの寄せ集めです。話題にさらに光をあてる必要があると感じた箇所は、学術的なスタイルで記述しています。

本書を書くにあたっての大きな課題は、認知症による障害ではなく、診断前、そして特に診断を受けてからのすべての瞬間を再び生きることの感情的な痛手でした。夫は「自分は絶対に書けない……悲しすぎる」と言いました。書き進めるにつれ、あらゆる感情を拒絶することは不可能で、悲嘆やトラウマの多くの感情はかさぶたを剝がされました。それにもかかわらず、もっと多くの認知症当事者が認知症とともに生きることをどう感じているのか、そして何が自分にとって最善なのか、声を上げることがとても重要なのです。本書は、認知症とともに生きる経験だけについてのものではありませんが、それが主要なテーマです。そして、認知症とともに生きる人たちが自分たちの話を分かち合い、個々人として何が自分たちにとって最善なのか声を上げるために勇気づけられるよう、バトンを渡せたらと願っています。

私の人生は喪失と悲嘆に満ちていました。この話題を扱った第12章（109頁）は他の章に比べて長いものになっています。なぜなら悲嘆と認知症というテーマは適切に文献で探求されてきておらず、診断後の認知症支援の一部にはなっていないと信じるからです。

義父がレビー小体型認知症と診断され、ついには施設に移った時、私もまた認知症の診断を受けました。その施設のコーヒーショップでボランティアをしていた時、他のボランティアが冗談で「ぼけた人が来た、ぼけた人の面倒を看なくっちゃ」と言いました。「ぼけた」という言葉はまったく不快で失礼です。同様に「痴呆」と言われることにも気分を害します。しかし、この時の特定の環境では許しました。それは愛と笑いをもって発せられた言葉だったからです。認知症をめぐる言葉については第19章（202頁）でさらに検討します。

ボブ・デ・マルコは、物語を分かち合うことについてウェブサイトの「アルツハイマー病の読書室（The Alzheimer's Reading Room）」で次のように述べています。

> 分かち合うことで、私たち各自がもつ本来の善意を解き放つことができます。私たち自身を少しずつ分かち合うことで、世界中のアルツハイマー病と認知症のコミュニティのメンバーの生活を改善するのです。

認知症の診断を乗り越えて生きる専門家としての経験を通して、そして私の経験について話すことで、良いことも悪いことも、醜いことも、診断の前後について話すことで、認知症とともに生きる私たちにとってそれが本当はどういうことか、理解してもらうのに役立つことを願います。

本書が、診断を受けた人と支援者と同様に、認知症部門全般、そして介護事業者、医療従事者、看護師や介護職、研究者や地域社会全般に変革をもたらし、新しい洞察をもたらすことを望みます。変革が切望されているのです。これが成し遂げられれば、私の期待を超えたことになるでしょう。

本書の目的はまた、刺激的であると同様に、思慮深く正直であることです。なぜなら認知症ケアは標準的によく行われていないし、私たちは業界の一部の人、あるいは地域社会全体から一人の人間として扱われても敬意を表されてもいないと信じるからです。しかし、ここ数か月オーストラリアや海外を旅して変化を感じました。専門家や研究者が本当に耳を傾け始めていますし、前向きな変革をもたらしたいと思っています。これはとても励みになり、時にはっきりとした安堵感を覚えます。

友人のジュディはアルツハイマー病とともに10年以上生活し、認知症当事者のために声を上げてきました。彼女は一人暮らしで、オーストラリア認知症諮問委員会（ＡＡＤＡＣ）の創立時のメンバーでした。今はその地位を退きましたが、今でも親しい友人です。一人暮らしの困難さについて一章分丸ごと彼女に書いてもらいたかったのですが、紙幅の都合上かないませんでした。一人暮らしの人たちには大きな課題があるとわかっています。一人暮らしの認知症がある人は、おそらくは自分自身を支えるのに一層の努力を必要とするために、パートナーと暮らしている人たちよりもうまくやっているように見えることも伝えたかったのです。この人たちは、支援しようとする人たちから無能力にされたり、無力化されたりしていません。

他にも本書では届けられない声が多くあります。一人暮らしの人たち同様、ＬＧＢＴ、ホームレス、知的障害がある人たち、先住民、文化的・言語的に多様な人々です。若年性認知症がある人の子どもや高齢の親の声は少し掲載しましたが、これらはもっと注目されるべきでしょう。本書ではこれらすべての声を届けることはできませんでしたが、今後の書籍ではより詳細に網羅していきたいと思います。

書くことを始め、そして人前で話すことや講演をするようになってから、私は認知症当事者が本物の声を伝える国際的な運動の一翼を担うようになりました。より多くの認知症当事者が声を上げられるよう励ましたいと思います。

そうしなければ、他の人が声を上げるでしょう。他の人があなたや私にとって最善だと決めることとは、私たちの求めるものではないかもしれません。少なくともここでは、「私たち抜きに私たちのことを」ではないのです。

他の誰でもなく自分自身であることは
君を他の誰かと同じにしようと
夜も昼も
力を尽くしている世界では
最大の戦いを意味する
戦うのだ
そして決して戦うことをやめないのだ
（E・E・カミングス）

1 どうして私が、どうしてこんなことに、どうして今？

私の魂は求めていた
過ぎ去った自由な日々を
認知症に陥って
（ケイト・スワファー　2012年）

何度もこう考えました。「どうして私が、どうしてこんなことに、どうして今？」。これは認知症と診断された時、あるいは他の不治の病や慢性症状と診断された時、または離婚や愛する人との死別といった人生の危機を経験している時に、おそらく誰もが抱く問いでしょう。これは悲嘆のプロセスの一部であり、私たちは「悪い」知らせとも折り合いをつけていくのです。

認知症は私たちの社会においてよく理解されておらず、たいていは高齢者の病気と考えられています。精神疾患と思われていることも多いのですが、そうではありません。認知症に対する態度を変え、この種の神話を崩壊させ、認知症にまつわる差別や社会的烙印（スティグマ）という問題を取り除きたいという願いから、私は本書を執筆しました。また、認知症と診断された人々へのサービス、そして医療介護部門全般のサービスが改善されるのに本書が役立つことも願っています。

診断されて間もなく、この経験について初めて公式に記述したのは、南オーストラリア大学での教科のためでした。これは旅行記のつもりでした。まるで私が旅行作家で、新しい旅先を訪ねたかのように。私が唯一思いついた「旅先」は「認知症さん」でしたので、許可を得て代わりにそのことを書いたのです。これは後に『リンク・ディスアビリティ・マガジン（*Link Disability Magazine*）』という雑誌に掲載されました。以下はその一部です。

認知症は私の世界への招かれざる客です。50歳の誕生日に先がけての歓迎しないプレゼントで、以前の私は新しい私から急速にすり抜けていくようです。私はこの旅に引きずり回されていて、ブレーキのない特急列車のように高速で動いていくので、家に戻る方法がないのです。何かを読んでも忘れてしまいます。読んで、メモをとっても、また忘れてしまいます。読んで、線を引いて、そしてメモをとっても、それでも忘れてしまうのです。以前はあった正確な記憶は失われ、死んで完全に埋葬されてしまったのです。高度に機能していた頭脳は消え去り、時に幽霊のように現れては私に大丈夫だと思わせるものの、手の届かないところにあるのです。言葉は今や意味がなく、私の記憶はすべて消えつつあります。

私の登っている山は、たとえ頂上にたどり着いても旗を立てることもないし、私は登山のことを覚えてもいないでしょう。そして下山したら、そこに行ったことも覚えていないでしょう。友人の中には、私は失語症ではない、自分たちより記憶力が劣っているわけではない、自分たちの世界と私の世界は同じだと言う人もいます。これは老化に伴うものだからと言うのです。私は自分に言います。「彼らに何がわかるというの?」

彼らは間違っています。これは老化とは別物です。私は普段から自分が読むことや人が私に言っていることが理解できないし、覚えていられないのです……。読書はつかみどころのない訓練になってしまいました。ひとつの段落を読むと、その前の段落をすでに忘れてしまっているからです。読んだことの中で大事なことをメモするというのもだめです。簡単なメールやカードを書くのも大仕事になりました。ゆっくり、あるいは何度も見直さないと、間違ってしまうからです。書くこともまた困難です。何を書いたのかや言葉の意味を忘れてしまうからです。

認知症のせいで、知らない間に私はノーマルな存在でなくなっていきます。認知症とともに暮らすことはとても屈辱的でぎこちなく、魂を奪われ、まさに存在を脅かされるものです。出かけるのも臆病になります。今では毎日が真新しく感じられ、ただし身体は老いて疲れを感じるのです。認知症について書くべきだとは気づいています。読む価値のあるものにするためには、たとえどれだけ時間がかかったとしても、それはこの病気に対応するために重要なのです。私のストレスと涙を緩和してくれる唯一の治療方法かもしれません……。

今では、ただ部屋の隅に座って泣いて終わらないように努力を続けています。あきらめたり降参したりしてしまわないように。「ノーマルな」存在であるためには大いに感情的な努力を要します。かつて感じたことのない悲惨な感情を味わいます。これまでで最も屈辱的で恐ろしい経験です。

認知症という新しい場所は、隠れた、そして切迫した狂気に満ちていて、閉ざされた扉の背後で、多くの人たちがすでに囁いています。その人たちは私が崩壊するのを、そしてどう対応するかを計画しているのです。彼らは私に向かって慰めの言葉を口にしたりやさしく背中を叩いたりします。善意からのことですが、そうされることで私がつまはじき者のように、まるで憐れみをかけられているかのように感じることには絶対に気づかないのです。

あとで対応しなければいけなくなるのは彼らのほうです。なぜなら私は抑制され、陽気と思われている世界に迷い込み、世界の現実とその居住者たちから締め出されるでしょうから。そして私は自問し続けるのです。この認知症と呼ばれる奇妙な土地にいる私は幸福なのかと。おそらくそうなのでしょう!

（スワファー　2008年）

若年性認知症と診断されることがショックだというのは、ずいぶんと控えめな表現です！　当初はショックだけでしたが、心の底からの悲嘆のせいで私は消耗してしまったと言えるでしょう。

2 若い頃

私は1958年にクリーブの小さな田舎町の病院で生まれ、南オーストラリア州のエア半島の農村で育ちました。約5000エーカーの土地で混合農業をしていました。そして地域の学校に入学します。私は古風な家で育ちました。両親とも厳格なキリスト教原理主義の家庭で育っていたので、女の子が勉強してキャリアを築くことは奨励されませんでした。1970年代であったことを考えると珍しいことでしたが、私には生まれた時から染みついたもので、よかれと思ってなされたことでしたが、女性が変化する時代とはまったく調和しないものでした。

勉強が大好きで、幼い頃はお昼休みに校庭で遊ぶよりも図書室で過ごすほうが好きでした。けれども「まわりに合わせる」必要性が高まるにつれて遊ぶ時間が増え、勉強の時間が減りました。

看護の道に進むことが私には確実な逃避の選択肢になりました。収入を得て、キャリアも積め、寮があるので住居も確保できるからです。第一希望ではなかったのですが、有意義で楽しめる仕事でしたし、とてつもなくおもしろいものでした。

私はほとんど行きあたりばったりに多くの仕事を経験し、そしてどの仕事もすべて愛していたのです。前述のように私はグラスに水が半分でも「まだ半分も残っている」と考える楽観主義者ですから。手術室で看護師として働き、自分で立ち上げたホスピタリティ事業ではシェフとしても働きました。けれどもこれらは子ども時代の夢とはかけ離れています。獣医や外科医、または理学療法士になることを考えていましたし、20代後半には法律家になろうかと思って1年間勉強までしました。宿泊施設の女主人になることも、作家になることも夢見ました。ひとつのことにこだわっていたと言えば嘘になるでしょう! 今でもやりたいことがありますし、なかにはおそらくまだ考えついていないこともあるでしょう!

そして、大変な離婚のあと、シングルマザーとして、看護師としてのキャリアをあきらめてシェフに転身することを決心しました。10年ほどシェフとして働きました。私の好きな映画「バベットの晩餐会(Babette's Feast)」にちなんで名づけたバベッツ・フィースツ(Babette's Feasts)株式会社という会社を立ち上げ、3つの別個の事業を成功させました。新しいキャリアはケイト・スワファーのケータリング(Kate Swaffer's Katering)から始まり、2年後にカフェケーキ(Café Cake)というケーキの卸売業を買収しました。そしてアデレード東部郊外にあるバーモントハウスという4.5エーカーの土地にある遺産登録地の宿泊施設に事業を移しました。そこでウェディングやケーキ、ケータリングという法人向けと民間向けの事業を運営しました。しかし、別の深刻な健康上の理由からこれらの事業を断念しましたが、後に健康が回復してから、ヘルスケア事業の重役として抜擢されました。

また、ボランティアは私の人生に大きな位置を占めてきました。27歳でパートナーのデビッドを自殺で失ってから、私は自死遺族支援団体に関わるようになり、9年間にわたって自死遺族支援団体の会長を務めながらグリーフケアのボランティアを続けました。今でも専門家諮問委員会に関わっています。また、南オーストラリアのビッグイシューにボランティアとして関わっています。ビッグイシューはホームレスの支援団体で、「施すのではなく仕事をつくる」というモットーが気に入っています。魚を与えるだけで釣りの仕方を教えないのでは、ほとんど役立たないようです。

30代前半では心理学者になるのが私の重要課題でしたが、これはまだ達成できていません。働いていて、再婚して、子育てをしていて、振り返ると当時の人生はぼんやりしています。学齢期の子どもがいてフルタイムで働いていた人ならわかるでしょう。同様に一人親だったり、離婚を経験したり、事業を経営していたり、またはこれら3つすべてを経験していればわかるでしょう。そして新しい夫をもち、夫は家にいるよりも働いている時間が長いとなれば、言いたいことはわかるでしょう。夢を追求する時間と夢のための金銭的な余裕がなかっただけなのです。

若年性認知症と診断された時、私は人生の最盛期にありました。多くの意味で失われた時間を埋め合わせていたのです。大学での勉強や若い頃の夢は私のレクリエーションや趣味のようなもので、私にとっては編み物よりもずっと楽しかったのです。編み物よりも好きだというのは、勉強をするなと父がうるさく言うので、このように説明しなければいけなかったのですが。ヘルスケア事業の重役として働き、2つの学位取得のために勉強し、学齢期の子どもたちの世話をし、夫と一緒に家庭を守り、介護施設でボランティアをし、子どもたちの学校では食堂や読み聞かせや募金をしました。私の人生は興味深く、忙しく、とても充実していました（今でもそうですが）。

私は幸せな結婚をしていて（今も楽しく結婚生活は続いています）、診断当時16歳と17歳になる2人の息子がいました。下の子は高校に通っていました。2人の息子チャールズとマシューのことは今でも優先事項ですし、結婚生活17年目になる夫のピーターとともに私の最愛の人たちです。息子たちは、私がいちばん愛しているのは猫じゃないかと反論するかもしれません。

良いことも悪いことも数多く経験して、3度目の結婚をして、フルタイムで働いて、人生を謳歌して、2つの学位取得に向けて勉強して、これからミステリー作家か臨床心理学者になりたいと思っていたところだったのです！　重度の疾患、醜い離婚や愛する人の自殺、家庭内暴力、罠、その他あらゆる不幸を「生き延びて」、それでも人生を存分に謳歌して自分自身のために何かを始めようとしていた時に、49歳で若年性認知症、おそらく意味性認知症と診断されたのです。

3 私の脳に一体何が起こったの？

奪われた夢

奪われた夢がレンガの壁に叩きつけられ
消えてしまう
騙された気分
怒りと深い悲しみ
認知症の新しい世界
6語で表せる　サイアクダワ
この電車は一車線
降りられないし誰も乗ってこない
知っていた場所にはもう戻れない

涙があふれて赤い頬を流れる
変わらぬ塩の味
ソウルメイトは怒って泣いて
二人とも騙された気分
私たちは同じコインの裏と表
お互いのことはよく知っている
完璧な連れ合い　情熱的に愛し合っている
話す前にお互いの考えていることがわかる
お互いの内面を意識している　悲しみも喜びも
私たちの新しい世界は崩壊して不安と
恐怖の世界に変わっていく

危機の中に何とかしてよきものを見つけねば
前のように私たちの愛で切り抜けられる
でもその努力はとてつもない
反対側の世界は恐ろしすぎて
考えられない
僕のことを忘れたらいやだと彼は言った
それから絶望をにじませて言った

僕を前の夫の名前で呼ばないでくれ
私たちは笑い飛ばした
この新しい世界の深刻さに
熱い麺を口にしたように驚いていたのだけれど

（ケイト・スワファー　2008年）

ここで、診断前後の初期の様子についてふれます。

正式な診断のかなり前から気になっていた私の思いから、本書のタイトルはつけました（訳注：原書のタイトルは「私の脳に一体何が起こったの?」）。私は多くの分野で正確な記憶力がありました。たとえば、電話番号や住所、郵便番号、銀行の口座番号や家族全員のクレジットカード番号を覚えていました。集中すれば、新しい情報を学ぶ時には、2つの感覚を同時に用いると覚えることができました。これは特に学校での試験や看護においては素晴らしいことでしたが、目に見えて変化が生じてくると不安になりました。

2006年に「that」の綴りを「taht」と間違えるようになり、「there」と「their」のような言葉の用法に混乱するようになりました。それからとても単純な言葉を間違うようになりました。こういうことが始まったのは40代のはじめだったかもしれません。というのも当時の私のノートに「紫とオレンジの色に混乱する、赤と緑も前後する」と書いてあったからです。車の運転が困難になり、信号が青なのに急停止したり、赤信号を走り去ったりするようになりました。数字も混乱して、たとえば9を8と見間違えるようになりました。単語も奇妙な見え方をするようになり、たとえば「castle」という単語が突然「cast」と「lee」という2つの単語に見えてくるのです。私は語学が得意でしたので、このようなことに混乱し、次第にやや懸念するようになりました。

2007年には職場の人たちに私の見積書や報告書、手紙をチェックしてもらうことが必要になりました。相手にとっては奇妙なことでしたし、私も大きな苦痛を感じました。

自惚れではなく客観的にとても知的であった自分が、ディスレクシア（読字障害）や記憶障害（普通の老化に伴う物忘れを超えたもの）や単純な情報を処理する能力に重大な課題があることに気づいた時、何かがおかしいと考えるようになりました。

認知や理解の低下、軽度の発語障害や言語機能障害、エピソード記憶喪失の増加、軽度の健忘性失語症、表層性失読を含む認知症に顕著な特徴が増加し、2007年に正式に検査を受けました。

初めてMRI（磁気共鳴画像）のスキャンを受けた時も、アルツハイマー病を調べられているとはわかっていませんでした。このことは神経科医にとっては重要な警告でした。なぜなら私は元看護師で、どのような医学的検査がなぜ自分になされているのか、よく認識できたはずなのですから。

最初の一連の神経心理学検査によると、私の記憶力は同年代の平均をほんのわずか下回るということでした。高いＩＱを有することを認識していた私にとって、「同年代の平均をほんのわずか下回る」と言われることはかなり衝撃的だったのです。そして私は何度も「本当の」病気ではなく、平均的な知性の人が症状があると思い込んで訴えているか、あるいはもしかしたら「うつ病」であるかのように医師から話をされました。当時も、そして今でも、うつ病と言われることが問題だとは思いません。実際、認知症よりもそのほうがいいからです。うつ病は不治の病ではなく、治療可能だからです。とはいえ社会的烙印（スティグマ）はおそらく同じくらいなのかもしれませんが。

これらの障害の埋め合わせは当初はとても容易でしたが、２００８年にさらに脳のスキャンと神経心理学検査を行ったところ、意味領域の欠陥の増加、健忘性失語症の進行、物体失認と聴覚失認、表層性失読の進行、そして韻律障害が見つかりました。これは詩を理解できないということで、当時はとても重要なことでした。というのも、私は詩を勉強していて、書くことはできたにもかかわらず、理解ができなかったのです。また、軽度の行動変容があり、数字の認識も低下していました。

さらなる能力の低下と、さらに屈辱的で侵襲的な検査を経て、診断がなされました。それに続いて二度目の神経科医と神経心理学者による州をまたがっての検査がボックスヒル・メモリークリニックで行われ、２００９年に診断の再確定がなされました。当時影響を受けていた領域は、左側頭葉と左右の頭頂葉でしたが、おもに左側頭葉に問題がありました。

認知症であることを１００パーセント確信できる唯一の方法は脳の生体検査（解剖）ですが、

私にはまだその用意はできていません！

やはり、ジェットコースターのようだったというのでは控えめ過ぎる表現でしょう！　私の人生は理解するのにも、ともに生きるのにも困難な方向に変わってしまいましたが、それでもなんとか、しなやかさを高めてくれるものを用いて、もっと目標を達成しようとしてきたのです……。そうなってしまった場合に備えて、毎日を人生最後の日のつもりで生きること、そしてみなさんにも「緊急事態の前に切迫して生きること」を勧めます。

２０１１年に私の記事が「ビッグイシュー」に掲載されました。これはその一部です。

> 高度に機能していた私の頭脳はすり抜けてしまい、時に幽霊のように姿を現しては、大丈夫なのだと私に信じ込ませて、からかおうとします。だけど今では手が届かないのです。ホールの中で高く上がるヘリウム風船のように私の思考は頭の中で飛びまわりますが、これもまた手が届かないのです。
>
> （スワファー　２０１１年）

今でもついていない日には、「私の脳に一体何が起こったの？」と不思議に思うのです。人生が私からすり抜けていくという感覚は、手でふれられるほど実感のあるものです。以前よりも確信があり、より強く感じ、時には欺かれているように感じるのです。脚や腕、視覚や聴覚を失うことや、エイズに感染することすら、この恐ろしい病気よりましかもしれません。最初に診断された時、涙が頬を流れ、３週間ほど止まることがありませんでした。当時の唯一の慰めは、どうして泣いているのかを時に忘れてしまうことでした。「ただのうつ病か、何か変わった精神疾患だと誰か言ってくれさえすれば……認知症以外の何かだと」と考えたものです。

認知症だと言われることは疑似死亡のようなものでした！　この喪失の経験が何度も何度も繰り返されるとは知りませんでした。誰も、どんな本もその事実を警告してくれませんでした。悲嘆に関する章（第12章１０９頁）でこのことは詳しく述べます。

愛する人の死が突然だったのと同じように、私の一部の死も突然でした！

私が自分の話を伝えることが他の人にとってとても重要だと言われてきました。私のブログにはたくさんの話題や考え方が紹介されています。それは率直でオープンで、診断を受けた人の視点から気持ちの浮き沈みについての洞察を与えています。ハヴィ・カレルはこれを一人称の経験と呼び、エピクロスやハイデガーの死についての考えも引用しています。どちらも最終的に「一人称の実存的な視点を三人称の哲学的な視点と統合する」のです。

私にとってブログはそれ以上の意味があります。自分の魂を癒す手段であり、心と身体が良い状態で、優れて、平和でいられるのです。かつてのハードドライブはゆっくりと消えていっています。顔はわかっても往々にして名前が思い出せないか、「何か」を探す時にその名前が思い出せず、一般的なことしか言えないのです。記憶の欠落は断続的なもので、短期記憶が影響を受けることもあれば、長期記憶が影響を受けることもあります。調子のよい日は単に年相応の物忘れかもしれないと思えて何も問題はないのではと信じたくなります。マルチタスクが得意だったのは過去のことで、ひとつの機能でもやっとで、ひとつの単純な作業を終えるのにも気が散り、そして何をしていたかを忘れてしまうこともあるのです。

我が家の食器棚や壁にはラミネート加工した指示書が貼ってあります。着替えが難しく感じる日に役立ってくれるようにです。もっと重要なことですが、ガスをつけっぱなしにすることが今は頻繁にあるので、火事にならないような手助けが必要だからです。ウェブスターパックというお薬カレンダーを使って服薬管理をしていて、電子リマインダーがカレンダーや電話、そして夫の電話にもバックアップとして送られ、服薬したかを確認しています。

このような支援を受け容れなければならないことは屈辱的でフラストレーションを感じますが、そうせざるをえないので、支援や他者に頼ることに慣れなくてはなりませんでした。ラミネート加工されたリマインダーや杖を私は「人生の充実支援」と呼ぶようになりました。そして煩わしいことですが、老眼鏡をかけることにためらいや恥ずかしさを覚えたことがないのと同様に、他の支援についても気にしないように自分を励ましてきました。

本書で私が伝えたいメッセージは、「認知症ではなく、その人を見る」ということです。これは私が共同創立者である国際認知症同盟のものです。

2011年に「記憶が恋しい」というブログ記事を書き、受け容れがたいことだけれど、そうしなければならないことを述べました。読者の一人がこのような感想をくれました。

どんなものなのか想像しようとしてきました。私たちは皆忘れっぽいのです。それでも実際に忘れるように強制することはできません。だからバカげたことをしたり言ったりした時の決まりの悪い瞬間や、別の楽しい瞬間を依然として覚えているのです！

だけど忘れっぽいというのとは、全然違うのですよね。私の忘れっぽいのはずっと続くわけではないし、文脈は依然として残っていて、往々にしてそれが忘れていたことを甦らせてくれるのですから。

ケイトさんの場合には、いったん忘れてしまった記憶は、ずっとそのままという印象を受けました。私はあなたのことをちゃんと理解できているでしょうか？　これは想像もつかないことです！　住み慣れた街のおなじみの場所で迷子になってしまうなんて、なんて怖いことでしょう！　それでも、あなたはとてもうまく書いていて、とても感動的です。あなたの苦悩を感じます。

奇妙に思われるかもしれませんが、身体のほとんどの骨や筋肉、臓器、そして組織の名前や、あなたや私がかかるかもしれない病気の名前を知っていたことが恋しいのです（かつて看護師だったからです）。作曲家や交響曲、歌や歌手の名前が恋しいのです。じゃがいもの調理方法やケーキのつくり方、ヘアドライヤーの使い方、靴や靴下を履く順番、そしてその他百万ものことや瞬間を知っていたことが恋しいのです。レストランの席についていて、食事をしたかどうかがわからなくなります。実際には会計を待っているというのに。これでは痩せてしまうかすごく太るかどちらかでしょう！　ヘアスプレーとデオドラントを間違ってしまう日もあって、脇の下はベタベタ、髪の毛はおかしな香りになります！

記憶の失われ方に規則性はなく、鉛筆画の一部は依然として残っているのに他の部分が消えてしまっているようなものです。パズルの一部は思い出せるのに、残りの部分は思い出せないのです。どうして思い出せないのかはわかりませんが、女友だちの結婚式を思い出すことができないのに、その2、3週間前にあった彼女の父親の葬儀は覚えているのです。

今日薬を飲んだかどうか覚えていられたことが恋しいのです。今日か昨日、子どもたちや夫にキスをしたかどうか、あるいは愛していると言ったかどうか覚えていられたことが恋しいのです。時には自分の書いた言葉や誰かとの会話などがきっかけで記憶が甦ることがありますし、そうでない場合もあります。時には絶望的なまでに不毛な光景が広がることもあるのです。法則性や理由がないので、そしてそれゆえに、調子がいい日には私もまわりの人も私が本当に認知症なのかと思うのです。しかし、その後に「調子が悪い」日があるのです。

心の中では診断が現実だとわかっているのですが、折り合いをつけるのは簡単ではありません。認知症はまるで、私の魂が少しずつ吸い出されてしまって、自分がゆっくり死んでいくのを見ているような感じがしたものです。ウィキペディアのハリー・ポッターのページでは、ディメンター（吸魂鬼）をこのように説明しています。

ディメンターとは、世界に存在する生物の中で最も忌まわしきもののひとつと言われる暗黒の生物。ディメンターは人間の幸福を吸い取って自身の糧とし、周囲の人間に抑うつや絶望を生じさせる。また、人間の魂を吸い取ることもでき、吸い取られた相手を永久に植物状態にしてしまう。このためによく「吸魂鬼」として言及され、人を「抜け殻」にしてしまうことで知られる。

この記述は、私がどう感じていたか、そして時にどう感じるかをよく言い表しています。実際、ハリー・ポッターの映画に登場するディメンターは、認知症であることで、魂が吸い出されるような感じがどのようなものかを、完璧に映像で表現しているのです。依然としてこのように感じる日々もあるものの、大半は最善の、そしてできる限り前向きな方法で私は生活しています。

話すこと、考えることは以前より難しくなりました。言葉を探すことや言葉の意味、数字や方程式は今では大きな課題です。単語はもはやひとつの単語には見えず、まるで2つに分かれてしまったように奇妙に見えます。ディスレクシア（読字障害）になったために「Hamish and Andy」が「Amish and Handy」に見えたりします。症状を隠したり、話すのにふさわしい言葉を見つけるために頼っていた内なる声に頼ることも、以前よりずっと困難になりました。

「口を滑らせたり頭を滑らせたり」したのが明らかな瞬間が増えました。正しい言葉を見つけようと奮闘して舌がもつれるのです。学ぶことと書くことには大きな影響がありました。何をしようとしていたかを理解するだけでなく、実際にそれをするのに多くの時間がかかるからです。たとえば、短いメールを読めるようにするのに1時間かかってしまうのです。私の能力は永久に損なわれてしまい、正確な記憶力は死んで埋葬されてしまったのです！

40代の半ばまで、自分でこう表現していたのですが、少なくとも12台のテレビ画面が頭の中で同時に起動していて、それぞれの話や活動についていくことも、適切に対応することもできたのです。夜間や日中の看護師のシフトを含め、複数の仕事を同時にしていた時期もありましたが、決して手帳は必要としませんでした。認知症の症状が現れるまで、私はずっとそのようにして生きていたのです。

診断されてから息子たちが言ったことのひとつに、生きた電話帳だった私が恋しいということがあります！　いったん耳にするか目にするかすれば、私はそれを記憶できたのです。それでおしまいだったのです。

意味性認知症ではあまり一般的ではないのですが、私には時々幻覚があり、見知らぬ人や野良猫がついてくることがあります。現実のように感じるのは束の間ですが、それにもかかわらず驚かされ、魂に狂気が忍び込んできているという感じが強まります。電話やドアベルが鳴っているように聞こえることもあります。物事に執着して奇妙な行動をするようになってきています。グラスに水を注いでおいてから、ボトルから飲んでしまう時があります。自分が何をするかやどのように振る舞うかに確信がもてないので、おつき合いや買い物のような単純なことのために出かけようという気持ちや熱意が低下しています。

お金とその管理が問題になりました。表計算や会計ソフトの管理は今では手助けなしにはできません。やり方がわからなくなることがあるので、髪をブローすることも減りました。靴下の組み合わせを毎回見定めることはできません。簡単なじゃがいも料理ですら、つくり方を忘れていっています。この本もかなり前に書き始めたものですが、完成までに何年もかかっています。

今では話し言葉よりも書き言葉のほうがずっと楽です。ありがたいことに、高校時代に身につけたタイピングの技術はまだ残っているからです。また、最近はスペルチェックのできるソフトもあります。けれども言葉を見つけることがますます困難になりつつあり、話すことは、疲れすぎて先に進めないこともあります。こういうことは年々ずいぶんと増えているのですが、私の「水搔き」は一層困難に、ずっと疲れるものになりました。

「『水搔き』とはどういう意味？」と訊かれるかもしれません。初めて耳にしたのは「リンリー調査官の殺人ミステリー（*The Inspector Lynley Murder Mysteries*）」のエピソードでのことでした。リンリー調査官が自分の母親がアルツハイマー病かもしれないと話していた時、白鳥が水に浮いていられるように水面下で水を搔き続けているようだと話していたのです。著名なオーストラリア人女性で認知症を乗り越えて生きるクリスティーン・ブライデンもまた、『私は私になっていく――認知症とダンスを』（２００４年初版、２０１２年改訂新版、クリエイツかもがわ）という著書でこの比喩を用いています。この比喩はそのとおりです。診断から年数が経つにつれ、私の搔き方はゆっくりと、ずっと困難になってきています。

新たな喪失があったり自分の脳に何が起きているのかという恐れを新たにしたりと、私は日々新しい課題を与えられています。それを乗り越えるために闘っているのです。自分の目の前で起きていることに、そしてそれが今では家族や友人の前でも驚くほど明らかになっていることに、私は慣れつつあります。それは私の存在を貶めようとするもので、人間であると感じさせないようにするものです。

いつも恐れていることのひとつは、親しい友人を思い出せなくなることです。友人たちと会うたびに、次に会う時に相手のことがわかるかしらと思いながら別れます。まだ相手のことがわかっているとわかりますが、友人たちの話すことの多くが目新しく感じられるので、まるで何年も海外にいたかのように疎外感を覚えることが今ではよくあります。私は彼らからの安心と、信頼という慰めを必要としています。友人たちを思い出せない日もあります。新しい世界が展開して古い世界がゆっくりと消えていくので、不安が増しています。

溺れているように感じることがよくあります。皆が私を見ているのに手が届かず、助けてもらうことができないのです。不安と悲嘆を無視することは困難です。私の世界はゆっくりと消えていっていて、私を通り過ぎて回転し、覚えているように、認識するようにと私をなじり、私の頭が機能できるかからかうのです。

人々は往々にして私たちの症状を最小限に評価したり、他のものになぞらえたりします。私の場合は、特に私よりずっと年上の人になぞらえられました。

プライバシーが失われ、身のまわりのことができなくなるかもしれないという思いは恐ろしいものです。家族や親しい友人が私の良い状態を保つために決断を下し、日々の介護や身なりを整えるのを見知らぬ他人にされるかもしれないとわかっているのは、居心地が悪いどころではありません。屈辱感や悲しみの感情、そして尊厳の喪失は普段から日々の考えを乗っ取ろうとするのです。

この病気のマイナス面は責任や恐れ、罪悪感を雪崩のようにもたらしました。地面が絶え間なく揺れ続けているなかで私は、足場を確保しようとしているのです。

バランスをとることができず、休憩する場所もありません。認知症は容易に夢の終わりを、容赦なく濃い霧に覆われた暗がりへの片道の長旅を表します。でも、私はそれを乗り越えて生きることを選びます。

私は良い状態と幸福を促進するために非薬物的で前向きな心理社会的介入を活用していて、これらについては第28章（284頁）で詳しく検討します。薬物療法の選択肢が提示されず、不治の病であると認識していたので、私の崩壊に至る症状としてとらえる代わりに、障害として対応し、次第に受け容れるようになりました。

2009年には運動ニューロン疾患も診断に加わりました。けれども当時言われたように「死へと駆けていく」ような進行はしませんでしたし、誤診だったのかもしれません。運動ニューロン疾患であるという可能性を検査によって完全に払しょくできてはいませんし、意味性認知症は往々にして運動ニューロン疾患も関連するのですが、今のところは誤診だったに違いないと感じています。

認知症がある人は多くの喪失を抱えていて、時にはひとつの小さな死から別の小さな死へと渡り歩いているかのように思われます。家族や友人、過去や現在とつながり続けることは、多くの意味で健康と幸福に欠かせませんが、これらは認知症によって次第に奪われてしまうでしょう。だからこそ認知症がある人が診断を乗り越えて生きるよう、少なくともそうできる間は、あきらめてしまわないよう力を与えられることが欠かせないのです。

認知症と診断されること、そして認知症の症状とともに生きていくことは、当然ながら誕生日パーティーのように楽しいものではありませんが、認知症であることが生きることをあきらめたり、すぐに「死んでしまう」理由にはなりません。私は引き続きできるだけうまく認知症を乗り越えて生きていこうと奮闘しています。かつてない「私の人生のための最大の闘い」の真っただ中にいるのです。戦争にたとえるのは必ずしも役立ちませんが、私が認知症とともにいかに生きているかを表現するのに唯一思いついた言葉だったのです。私はまさしく文字通り私の人生のために闘っています。少なくともがんと診断された場合に、そうしたであろうのと同じに。

最近では認知症を乗り越えて生きるために可能なことのすべてを、できるだけ積極的に考えるようにしています。認知症にもかかわらずというよりも、認知症とともに。

私の人生は絶え間ない意味の探求でした。私は恍惚として言いますが、認知症の症状とともに生きることが、そして若年性認知症の診断が、私に本当の目的と意味を、その最も深いところで与えてくれたのです。

記憶をなくし、衰えゆく機能とともに生きるとはどういうことかを、認知症によって考えるようになりました。これまでになく現在を生きるようになりました。

自分がしたことや何を考えていたのか、言っていたのかがわからなくなるというのは、当然ながら悩ましいものです。会話を思い出せないのは往々にして厄介という以上のものです。しなやかさと前向きな態度が、私の生まれつきのものか、それとも病気と逆境を通して発達したものかはわかりません。しかし、これらは、私にとって認知症を乗り越えて生き、認知症の症状に障害として対応することを学び、積極的に支援するための鍵でした。

4 病気、悲しみと積極性

病気はあなたの存在すべてを悲しみで覆ってしまい、回復することは不可能に思えます。悲嘆の段階は、怒りや否認から、無関心に囚われ、人生への意欲全般を欠くことまで、世界があなたに対して望むように毎日を生きる能力をむしばみます。認知症がある人への悲嘆や喪失のカウンセリングが欠落しているために、無気力やうつ状態になる率が高いのかもしれないと思っています。これについては第12章（109頁）でさらに検討します。

プラス面を探すなかで、スピリチュアルな意識が高まりました。私にとって本当に啓発される時であり、家族にとっては、私と自分たちに起こっていることを受け容れ、自分たちの課題に向き合う時なのです。私はまた、この世界の美しさ、家族や友人に対する愛情、彼らからの愛情の深さをより強く認識するようになりました。それゆえに私たちが何を失いつつあるのかも、強く認識するようになりました。

私の頭脳に残されているものを病気と切り分けること、制約なしに、認知症と死の恐れから自由になって生きることを学ばなければいけないと気づきました。レスパイトケアや施設の安全な認知症病棟という別名で知られる、認知症の人間の放牧場に追いやられたくありません。引き続き目標や夢を追いかけ、愛する人たちと楽しく幸せな時間を過ごし、私自身の、そして認知症の先を見て、助けを必要としている人たちに手を差しのべ、支援することに集中したいのです。そのエネルギーを保つためには、自分にはまるで何も問題はないかのように、人生のよいところに目を向けていかなくてはなりません。

私の、そして他の多くのタイプの認知症には薬物的な介入手段がありません。このために、私の積極的な対応として、「治療」はポジティブ心理学などの非薬物的な介入でした。医療従事者や介護事業者からは、仕事や勉強をやめて残された時間を生きるようにとアドバイスを受けました。この「断絶処方」（第16章を参照／165頁）は私の思う「前向きな生活」と反目するようでしたので、次第に無視するようになりました。代わりに、症状と闘い、あるいは支え、前向きな関わりを増やすことに特に焦点をあてた活動やライフスタイルの変更によって生産的になれるような方法を編み出してきました。

症状に障害として対応することが、私の良い状態と推定余命にとって重要でした。

病気によって自分の心を覗き込み、暗黒面を受け容れ、自分自身の人生を掘り下げました。過去を、人生を十全に生きていないことの理由にすることをやめました。ネガティブな経験を内なる強さに変え、さらにしなやかさを高めることができたのです。すべての新しい危機を心から受け容れ、両手を広げて歓迎できるようになりました。認知症とその他の病気は、今の私を形成する大きな部分を占めています。私の人生には痛みや喪失、悲しみというしみがついていますが、人生の首根っこをつかみ、境界なく生きる機会を与えてくれました。ただ座って静かに死んでいくのではなく、生き残り、成長し、癒えることを選ばされたのです。

5
認知症の電車と小さいことを気にしないこと

認知症の電車

宝くじは
ＭＲＩ機器の中で失くしてしまった
結果は魂に迫る
認知症の電車の乗車券
ゆっくりと出発
角でスピードを上げ
駅に停車する
だけど降りる手段はない
そして誰も乗車できない
制御装置はない
私の人生が乗車するのを支配して
どこでもない場所に連れていく

（ケイト・スワファー　２０１２年）

私の認知症という電車はここかしこで一旦停止するようです。少なくとも速度を落とし、線路をガタゴトとゆっくり進み、角をたやすく曲がり、とても暗いトンネルを抜けていきます。この先の光はまだ明るいのだと感じながら。まるで認知症が進行していないかのように、安定している時もありました。完全にではありませんが、まるで打ち負かそうと（そうできるかと）いうように。血に飢えたディメンターの猛攻を防げるように思えました。けれどもディメンターは引き続き私の魂を吸い取っています。空になっていくことから回復するには、より一層がんばらなくてはいけないのです。

ちょっとした出来事が小さな津波になってしまいます。私の頭は必ずしも正しく把握できないのです。夜中に起きて、会話や出来事について考えたり心配したりします。妄想と衝動が湧き起こります。約束と意味に満ちた会話が、完全には思い出せず、あるいは一部誤解され、私の精神をぼろぼろにし、魂を不安でいっぱいにします。

認知症はたしかに私の人生をより込み入ったものにしましたが、新しいドアや興味深い道の鍵を開けてもくれました。そして以前よりも困難ではありましたが、登り、探求する新しい山を見つけることもできました。私は認知症とともに生きる方法を学び、これによって進行を遅らせることができていると信じています。私が活用している多くの方法については、第28章（284頁）で紹介します。

私の世界は消えると同時に拡張もしているようです。私はよく自問します。「いったいどうしてこんなことができるのかしら？　配られたカードの札でどう対応するか選んだ方法のせい？　それとも引いた札がよかったの？　これはそもそも大事なことかしら？　家族や親しい友人以外、いったい誰が気にかけるというの?」

未来が限られているとわかっていて、瞬間ごとに静かに色を変えていくような状況では、些細なことを気にしないというのはとても困難です。自分の皿の上の魚について、十分に大きいか、おいしいか、調理されているか、あるいはチキンにしておけばよかったかと思い悩むのです。だけど、そもそも外食できるだけでも十分に幸運なのでは? 愛と人生、家族やこの電車に同乗している美しい友人たち。そして一緒に味わう楽しさ。考えてみればこれで十分に違いありませんし、実際そうなのです。

現在、4750万人を超える人たちがこの認知症の旅をしています(世界保健機関 2015年)。それぞれに私のそれと同様に意味深く痛ましい物語があります。一人ひとりが同じ恐怖と空虚さを抱えて生き、同じ恐れと悲しみに直面し、皆ができる限りよく生きていこうと真剣なのです。声を上げることができるのは光栄なことです。それが認知症がある人たちへのケアを改善するのに役立つのなら、努力する価値のあることです。

今のところ、世界が理解でき、自分や家族に何が起きているのかを洞察できるように私の脳は機能し続けてくれています。このために私は声を上げなくてはならないと感じるのです。とりわけ認知症とともに生きるという経験を、おそらく分かち合えない、あるいは公にすることを望まない人たちのために。公に発言するということは誰にでも向いていることではありません。そうすることを選んだ人間として、たしかに感情的につらいこともかなり経験しました。

この病気を理解することも支えになります。配られたこのトランプの札には、本当に価値があると感じるために。

この病気に打ち勝つのに必要な努力にもかかわらず、ベッドから出たくない日も多くあります。朝を乗り切るためのとてつもない努力に煩わされたくないのです。ましてや一日中なんて。今のところがんばり続けていますが。

今は素晴らしい時間を過ごすことが私にとって大切なのです。毎日、あらゆる瞬間に病気、障害、認知症、そして死に対してもっと快適なアプローチを開発できるように努めています。私はこれらを贈り物として考えるようにしています。そして、ささやかにではあっても、この世の中をよりよい場所にしようとしているのです。

6 ありがとう、リチャード・テイラー

ヒーローとは、打ちのめされそうな障害にもかかわらず、耐える力を見出した普通の人である。
（クリストファー・リーヴ）

心理学者であった故リチャード・テイラー博士は私のヒーローの一人です。彼の文章が、私が最初に見つけた認知症がある人の書いたもので、多くの意味で彼の言葉が「私の人生を救ってくれた」と感じています。破滅的で陰鬱な認知症の滑りやすい坂、医療従事者や介護事業者もが診断に際して私たちを送ろうとする坂を、転がり落ちていくことから救ってくれたということです。それまで認知症とともに、あるいはそれを乗り越えてうまく生きている人のことを聞いたことがなかったのです。本や文章も探しましたが、それらは認知症とともに、あるいはそれを乗り越えてうまく生きることができるとは示唆していなかったのです。ある程度役には立ちましたが、認知症を乗り越

えて生きることができることも、どうすればそうできるかも本当には教えてくれませんでした。

リチャード・テイラーが私にそれを教えてくれ、私の障害アドバイザーである南オーストラリア大学のジェーン・エイリフがこの考えを支持してくれました。「Googleさん」もまた私の友人になりました。

リチャード・テイラーは認知症の負のスパイラルから這い上がり、それを乗り越えて生きることを学ぶように私をたしかに元気づけてくれました。以下に抜粋する彼のこのエッセイに触発されて、私も自分自身の経験について書き始め、最終的にはこの荒っぽいドライブに意味を見つけられたのです。

〈ふさわしい言葉を見つける〉

これは始まりの終わりなのか、それとも終わりの始まりなのか？

使える時間が限られてきていることに私は怯えています。使えるというのは、私が今使っているという意味です。一般的な能力として、昨年の1月と今年の1月で変わってしまったことはわかっています。現在の生活では、日常的な活動の支援のために他者への依存を強めました。妻が私の背後で整理をして、あれやこれをやるようにと思い出させ、あれやこれをやりたいかを尋ねてくれることなしに、この活動のペースを保てなかったのは明らかです。私ができない時に世話をしてくれ、私が自分で自分のことをするのに助けが必要な時は助けてくれるのです。彼女の辛抱強さは寛大であり、欠かせないものです。

調子のいい日と悪い日があります。調子のいい時間と悪い時間があります。調子のいい瞬間と悪い瞬間があります。とても疲れている時を除いて、調子の悪い時がいつどのようにやってくるのか、予想することはできません。時には自分がもがいているのがわかっていて、自分を見失わずにいられないようです。何度も何度も違う番号に電話をかけてしまうのを自分で眺めているのは奇妙なものです。名前を探していて、探している最中に何を探していたかを忘れてしまうのです。何かをしようと椅子から立ち上がり、それが何だったかさっぱりわからなくなるのです。

私にとって最も危険なのは、理解できていないのにできたと思ってしまうか、忘れてしまう時です。何かを言ったり、人に何かを伝えたりして、状況を理解しているつもりが実際はそうでなかったり、ほんの一部だけだったり、完全に間違っていたりします。最悪なのは、これらの瞬間がいつ起きているのか私にはわからないということです。私はこの日に何かをするのでしょうか？　もちろん。ただし私はそれをカレンダーの違う月に書いていて、3週間気づかないのです。これをやってくれますか？　もちろん！　何を頼まれているのか本当に理解していなかった時、私はただ「はい」と答えました。その理由は「アルツハイマー博士」にしかわかりません。

これらをすべて合計して25をかけると、私の生活がどんな様子かわかるでしょう。もちろん、出来事の合間には、うまくこなしていて、何も問題がないように思えることも時にはあるのです。水をかけられるまでは！　「アルツハイマー博士」からのご挨拶で、顔に冷水を浴びせられるのです。

（テイラー　2008年）

光栄にも個人的にリチャードに何度か会うことができ、親しい友人と呼べることを信じられないほど名誉で誇らしく思います。彼もまた国際認知症同盟の共同創設者の一人で、しばらくの間理事の一人でした。喉頭がんのために2015年の7月25日に亡くなってしまいましたが、依然として私のメンターの一人です。2012年の国際アルツハイマー病協会の会議でロンドンで初めて会った時、私は初参加でしたが、心の親戚のように感じると彼に言われました。その時私も同じように感じ、今でも、もう会って話すこともオンラインでやりとりすることもできないにもかかわらず、私たちはとても精神的に、そして知的につながっていると感じています。2年ほど前に彼が喉頭がんと診断された時、彼とともに、そして彼のために嘆きました。彼の影響力と友情を大切に感じていた多くの人たちも一緒でした。

国際認知症同盟は、リチャード・テイラー博士の栄誉を称えるためにオンラインで追悼集会をしました。その様子は同盟のＹｏｕＴｕｂｅで見ることができます。彼の影響力がどんなに大きかったか、どれだけ多くの人が彼を愛し、元気をもらったか、彼の死後にいっそう明らかになりました。

ありがとう、リチャード・テイラー。

7 認知症への反応
——あなたの、私の、他者の

私はクラブに次のような電報を送った。

「私の脱会届を受理してください。私を会員として受け容れてくれないいかなるクラブにも、私は属したくないのです」

（グルーチョ・マルクス）


私は認知症についてそのように感じますが、選択の余地はないので、生き延びて自分の人生を生きる最善の方法はよく笑うこと、認知症があることに対してのネガティブな反応を含め、ネガティブなことをできれば無視して、人生のよい面を見ようとすることです。

（スワファー　2011年）


認知症がある人が診断について「カミングアウト」して認知症の症状と、その診断とともに生きていることをオープンに認めると、多くの反応があります。認知症がある人はまったくの混乱の中に投げ出されます。悲嘆、そしてたいていは強い怒り、そして「どうして私が？」「本当のはずがない」

「セカンドオピニオンをもらいましょう」といった疑問や提案です。認知症の診断をされることには、他にも多くの感情や反応があります。診断を受けた本人だけでなく、その家族や友人にもです。そのような診断を受け容れることは、「認知症さん」（我が家では「ラリー」と呼んでいます）の到来に直面しているどの家族にとっても、とても困難なことです。ここではそのいくつかを見てみましょう。特に私や私たちの経験に関連しますが、「認知症さん」が訪れた他の多くの家族の意見にもふれています。

前述のように、認知症の診断は本当に疑似死亡のように感じられました。私の、私が誰であるかの、私の歴史の、死です。そして私は誰になるのかという不安がありました。

診断後に夫と息子たちと話し合い、カミングアウトするのが最善の策だと結論を出しました。最初の数週間は、止むことなく泣き続けました。涙がなくならないかのように感じました。夫と私は運動と楽しみをかねてほとんど毎日一緒に歩いていましたが、そのうちに走り始めました。しょっぱい涙が赤くなった頰を川の急流のように流れていました。泣いて、泣いて、泣いて、もう止まることがないのではと思えましたが、十分に走ると痛みがそれにとって替わり、他のことを考えられるのです！　これは効果がありました。少なくとも走っている間は。

認知症の症状に溺れているように感じる日が多くありました（今でもそう感じる日があります）。起こりつつある変化について、そして、もがき続けても浮かんでいられなくなるかもしれない時のことで、ともに感じている不安について、夫と私はよく話し合いました。最も快適な感情の旅ではなく、流れに引き込まれてしまいそうで、ほとんどコントロールをなくして渦に巻かれていて、見ている人々がいるのに助けてもらうことはできないようにいつも感じていました。

夫はたいていは無力に感じています。夫はまた、事態を「解決する」ことができないために私を失望させていると感じているようです。何でも解決したがるのは明らかに男性の特徴ですが、私もかなりその傾向があります。溺れるというイメージから、以前に私の物語を『私の見えない、消えていく世界（*My Unseen Disappearing World*）』と名づけたのかもしれません。溺れる時には、姿が消えてしまうからです。

それからリチャード・テイラーによって書かれた文章を見つけたことで、私の人生は救われたと言えます。

私はよくリチャードのことを私の人生を救ってくれた恩人と呼んでいます。これは第6章を丸ごと彼に捧げている理由のひとつでもあります。彼が認知症と診断される感情的な苦痛について書いていなければ、私はうつ病も発症していたでしょう。それに近い状態になったことが2、3回ありましたが、今では書くことと一生懸命前向きになることでいつも癒されているので、うつ病は発症せずに済んでいます。これは試してみることを強くお勧めします。どんな危機や嘆きや喪失にも、そしてとりわけ深刻な慢性疾患や不治の病と診断された場合には試してみてください。

認知症がある人の多くがうつ病と診断されるのは、診断後に経験する悲嘆の一部なのではないか、とある程度確信しています。複雑な悲嘆で、決して消えることなく、機能や関係性に変化が生じるとそのつど再び現れるのです。

他の不治の病の場合と同様に、グリーフ（悲嘆）カウンセリングが「治療あるいは継続支援とマネジメント」の一部として診断後すぐに提供されるなら、認知症がある人がうつ病や無気力と診断されることはずっと少なくなるとかなりの確信をもっています。

認知症と診断されてから少なくとも最初の数年間、私には数学上や統計学上の確率があてはまらなくなりました。つまり、間違っているのはいつでも私ということに突然なってしまったのです……約束を忘れた……キッチンの棚にランチボックスを置きっぱなしにした……来客があるのを忘れた……買い物リストを忘れた……○○を忘れた……何が言いたいかわかるでしょう！

突然にして、すべて私のせいになったのです。当初は物忘れはそれほど目立たず、一時的で不規則なものでした。今ですら、私が家族にまつわる何かや誰かを思い出せないと言ったあとに、こう言う家族もいます。

「バカなことを言わないでくれよ、もちろん覚えているはずだよ！」

正直なところ、覚えている時もあれば、覚えていない時もあるのです。

子どもの頃、嘘をついてはいけないと教わります。私の場合、嘘は罪だとも教わりました。そして嘘をついたり罵ったりしているのを見つかると、石鹸を歯にこすりつけられてお仕置きをされるのです。嘘をつくのは私には困難なのです。けれども今では人の意見や私が覚えているはずだというその主張に、ただ賛成することがよくあります。言い争いをやめるためです。実際、これは作話の始まりなのかしらとよく思ったものです。

他者の反応はさまざまです。過保護な人もいます。すぐさま手助けをしたくて、私の代わりにやって、診断の埋め合わせにもっと愛情を与えようとするのです。

私が嘘をついていると公然と示唆したり、非難したりする人もいました。まだ話ができてちゃんと機能しているのだから認知症のわけがない、売名や同情を引くのが目的で嘘をついているのかもしれないというのです。認知症がある人の多くがこのような経験をしたと言います。神経科医からの手紙を証拠として持ち歩いている人も知っています。公の場での講演で脳のスキャン画像を「信憑性を示す」スライドとして使う人もいます。私を含め、診断が間違いだとか、講演で画像を使えばそれは盗んだものだと医師から言われた人もいます。数多くの医学的な見解が要求され、毎年の追跡検査が実施されているにもかかわらず。私たちが依然としてこのように話し、機能できるなら、医師が全員間違っているか、私たちが全員嘘をついているかでしょう。これは非常に腹立たしいことでした。最近では、次回の私の神経科医との面接の際に同席して診断に異を唱え、自分の同僚の気分を害するようにお勧めしています！

残念ながら多くの医師、看護師、ケアパートナーに認知症に関する深い知識が実際に欠落していることは、深刻で恐ろしいことです。学部教育ではほとんど時間が費やされず、大学院での認知症に関する教育は依然として不十分でおもしろくないものです。

認知症の何がこのような不信を引き起こすのだろう、といつも不思議に思うのです。もし私たちが、がんだと診断されて元気にしていたら、それが西洋医学であれホリスティックであれ両者の組み合わせであれ、人はきっと私たちの努力を賞賛するでしょう。そして嘘をついていると非難する代わりに、何をやっているのかと質問するでしょう。

もし、がんやその他の不治の病が神の奇跡で治癒したら、無神論者や不可知論者の医師でさえ信じるでしょう。オーストラリアの有名な心臓専門医のロス・ウォーカー博士が言うように、たとえ証明できるようなエビデンスベースの研究がなくても、担当患者がもしよくなったら、それがホリスティックによるものであれ、神やその他の介入によるものであれ、どうしてその事実を争うことができるでしょうか。それなのに、認知症の場合にはこのような反応が稀なのです。

認知症とともに生きることで、とても傷つくことがもうひとつあります。友人たちの多くは、私たちのこの旅にただ関わりたくないのです。彼らの世界に私たちがもはや合わせることができないなら、私たちはただ取り残されるだけです。パートナーを亡くして突然「独身」になった人の多くもこの経験をします。これ以上何が起きているか知りたくないし、分かち合いたくないと積極的に言ってきた人もいます。そういう人たちは静かに立ち去りました。どんなにそれが私たちを傷つけるか、おそらくわからなかったのでしょう。そうであったと思いたいです……。

多くの人は「でも私も物忘れをするわ」とか「母や父もそんな感じよ」と言います。そして会話の中で何かを覚えていると、「ほら、認知症のわけがないじゃない」と言う人もいます。認知症がある誰もが記憶障害があるわけではなく、そして初期段階ではまったく思い出せないことは滅多にないというのにです。

下の息子のチャールズは、「でも、ママ、それってお年寄りがなるへんな病気じゃないの！」と言いました。

だけど誰も笑いませんでした……。

私たちの誰一人として、若くても認知症になると考えたことがなかったのです。高齢者ケアに従事していた私ですらそうです。それも皮肉なことに、私は１９７７年にアデレード初の認知症病棟で働いていました。

私の母がインタビューで語っていましたが、私が認知症と診断されたと知った時、かつて感じたことのない怒りを感じたそうです。怒りは次第に静まりましたが、深い、深い悲しみが残りました。

しばらく前のことですが、夫のピーターはメールでのやりとりのなかでこう告げました。「君を失いつつあることがわかるし、将来はどうなるのか怖いんだ」

多くの人は何も言いませんでした。ただ黙って私たちの人生から消えていきました。私たちとしばらく一緒に出かけていた人たちもいましたが、それが困難になると、その人たちも消えていきました。これは悪意があってのことではなく、地域社会における認知症への無知の印であり、社会的烙印（スティグマ）を押されることだと確信しています。けれどもありがたいことに、すべての人が消えていったわけではありません。

親友たちは消えていくことはありませんでしたし、世界的な認知症のコミュニティで多くの仲間や友人ができたことを幸運に思っています。皆のことを愛しています。

認知症がある人たちの擁護者になることや、変革を求めるのも、もう最後のように感じる日が多くあります。それがあまりにも大変で、人々があまりにも意地悪に感じる日もあります。ボロボロになって、こんなに時間をかけているのに、認知症当事者が自分たちに関する本当に重要な話し合いに依然として加われず、「認知症にやさしい」という環境にはほど遠いというのは、一体何なんだろうと思いました。友人や仲間たち、そしてオンラインの国際的なコミュニティがなければ、あきらめていたでしょう。夫、あるいはバックアップ・ブレイン〈第23章〈247頁〉で説明します〉は私にこう言うでしょう。「そうだよ、起きないで、ミーティングに行かないでいいよ。たくさんの当事者たちが来ているだろうから、君の代わりをしてくれるよ！」。そんなはずはないと十分にわかっていながら！　夫はこうして、私が動き続けるように、舞台裏から駆り立てる役割を担っているのです。

そのうえ、私たちが認知症という認識に反して、うまくやっていると、認知症だと信じない人がいるのです。これは私たちを傷つける、思いやりがない、一般的にまったく無知な態度です。認知症であることのもっとも醜い部分はおそらく、他者の反応です。そして、私たちと一緒に時間を過ごさなくなることと、私たちを信じないこと。この2つの反応が私たちを最も傷つけます。

私たちはこういう人たちを無視するようにすればいいのですが、必ずしも容易ではありません。けれども毎日をしのぐには100パーセント必要なことなのです。私の診断を疑う人たちには、面と向かってそれを口にする人も、陰で言う人も、ほのめかす人もいます。この人たちのいずれも、「疑うならば、神経科医との面接に同行しませんか」という私の申し出を受けたことはありません。批評や質問があればオープンに、正直に、そして面と向かってしてもらうほうがずっといい、と私はいつも思っています。

2014年半ばのシドニーでの会議において、高齢者ケアサービスの責任者が、公の場で私を大声で罵り、診断に食ってかかりました。「知っている」はずの人ですらそうなのですから、もっと知識のない地域社会の人たちは言わずもがなです。この人はもっとよく理解していてもよかったはずですが、明らかに脅威を感じていました。なぜなら、(個人的にではありませんが)その会議の彼らの組織と議長が私から批判されると思っていたからです。認知症と高齢者ケアのいわゆる「最大手介護事業者」が批判を受け止められず、代わりに防衛のために攻撃をしてくるというのは、実にがっかりさせられるものです。これが介護事業者のトップの人たちの態度なら、どうやってよりよい理解とよりよいケアに向かっていくことができるのかと思うばかりです。

別のフォーラムでは、認知症がある人のケアパートナーから、私たちは認知症ではないと言われました。こう言われることがいかに気分を害し、どんなに傷つくかという、認知症当事者の発表を聞いていたにもかかわらず。これは自分たちの経験とあまりに違っていたから、あるいは全力で介護者という殉教者の役割を果たすことにとらわれてしまったから、生じることなのでしょう。

お店やカフェのような公の場で、自分が何をしていたかや何を注文したか、混乱したり忘れたりすることがあります。すると、いつか自分も認知症や他の障害を引き起こす病気と診断されるかもしれないと気づくにはまだ若すぎる、あるいはうぬぼれている人たちから、苦いものを口にしたような表情を向けられます。

多くの人は病気ではなく、認知症によって変化したその人の「行動」を無意識に非難しています。認知症が不治の病で、私たちが限られた余命と折り合いをつけようと奮闘し、毎日あらゆる瞬間を切り抜けるためにもがいて奮闘していることを、多くの人は忘れています。

認知症の症状が時に思いやりを妨げ、私たちはその「行動」のせいで、よく「非難」されます。頑固だ、気難しい、認知症だと認めない、介護を拒否する、支援者を信じない、などなど、いろいろな理由で非難されるのです。

ケアパートナーが認知症や当事者のニーズを理解する自分自身の能力の欠如を省みる代わりに、認知症がある人を非難するのを見聞することがよくあります。私たちが「彼らを」厄介事に巻き込み、「負担」になったというのです。多くの場合、認知症がある人は家族からも責められます。家族は「介護者」の役割を引き受けなければならなくなったからです。

私たちではなく病気のせいなのだ、と家族や友人が理解するには時間がかかります。決して理解しない人もおそらくいるでしょう。

過保護な反応はもっとも対応が容易です。少なくともこの人たちは嘘をついていると責めたり、変化をあなたのせいにしたりしません。それに彼らの反応は愛と思いやりから真に出たものだからです。自分の愛する人が困っていたり、病気だったりした時に助けたいというのは、通常の反応です。

認知症コミュニティケア部門の登録看護師のグループに、私の活用する前向きな心理社会的介入と非薬物的介入について講演をした時のことです。ある看護師が私を腰かけさせると、「親切にも」教えてくれました。「わかっているんでしょう、何をしても、最終的には認知症にやられてしまうのよ！」

この助言を役立つとも親切だともまったく思わなかったと言わざるをえません。それに私の活用している介入が治療ではないことはわかっていますが、良い状態という感覚や生活の質をたしかに改善してくれたのです。そして、これらの介入の多くが実際に病気の進行を遅らせるという研究結果が出ています。最終的には認知症にやられてしまうと言われたことは、ちょっとしたトラウマになりました。認知症とともにできる限り最高の人生を生きようとしている人に対して、間違いなく否定的な態度です。

認知症は多くのことに影響を与えます。悲嘆やストレスにどう対応するかということもそのひとつです。2013年に、ある家族の会合で3人からいじめられたことで、その後しばらくトラウマになりました。まるで10代のいじめっ子が校庭でやるように、2人は黙って私を見て笑っていて、1人は口汚く人前で私を罵ったのです。

我が家のラリー、またの名を「認知症さん」のために、このような状況で、もはや自分を保つことはできなくなっていた私は、ティッシュ片手に何日も泣いていました。結局は乗り越え、いつものように人生の教訓を学びましたが、認知症のために、こういう状況に対応することが感情的にもいっそう難しくなってきています。

翌日、親友が訪ねてきてくれて、やさしくその手で私の心を包んでくれました。言葉も問いかけもなく、ただ温かい心をもって一緒に座っていてくれたのです。これが認知症がある人が何よりも必要としているものなのです。心と手をやさしく愛情をもって包み込むこと。「でも私もそんな感じよ」とか「あなたは認知症じゃないわ」とかは言ったりせずに。認知症の症状やそれによって生じた変化のことで非難、判断されないこと。誤解されないこと。自分自身を擁護できないと知ってひどい扱いをされないこと。そういうことが必要なのです。

メディアはよく、認知症と診断された人をあたかもそれが自己責任のようにほのめかします。たとえば、認知症になったのは、太り過ぎか喫煙者か、大酒飲みか薬物中毒だったからに違いないというのです。最もいやらしいのは、無教育に違いないというものです。これらの反応や認知症へのレッテル貼りはひどく気分を害するもので、おそらく低所得層を対象にしているのでしょうが、このような事実はメディアの報道の際には注目されないのです。

『病の物語から人生を学ぶ（*Learning Life from Illness Stories*）』という著書で「死ぬまでは生き続ける」（2012年）と題する章を書きました。その要約をここで掲載しておきたいと思います。私の経験、医学界が私見では知識や医療の最前線にないこと、その傲慢さと科学への絶対的な信頼が診断と、病気だけでなく一人の人間としてのその人を治療する妨げになることを、この要約が説明してくれると思うのです。私が医師に敬意をもっていないわけではありませんが、失望したことが多くありました。病気と闘うことや症状を緩和すること、良い状態を高めることに関しては、前向きな方法での自己管理のほうが勝ることが多かったのです。

『病の物語から人生を学ぶ』は、自分自身や愛する人が重篤な病気とともに生きた14人の物語です。著者たちは他者の物語の中に見出した知恵について考察していますが、とりわけ、共通のテキストとしてハヴィ・カレルの『病――肉体の叫び（*Illness : the Cry of the Flesh*）』（２００８年）が言及されます。「私は病気でありながら幸福でいられるだろうか？　どうすれば病気とともに生きながらよい人生を送れるだろうか？」。カレルのこの問いかけに対し、著者たちは自分自身の痛み、悲嘆や絶望、そして愛、希望、幸福の追求、詩作、ヨガ、祈りと抗議の経験を分かち合っています。この本は勇気について、困難な時期に力と喜びの源泉を見つけることについて書かれています。困難な状況を抱えて混乱の中にあって意味を見出そうとしているすべての人に、力を与えてくれるでしょう。

この本で私は、このように書きました。「病気のある人が尊厳をもって扱われることとは、一皮むけばバカのように扱われることと変わらない」。私は今でもこれは事実だと思っています。

メルボルンにあるラトローブ大学緩和ケア部門のブルース・ランボールド局長は、『病の物語から人生を学ぶ』への書評でこう述べています。「ひとつの真正な物語（この場合はハヴィ・カレルの）が、他者の物語を呼び起こすという興味深い研究だ……誰もが有限性に直面するが、その時に人間が見せる多様性と複雑さを本書は重要な方法で体験させてくれる」

イギリスのボーンマス大学の健康哲学科のレス・トドレス教授はこう述べています。「本書は重要かつ稀なことを提供している。対話のあるコミュニティでの実践研究は実存的に有益で、私たちに共通の人間性にふれることを示した」

友人で仲間のシーラ・クラーク博士は、20年以上医療の現場で悲嘆を専門にしていますが、『オーストラリアの家庭医（*Australian Family Physician*）』という雑誌に次のような書評を書いています。これを掲載しておかなければと感じました。深刻な病気であると告知されることの影響が、患者とその家族にとってどれだけ重要なものであるかを強調しているからです。私の経験では、医師も医療サービス提供者も、この点をあまりに考慮していないのです。

患者にとって、私たち医師から命に関わる告知を受けたあとに診療所を出ていくのはどんな気分がするものか、これまでに考えたことがありますか？　それから数週間、数か月、どんなことに直面しなければいけないのでしょう？　未来、希望、夢が失われたことに、そして消滅と死の脅威にどのように対応するのでしょう？

この並外れた本は、そのような経験の見事な話を集めたものです。それぞれが多発性硬化症や認知症のような命に関わる病気を抱えた、あるいは家族の病気や死に直面した著者の物語が散文と詩で語られています。

それぞれの物語が、悲嘆と暗闇と絶望を超えて診断と折り合いをつけ、自分の経験から深い学びを発見する独自の闘いを打ち明けています。ある著者が書いているように、「病気は強力な過渡的空間のようです。ここで内なる自分とつながり、成長することができるのです」。それぞれの物語は異なる方法で、哲学、スピリチュアリティ、理性とユーモアによって、生と死という実存的な問いに取り組んでいます。

本書は私たち医師のためのものです。医学の教科書の背後にある叫びに耳を傾け、私たち自身の内面の反応を聞きとるための。そしてその反応によってさらに共感と理解をもって患者とつながり、その病気という旅をともに歩めるように。

本書はまた、患者のための本でもあります。自分たちは孤独ではないのだと理解できるからです。同じ苦しみをもつ仲間たちが、人生に直面する方法を見つけ出していて、共通の経験によってつながれること「経験した」ことがある他者によって、自分たちの経験は通常のものだとわかるからです。同じ苦しで、気持ちが軽くなるでしょう。

突き詰めれば、本書は私たち全員のための本なのです。自分自身の有限性に直面した時のための。すべての物語はとても謙虚で感動的でした。一人ひとりの勇気があふれています。自分の新たな現実に直面する勇気だけでなく、人生についてのその深い学びを公に分かち合うという勇気です。本書を読んで、患者とどう関わるかを再度考えさせられました。著者の一人は難しい問いを突きつけます。

「どうして医師や医療従事者は、病気ではなく一人の人間としてのその人へのケアを、死の直前まで示さないのでしょう？」
（クラーク　2013年）

同書の中の一人であることを本当に誇りに思っています。そして、認知症とともに生きることについての経験を語った新作となる本書が、少しでも役立つことを心から願っています。認知症がある人たちがよりよい人生を生きるような洞察やインスピレーションを与えられれば、本当に大きなことを成し遂げたと感じられるでしょう。あるいは、自分は孤独ではないのだと感じてくれる人がたとえ一人でもいれば、大成功といえるでしょう。

『病の物語から人生を学ぶ』で、私は自分の人生の意味を見つける旅について書くとともに、自分の足跡をやさしく有意義なものにしたいと述べました。病気と死というレッスンに直面しているからです。私のエネルギーは依然として低いことが多いのです。本書は私の認知症と病気の経験についてノンフィクションの形式で多く書かれています。自分の魂と心の奥底に何が潜んでいるかを探しているからです。慢性疾患と死の悲嘆と喪失は深いのですが、悲しみをはるかにしのぐ美と教訓を得ています。

この物語の大半は認知症とともに生きることに焦点をあてており、これに思慮深く、正直に、思いやりのある方法で対応したいと思っています。これらの目標に向かって進んでいくにつれ、私の魂はこの人生の旅の用意をしていて、私のソウルメイトはよく内側で静かに泣いています。ハヴィ・

カレルの本『病（*Illness*）』（2008年）は私に洞察を与えてくれるとともに、私の感情や病気への反応を認めてくれました。

南オーストラリア州アデレードの「オーストラリア・アルツハイマー病協会」で夫と私が担当した「物忘れとともに生きる（Living with Memory Loss）」コースで、認知症がある参加者5人のうち、2人はほとんどすぐに家族や友人に「カミングアウト」したのですが、2人とも友人が大幅に減ってしまうという経験をしていました。実際、その友人たちの大半からはまったく返事がなく、以来連絡をとっていないそうです。

ある男性は自分が認知症だと認めず、どうして自分がそのグループに参加しているのかわからないとよく言いました。彼がパジャマでやってきた時、彼は自分に問題があることをほぼ認めました。特に、午後2時でパジャマパーティーじゃないのだから、パジャマでやってくるのはおかしいだろう、と私たちがからかいましたから。

誰もが自分独自のやり方で診断に対応するのは明らかですし、多くはこの診断と折り合いをつけることをとりわけ困難に思います。ひとつには社会的烙印と差別のせいで、ひとつには診断の際に感じる恥と屈辱のせいです。私は認知症がある人について用いられる言葉など（第19章で詳述）への変革を声を大にして訴えていくことを通して、事態は変わっていき、認知症がある人が恥じ入ったり社会的烙印を押されたりすることは減っていく、と希望をもっています。

私にとって、物語や詩を書くことは認知症への反応でした。特に詩です。詩を書くことで自分の感情を探求することができ、俳句のようなより短い詩へと語数を削っていくことで、その感情を濾過することもできるのです。これは認知症への反応というよりも、私の認知症のタイプによる影響だと思っています。新しい創造性が内側から現れてきているのです。

夫のピーターと私はユーモアを用いて、認知症の「症状」が生活に現れると笑い飛ばすようにしています。これが私たちの「認知症への反応」です。

私たちの態度は、とてもささやかですが、とても大きな違いをもたらしうるものだと思います。もしあなたが自分は幸福だと思えなければ、少なくとも自分自身と世界に対して穏やかな気持ちでいられなければ、何かを変える必要があるのです。

8
不信の負担

話すこと

話すことで
悲しみが和らぐ
話すことで
痛みを分かち合える
話すことで
孤独が弱まる

（ケイト・スワファー　2012年）

正気への道のりはとても長く、暗く思えました。トンネルの終わりの光は何度も隠れてしまい、私をからかい、もうおしまいだと信じ込ませようとするのです。暗闇は頻繁に枝を伸ばして私を罠にかけようとし、こうしていつも意味を求め続けているよりも、永遠の無のほうがましだと、ついには思わせようとするのです。当然ながら、正気とは実際には状態のことではありません。ただのバカげた言葉で、社会的烙印（スティグマ）と謎に満ちています。正気と狂気が溶け合い、幻想に溶けてしまうグレーゾーンを受け容れるよりも、白黒はっきりさせるように引き込むのです。

これは私の最初の頃の数年間の反応でした。人里離れた農村に住み、慢性疾患とともに生きることに直面した頃です。その症状は長年、信じてもらうことができませんでした。病気と認知症は私に理解、洞察、意味、そして自分の正気を確信するという贈り物を与えてくれました。

私のもって生まれた遺伝性疾患は、46歳になるまで診断されることはありませんでした。症状は思春期前の子どもの頃に出始めましたが、本物ではないといつも言われていました。頭痛、時折起こるめまいと失神、軽度の間断的な知覚障害がありました。これらは誰も「見る」ことができないものです。14歳の時に落馬して第五頸椎に細いひびが入ると、ようやく症状のいくつかを信じてもらえるようになりました。歳を重ねていくにつれ、引き続き手足の知覚障害が増し、痛みや重度の慢性的頭痛、それに「失神発作」がありましたが、いつも、神経症だ、がんばり過ぎだ、ストレス過剰だ、困難な時期なんだ、嘘つきだ、心気症だと……あるいはもっとひどいことも言われました。

たいていは我慢して、次第に否認のテクニックで対応するようになり、ついには無理に症状を無視することで、とてつもない痛みへの耐性を築きました。やがて医師たちも何かがおかしいということを否定できなくなり、私には生まれつきアーノルド・キアリ奇形I型として知られる、珍しい脳異常があることを発見しました。これで今までの症状の説明がついただけでなく、緊急の神経外科手術が必要とされました。安堵を感じた一方で、医療従事者への怒りも他方にありました。興味深いのは、それから手術を待つ間、症状を無視するのがはるかに難しくなったことです。まるで「本当の」医学的状態を知ったことで水門が開いたかのようでした。

医師が私の言うことを信じようとしないのが、私の人生で繰り返されるパターンでした。何度も流産をしたあとに妊娠したと感じた時、この4回目の予期せぬ妊娠で初期のスキャンを担当した放射線科医は前置胎盤だと言い、それをカルテに書き忘れました。これを何度も私は産科医に言いましたが、私が「マミーブレイン（訳注：妊娠中に忘れっぽくなること）」に違いないと言われました。そして妊娠32週間目くらいになって出血し始め、緊急事態になった時、前置胎盤だということが「発見された」のです。ここでも、驚いたのは私ではありませんでした。

神経外科手術のあと、ついに重度の切迫性尿失禁と診断されるまで、またしても新しい症状のいくつかを医師が信じない、あるいは大したことがないかのように取り合わない、ということがありました。脳からの排尿や排便の信号を受け取ることができないのです。失禁に対応し、厳格で時間管理された排泄スケジュールを守り、失禁パッドをつけました。真剣に受け止めてもらえるまで、この問題と2年近く格闘していました。この失禁は神経外科手術の副作用のようですが、これについて確定的な回答をもらったことはありません。当初はとても軽くあしらわれたのは不運なことでした。

失禁とともに生きるのは楽しいものではありませんし、パッドをつけるのは屈辱的で恥ずかしいものです。生活全般にマイナスの影響を与えるだけでなく、性生活と親密さもめちゃくちゃにします。ともに生きるのは極めて困難です。悲しいことに、失禁パッドの会社は、商品を販売する方法として、軽度の尿失禁は20代や30代でも普通にあるのだと言って私たち、特に女性を軽視しています。実際には、たいていの失禁は厳格な骨盤底運動で完全に予防できるのに。あら……また夢中になってまくし立ててしまいました！　失礼！　問題が次第に真剣に受け止められるようになり、診断が確定した時、ここでも驚いたのは私ではありませんでした。

認知症と診断されることはトラウマになります。多くの意味で人生の究極のジェットコースターとなる出来事です。認知症のタイプが変わり、余計に混乱させられた人がたくさんいます。たとえば、最初はアルツハイマー病と診断され、それから別のタイプの認知症に診断が変わるのです。やがて認知症ではなく、別の原因で認知能力や記憶が低下していると言われた人もいます。誤診や、実際に明らかに問題があるのにまったく診断されないと、気持ちをどう整理すればいいのかわかりません。

不治の病や深刻な慢性疾患で、その診断と今後の見通しにショックを受けることを別にすれば、誤診の最大の困難のひとつは、診断と将来が変わってしまったことに折り合いをつけようとして、家族や友人にも伝えたところで、医師が間違っていたと伝えなければならないことです。それが一度ならずあれば、オオカミ少年だと思われてしまうでしょう。心気症、あるいはもっと深刻なミュンヒハウゼン症候群（訳注：注意や同情を引くため、自分を再確認するために病気や心理的トラウマを装ったりでっち上げたりする虚偽性精神障害）だと思われてしまうかもしれません。ミュンヒハウゼン症候群がある人を知っていますし、ネット社会のせいでこういう傾向が助長されていることも知っています。しかし、私にはこの障害はありません。それははっきりしています。

誤診や信じてもらえなかったことが何度もあったことについて書くのは、ひとつには、それを私が他者に証明する方法だからでしょう。私は誤診をされたり信じてもらえなかったりしたことがあり、他の重篤な疾患の本当の症状についても信じてもらえませんでした。フラストレーションという言葉が頭に浮かびますが、当時頭に浮かんだのはもっと罵り言葉に近いもので、とても文字にすることはできません。

認知症と診断されることの奇妙な点は、病気のプロセスの最終段階にあるのでなければ、診断をまったく信じてもらえないということです。認知症がある人は誰もがひどい記憶障害があって、自分の面倒をみることができない、という神話も広く流布しています。

運動やその他の健康的な介入で症状を遅らせることはできないとか、非薬物的で前向きな心理社会学的介入によって認知症の進行を遅らせることはできない、といった思い込みは間違っています。それを示す研究が現在は出ています。心臓疾患に健康的なライフスタイルが推奨されるのと同じように、脳の健康は認知症への予防、予後に推奨されています。研究によって証明される前から、認知症がある人の多くがこのような介入をしていました。そのためにうまくやっていられるからといって、私たちの認知症の診断を疑うのは筋違いです。単に研究が私たちに追いついていないだけです！

傲慢さ

医療分野での多くの人たちの優位と傲慢さには引き続き愕然とさせられています。21世紀の医師と看護師のあまりに多くが、患者ではなく病気のためにそこに存在しているのです。現代人の彼らの健康に対する科学は度を越していて、患者の一人の人間としての幸福や結果よりも、診断し、薬物や手術で治療できることのほうに関心があるのです。そして薬物や手術による治療の選択肢がなければ、たいていは関心を失ってしまうのです。

私は医師から見下した話し方をされました。夫が一緒にいる場合は、私にはまったく話しかけてもらえませんでした。

私の知性や背景は当初は考慮に入れられず、初回の認知症の神経心理学テストでは私の知的レベルは検討されませんでした。私の認知障害の程度とそれによって生じた障害は、相当に過小評価されました。外から見れば、依然としてかなりちゃんと機能していたからです。運動ニューロン疾患、非常に進行が早く死が予測される疾患と診断されると、医師や他の医療従事者たちは公然とやさしくなりました。緩和ケアチームがやってきて、単に病気についてノートをとるのではなく、一人の人間としての私に、そしてどのように私と家族を自分たちが支えることができるかに真に関心をもっていました。彼らは痛みやその他の症状をテストによって確かめようとするのではなく、敬意をもって信じ、それに従って治療しようとしたのです。

私は依然としてこの質問への答えを探しています。「どうして医師や医療従事者は、病気ではなく一人の人間としてのその人へのケアを死の直前まで示さないのでしょう?」。答えを見つけることができるのか、疑わしいです……。

ハヴィ・カレルのように、「それは一人称の経験を優先して、病気についての医学界の客観的な三人称の話に挑戦していたので」、私は現象学が役立つと思いました。彼女は皮肉についてもふれています。私はかなり皮肉屋ですが、行き過ぎないように気をつけています。自分自身にマイナスの影響を与えるし、変革には必ずしも役に立たないと思うからです。その代わりに私は、認知症のような慢性疾患とともに生きている人たちや高齢者ケアを受けている人たち、私が「高齢者ケアと認知症のための人間の放牧場」と呼ぶ場所の中で座っている人たちのために活動家、擁護者として声を上げることを選びました。私の愛する人たちも、かつてそこで生活しなければなりませんでした。「刑務所や強制収容所に閉じ込められたようだ」と多くの人たちが私に言った場所でもあります。

私たちは皆、死ぬまでは生き続けます。なかには人間ができる限り前向きに生きることを好む人がいるのです。

認知症という言葉（dementia）はラテン語源で、もともと「狂気」を意味します。どうりで神話と闘わなければいけないわけです！　そして私たちは通常、私たちが依然としてそうである存在、つまり母親、父親、恋人、娘、妻や夫、従業員や雇用主、祖母や叔母といった存在としてではなく、病気の症状によって定義されます。忘れっぽい、混乱している、攻撃的、奇妙な行動、逃亡者あるいはコミュニケーションを拒絶している、と。

多くの人が私たちの欠陥にしか目を向けないのは悲劇です。

9 若年性認知症と診断される

人生で問題なのは起こったことではなく、何をどのように覚えているかなのだ。
（ガブリエル・ガルシア・マルケス）

若年性認知症とは何か

本章では特に若年性認知症について書きました。私がそうだからです。詳細な臨床説明ではなく、私の生きた経験についてです。

若年性認知症は65歳未満の人に下される診断です。個人差はあるものの、認知症が与える影響は65歳未満の人と65歳以上の人では大きく異なります。

65歳以上でも未満でも、どの年齢でも認知症の診断は、思考、行動、そして日常生活を営む能力に影響します。脳機能に影響があるため、通常の社会生活や仕事に支障が出るのです。思考や集中、記憶、判断といった機能が次第に低下するため、日常生活に影響が出ます。

現在、2万5800人を超えるオーストラリア人が若年性認知症と推定されていますが、私たちに固有のニーズに対応した、年齢にふさわしいサービスはとても限られています。的を絞った宣伝と権利擁護を通して、病気と診断が与える影響について、啓発するのが私の狙いです。

診断の影響

年齢にかかわらず認知症の症状は同様ですが、若年性の場合、65歳以上の場合に比べて多くの異なる問題を経験します。以下はいかなる個人の経験のみにも基づいたものではありませんが、私が知る問題のリストです。

- 断絶処方（この言葉の説明については第16章〈165頁〉を参照）
- 通常はまだ雇用されており、雇用継続のための支援がない
- 仕事をあきらめなければならなくなったら（通常はすぐにそうするように推奨されるが）、収入が減るため、世帯収入が半分になるか、あるいはなくなってしまう
- 多くは扶養しなくてはならない子どもが家におり、幼い場合もある

- 認知症がある本人が子どもの世話をできず、パートナーは働かなければならないため、子どものケアが必要になるかもしれない
- 多額の出費がある
- 身体的に健康なので、他者が挑戦的だと感じるような行動をとるかもしれない
- 早期の段階で自分の病気をよりよく認識している
- そんなに若い年齢でスキルを失うことを認めて対応するのが困難である
- 支援やサービスが65歳以上の人々に向けたものであるため、情報にアクセスするのが困難である
- パートナーが依然としてフルタイムの仕事に就いている
- 医療費が倍以上になるかもしれない
- 病院の予約やその他必要なサービスを受けるための交通費の増加
- 往々にしてより珍しいタイプの認知症（前頭側頭型やレビー小体型）である
- 症状が障害ではなく欠陥と見なされる
- 価値ある役割の縮小や否定による自尊心の低下
- うつ病リスクの増加、低い自尊心、不安
- 年齢相応のサービスが非常に限られているか存在しない
- もはや運転ができないかもしれず、これは多くの影響がある。子どもを学校に迎えに行けない、病院やその他の場所に子どもや自分を連れていけない、高齢の親を約束や外出に連れていけないなど

である。そしてパートナーは（もしいれば）支援をより多く求められるため、仕事がそれまでよりできなくなる
・不公平な社会的状況
・認知症と診断されると、他の不治の病とは異なる扱いをされ、他の不治の病の場合のような支援サービスが設定されない
・認知症の診断によって生じる喪失や悲嘆は往々にして十分に認識も対応もされず、複雑である
・アイデンティティの喪失、プライバシーの喪失、子どもや孫がわからなくなることへの大きな不安
・子どもや配偶者、老親へのマイナスの影響と介護者としての肉体的・感情的負担の増大
・意味のある関わりと診断前にしていた活動に従事するための支援の欠如

アンシア・イネスは著書『認知症研究（*Dementia Studies*）』（2009年）の中で、認知症がある患者自身のミクロレベルの経験を見るさらなる研究の必要性と、ケア環境で提供される現在の政策とサービスを支援するよりも、本当の良い状態を支援するサービスと支援を確立するために、現在の調査と政策を超えて前進する必要性を訴えています。

若年性認知症がある人にとって、おそらくもうひとつのもっとも重要な欠落部分は、年齢固有の支援とサービスでしょう。

若年性認知症 vs 高齢者認知症

若年性認知症の場合の影響は高齢者の場合と違うということについて、「くだらないわ、お年寄りもあなたと同じように多くのものを失うのよ」といつも言われますが、私はこの意見に反対です。いくつかの点で感情的により困難だと思いますし、喪失の多くは高齢者の場合とは異なると確信しています。このために、また、私と同じ年齢の誰かが施設での介護が必要となって「高齢者」ケアの施設に入れられることは不合理だと感じているので、私は年齢差別主義者だとも言われました。がんによって75歳で亡くなるのと24歳や48歳で亡くなるのがおそらく違うのと同様に、若い人のほうが多く命や生活を失い、それゆえに多くの夢も失うのです。自分の子どもたちが21歳になったり結婚したりするのを見ることができない、孫に会うことができないと考えるのはつらいものです。お年寄りもまた夢を失いますが、彼らはすでに若年性認知症がある人がこれから望む夢や経験の多くを経験しているのです。息子たちに訊いてみてください……18歳になってからは、子どもをもつようにとうるさく言ってきました。私がおばあちゃんになるのを待てないからです!

20代や30代で認知症と診断されるのを想像してみてください。診断された本人にとってだけでなく、その子どもや親にとっても、もっと深刻な状況だと思います。49歳だった私の場合よりもずっと深刻です。これはどんな不治の病や重度の慢性疾患の場合にもあてはまります。どれだけ悲惨かということを比べたいのではなく、単に認識が異なるのです。

お年寄りの場合、60年以上連れ添った配偶者を亡くすのは若い時と比べてずっとつらいことでしょう。夫と連れ添う時間が長くなるほど、私たちは何も言わなくてもお互いにもっと「わかりあえている」と感じますし、夫がいなくなれば以前に感じたよりももっと寂しく感じるでしょう。年上の友人たちは、夫が施設に入所すると「別れさせられた」ように感じ、結婚生活や夫婦として暮らしてきたことが失われたと嘆きました。

私は愛する人を27歳で亡くしましたが、まだその先の人生は長く、癒され、自分を取り戻し、再び愛を見つけることができました――当時はそんなふうになるとは思えませんでしたが。いかなる年齢の認知症の人も、直面する喪失も問題も大きく異なります。どれも個人個人に特有のものですが、65歳未満で認知症と診断された人が経験する相違を強調しておくことは意味があると感じました。

1977年に認知症病棟で看護師として働いていたものの、若い人が認知症と診断されるなんて思いもしませんでした。ですから私自身が診断されたことは、大きなショックでした。

10 若年性認知症がある人の子どもたち

2014年、若年性認知症が子どもたちに与える影響に関するシドニーでのワークショップに、下の息子と一緒に参加しました。シドニー大学の認知力低下パートナーシップセンターのリサーチマスターの学生であるカレン・ハッチンソンによって進められました。認知症がある母親をもつことについて息子が公に話すのを聞いたことがなかったので、私はこの日の大半、そしてその後何日も泣き続けました。認知症の親がいることによる影響について、多くの若い人たちが勇気をもって正直に話をしました。薬物やアルコールの乱用、精神疾患やホームレスになることが話題になりました。なじんでいた世界から完全に切り離されて、不透明で不安な世界になってしまったと話す子もいました。たいていの子は、逃げ出すほかないと考えていました。この日に強く感じたのは、利用できるサービスがわずかなものしかなければ、私も彼らのようになっていただろうということです!

ワークショップで得られた興味深いデータをカレンが提示しました。当時オーストラリアでは若年性認知症がある人は2万4400人で、オーストラリアでの認知症の全事例の6～9パーセントと推定されていました。これに比べて多発性硬化症はオーストラリアでのデータでは2万3300人で、人数はとても似通っているにもかかわらず、国民の認識のレベルでは圧倒的に若年性認知症は低いのです。2014年に発表されたノルウェーの研究によれば、若年性認知症がある人のうち3分の1は18歳未満の家族がいると推定されます。そして本章に最も関連するのは、「認知症によって影響を受けた若い人の数に関するデータがどんな研究にもない」ということです。カレンの研究で対象となった若い人の多くは孤独を感じていて、自分のような家族がいる人は他にいないと考えていて、どこに助けを求めればいいかわからなかったのです。

以下は、2014年の認知症啓発月間に発表された「若年性認知症は家族の人生に重大な影響を与える」と題したプレスリリースの一部です。

若年性認知症は、診断される本人にとってだけでなく、家族全体にとてつもない影響を与える。オーストラリアにおいて、どれだけの若い人たちが家族の中で影響を受けているかに関しては、現在のところ正式な数字はない。

「若年性認知症の親をもつ若い人たちを支援するワークショップ」での若年性認知症の親をもつ子どもによると、孤立と罪悪感が圧倒的な感情である。

ワークショップの主宰者であり、雑誌『認知症』に発表された「若年性認知症の親をもつ若い人たちの感情的に良い状態」という論文を書いたカレン・ハッチンソンは、ワークショップの参加者にこう伝えた。「若年性認知症とともに生きる親をもつ子どもたちは、往々にして見えないケアパートナーであり、医療従事者から認識されていません」

「我々の研究で若年性認知症の親をもつ若い人たちに共通する4つの経験を特定しました」とカレン・ハッチンソンは語る。「これには介護の精神的負担、家族がバラバラにならないように支える努力、悲嘆と喪失、それに心理的苦痛が含まれます」

ワークショップの発表者は、親が若年性認知症と診断された時の世界から切り離されたような感覚、怒りと絶望を語った。

「母が認知症だとわかると、周囲の私への対応が大きく変わりました。私に助言を与えたり、私の行動を監督したりする人は誰もいませんでした」

「親戚からの支援はなくなり、認知症への社会的烙印（スティグマ）のために友人たちもいなくなりました。皆認知症がある人にどう対応すればいいかわからず、距離をおいてしまうのです」

「彼らに、いかにして関わり、多数の支援方法を情報提供するかを検討する必要があります。利用できるサービスについて聞くことができてよかったです。この支援が将来充実することを願います」

オーストラリア保健省で認知症政策局長だったマーク・ゴーグローガーは言いました。「最も重要なのは、ケアパートナーの持続可能性とすべての支援サービスへのアクセスです。認知症は単なる健康問題ではなく、社会的影響が非常に大きいことについて、理解が以前よりずっと深まりました」

若年性認知症が自分の子どもたちに与えた影響について、私は2012年に以下のように記しています。

私たちが皆「お年寄りの病気」だと思っていた認知症に自分がなっている、と学齢期の子どもたちに伝えなければならないのは、つらい体験でした。子どもたちもおそらく私と同じくらい混乱していたでしょうが、私は他に多くの健康問題を経験してきたので、子どもたちにとってはジェットコースターのようで、また家族におかしなことが起きたという感じだったでしょう。ゆっくりとではあるものの症状が進行するにつれ、子どもたちは自分たちにできる最善の方法で事態に対応することを学ばざるをえませんでした。物忘れをし、時には物事を解決できない母親をもつのは、子どもたちにとって難しいものです。何年も、私が何でも知っているとすら思っていたのですから！　幼い頃は、子どもたちは親である私たちにすべて依存しています。宿題のお手伝い、送り迎え、買い物、病院やスポーツイベントに連れていってもらうことなどです。今やこういうことは不可能で、恐ろしくとも、子どもたちを支援する他の方法を見つける以外に選択肢はないのです。母親として、かつてのように子どもたちのために存在できないことに、罪悪感と悲しみを覚えます。唯一の救いは、子どもたちが学校をほぼ終えていて、若年性認知症の親をもつ他の子どもたちのように赤ちゃんでも小学生でもないことです。もしそうだったら、もっと大変だったでしょう。

けれども、これを読んでもまだ私のことばっかりで、子どもたちが背負っていたものに十分に注意を払ってあげられていないように思えます！　母親が認知症で、高齢の祖父が介護度が高くて入所しているというのは、子どもたちにとって難しいものでした。祖父が家にいた時は喜んで訪問していましたし、祖父が入所してからも、介護度が低い時は訪問することも問題ではありませんでした。しかし介護度が高くなってからは、訪問できなかったのです。なぜなら母親が「高齢者」介護施設に入所すると考えるのは子どもたちにとってはつらいことだったからです。これは若年性認知症の親をもつ子どもたちにとっての微妙な課題のひとつです。祖父が亡くなってから、子どもたちは2人とも面会に行かなかったことの罪悪感を口にしました。胸の痛む、ひどく悲しいことでした。

子どもたち向けの本や情報源はほとんどが、若年性認知症の母親や父親ではなく、認知症の祖父母についてのものです。認知症の親をもつことについて話し合う時期だと思います。認知症の親をもつ子ども向けの本があったら、教えてください。私には、子どもたち向けの本を書くことに、感情的に耐えられる自信がありません！

診断当時は私たち家族全員が混乱しましたが、子どもたちにとっては特にそうだったでしょう。そして今になって気づくのは、診断によって自分自身があまりにショックを受けてしまったために、子どもたちに必要な支援をすることを、おそらく無視していただろうということです。私たちは皆、お互いの気分を害することを心配して、感じていることを隠そうとするあまり過保護になっていました。私は歩くことや走ること、そしてこの時期には泣くことに多くの時間を費やしました。泣き止むことができず、これが逃避になっていました。悲しいことに、そのために息子たちの手助けができなかったと今になって気づくのです。当時は私たちの誰にとっても支援はほとんどありませんでしたが、息子たちへの支援は夫や私自身へよりも少なかったのです。

最初に診断された時、下の息子が「でもママ、認知症っておかしなお年寄りの病気じゃないの？」と言いました。何気なくユーモアを交えて言ったので、私たちは皆笑っていましたが、子どもたちにとっての現実は、母親が自分たちの目の前でとてもゆっくりと衰えていくのです。笑いごとではありません。当時まだ自宅暮らしだった10代の息子たちいずれにとっても、私が高度に有能な女性から、時に「怖くて家を出ることもできない」誰かに衰えていくのを見ているのは、つらかったろうと確信しています。50歳で私は運転免許を失いました。つまり、息子たちの学校やスポーツジムへの送り迎え、病院や買い物に行くといった、他の親子が当然のようにしている、ちょっとしたことすべてができなくなったのです。

2、3年前、若年性認知症のために亡くなった友人の葬儀に夫の代わりに息子の一人が私と一緒に来ました。ひとつには私がもう運転できないので連れていくため、そしてもうひとつには私を支えるためです。息子は亡くなった友人に会ったことはありませんでしたが、葬儀からの帰り道、私と同じくらい泣いていました。私たちはお互いにしっかりと抱き合いました。どうして息子がそんなに気分を乱していたのか、あとになって話し合うまでわかりませんでした。息子は私の葬儀に参列しているように感じていたというのです。私も自分を待ち受けているものを見るように感じていました。私たち2人とも深く影響を受けたのです。もちろん、毎日を恐れて生きていくことはできませんが、その時、そして折にふれて、待ち受けているものに直面すると、私たちは皆、それを強く認識するのです。

もう一人の息子は、若年性脳血管性認知症の別の友人の葬儀のあと、同じような不安を感じて私を強く抱きしめました。息子たちはなんとか人生をやっていっていますが、たいていの時間は無意識に不安があるのです。私がいつか高齢者介護施設に入居し、おそらく皆が望むよりもずっと早く死んでしまうという不安です。時にそれは皆にとってひどく悲しいものです。祖母であれ、あるいは母親であれ友人であれ、あなたのことを覚えてくれていなかったり、時に他の人と間違われたりすると本当に傷つき、悲しくなります。私たちは毎日、その日が一緒にいられる最後の日であるかのように、万一そうであってもいいように暮らそうとしています。もっと一緒の時間を過ごせるように努めています。お互いにハグをして愛していることを伝えていますし、いつもつながりを感じています。

専門的に言えばいずれの息子も私の「ケアパートナー」ではありませんが、時には私に付き添わなくてはなりませんし、車を出してくれることもあります。息子たちの生活はそういうことが中心ではないものの、夫が手助けできない場合に備えて「待機している」感覚がおそらくあるでしょう。

認知症の親をもつ子は皆無に等しいため、自分の感情や不安を友人に伝えるのは難しいでしょう。祖父母が認知症という子は多いので、少なくとも共通の経験はありますが、話し合うのが容易な話題ではありません。これまで、たいてい若い人たちは会話から取り残されてきました。ごく最近まで、若年性認知症の親をもつ子どもたちへの積極的な支援はほとんど無視されてきました。「隠されてしまった」能力や、ゆっくりと悪化していくことを話し合うのは、母親を裏切るように感じるのではないかと想像します。会話の繰り返しやひどくなる物忘れを受け容れるのも、息子たちにとってつらいことです。今では一緒に暮らしていないので認知症について忘れてしまうのは容易だし、私といる時に以前よりフラストレーションを覚えやすいのかもしれません。

次第に、親が不在のように感じるようになるのかもしれません。そして親の役割や用事も引き受けなくてはいけなくなるのかもしれません。これが成人した子どもに与える影響について読んだことがあります。高齢の親を介護していて、親が子どもになってしまい、自分が親になったと多くが感じているのです。これまでずっと果たしてきた役割を、母親や父親が果たすことができない。そのことに感じる強い喪失感について書かれています。親が「自分のためにそこにいて」くれないことへの悲しみや悲嘆、助言を求められないこと、「ケアパートナー」にならなくてはいけないことの困難について書かれています。だけどその母親が35歳や49歳だったらと想像してみてください。

認知症になったことで私の素晴らしい夫、ピーターにどんな影響があったかについてはあまり書いてきませんでしたが、夫が格闘していることはわかっています。そして私と同じように、人間として可能な限り否認していたいのです。これは夫が自分の経験について書かない理由でもあります。「考えるだけでも悲しすぎるのに、まして書くなんて」と言っていたのを耳にしたことがあります。

以前、夫が階段の下に座っていて、頭を抱えて絶望的な表情をしているのを見つけて、どうしたのか尋ねたことがあります。夫は答えました。「君を失いつつあることがわかるんだ。将来に何が待ち受けているのか怖いんだ」

それでも、夫は私に対しても、他の誰に対しても「妻のケアパートナーをするのがいやだ」とも「こんなことのために結婚したんじゃない」とも言ったことは一度もありません。この2つの台詞は、他の家族介護者からよく聞くものです。私はとてもラッキーです！

11 早期診断 vs 診断の遅れ

何を急ぐことがあるの
私の知っている人生は
いつもそこにあるのだから
私はいつだって
自分で決められるし
自分で髪をブラッシングできる
私はいつだって
波間を航海していける
愛する人たちを忘れることなく……
そうでしょう？

（ケイト・スワファー　２０１５年）

多くは、認知症の診断が下されるまでに何年もかかります。実際、医師に真剣にとりあってもらえるまでに何年もかかるのです。それまでは症状を、うつ病、更年期、中年期、ストレス、不安やＰＴＳＤといった、可能性のありそうなことと見なされてしまうのです。他にも多くは一時的なものですが、記憶障害や認知機能障害が起こり、なかには認知障害や症状が進行するものもあります。若い人の場合は、確定診断が得られるまでに少なくとも3年かかるでしょうし、専門医への紹介をもらうだけで、それだけかかったという人すらいます。残念ながら、医師や看護師は他の病気に比べて、認知症についてはあまり教育を受けていないのです。これは大学や医療部門が対応しなければいけない問題です。

早期またはタイムリーな診断

認知症の早期診断のおもな目的と価値は、情報提供や助言、そして支援へのタイムリーなアクセスです。そして診断時から終末期ケアにかけての効果的な治療へのルートにアクセスし、早期にのみ効果がある、あるいは適しているかもしれない介入を可能にすることです（国際アルツハイマー病協会　２０１１年）。

認知症の症状がある人への早期診断は必須です。なぜなら論理的思考は損なわれ始めているかもしれないものの、依然として論理的に考える能力が残されているかもしれないからです。病気の影響や、現在、そして将来に自分や家族にどう影響を及ぼすかについて、より容易に話し合うことができます。そして認知症がある人が依然として法的能力を有したまま、将来のケアニーズや財政上・法律上の問題に関する決定を検討しなければいけない時でもあります。

話し合いのプロセスに関しては、このように早期に診断をすることは、他の慢性疾患や不治の病とそれほど相違はありません。認知症がある人はすでに記憶力の低下を経験しているかもしれないため、保持できるような方法で情報提供できるよう、時間をかけなければいけません。そう心に留めておくことが重要なのは明らかです。これには繰り返すことや情報を印刷しておくこと、家族に同席してもらうことを含みます。記憶や認知能力の低下がまだ進んでいないため、認知症がある人に早期に関わってもらうほうが容易です。

認知症がある人には、診断を告げられる道徳的・倫理的権利があります。たとえ家族に頼まれたとしても、診断の告知を差し控える権利は医師にはありません。倫理的には、医師はがんやその他の不治の病の診断告知を差し控えないでしょう。それなのに認知症の診断告知を差し控える権利があると思っている医師がいることは、まったく許されないことです。

早期診断によって、生活の質を向上させる力を得られるかもしれませんし、できる限り自立していられる支援となるかもしれません。継続的な社会参加や地域社会への参加の機会が増えるほか、ライフスタイルの改善、リハビリ、新しい学習という認知症のリスク軽減にとりわけ役立つという3つのことへの参加の機会をより多く提供できるでしょう。

早期診断によって将来の計画を立てられます。これには財政上、法律上の課題の整理と、長期またはより集中的なケア要件への準備が含まれます。早期診断によって、自分のおかれた状況について、地域社会で積極的に主張、教育する立場に立つことができます。早期診断はまた、脳トレーニング、再学習、リテンション（記憶保持）トレーニングのような活動で最善の結果が得られることを示しています。

患者の良い状態と幸福にとって、若年性認知症のグループの中で共通の社会的アイデンティティを育てることの影響も明らかなようです。

特に若年性認知症の場合、早期診断とそれによる早期介入によって、仕事により長くとどまれることになるかもしれません。これによって家族への費用負担が軽減し、最終的には政府負担も軽減します。遅れている制度化にとっても、認知症がある人とその愛する人たちの幸福のためにも必須です。

診断の遅れ

認知症の診断の遅れは多くの人たちの選択肢を狭め、愛する人たちと分かち合う機会を減らし、次頁の表1のような多くの重大なマイナスの結果をもたらします。

重要なのは、早期診断によって社会的烙印（スティグマ）を減らし、認知症への意識を高めるこ

表1　診断の遅れによる重大なマイナス

- 健康的な生活様式や非薬物的で前向きな心理社会的介入を活用することが能力的に難しいために、病気の進行が速いかもしれない
- 認知症がある人には、自分の利益になるように意思決定をする法的能力が、もはやないかもしれない
- 仕事にとどまる能力と機会が失われるかもしれない
- 認知症がある人と、その仕事を受け継ぐことになる人との間に利益の対立が生まれるかもしれない
- 社会活動やその他の活動に参加する意思や能力の低下
- 認知症があることを受け容れ、折り合いをつける能力の低下
- 健全な悲嘆のプロセスを経る能力の低下
- 終末期の意思決定を家族とともにする能力の低下
- 財政上の意思決定をする能力の低下
- 自分の最善の利益にかなうように意思決定をする人を任命する能力の低下
- 運転免許の返納などの決定を受け容れることがより困難である
- 運転はとても危険になるかもしれず、そのために自分自身や他者の安全を脅かす
- 診断が遅れて交通事故が起きたとわかると、保険証券が無効になるかもしれない
- 薬物療法が利用できるタイプの認知症だった場合、たとえほんの短期間であったとしても、それによって得られたはずの生活の質の改善の機会を損失したかもしれない
- 突入したステージのために、治験がもはやできないかもしれない
- 家族は愛する人と診断を十分に分かち合い、ともに悲嘆する機会を喪失する
- 認知症がある人の身体的損傷のリスクが増大する
- 安全制度が整備されていないために、認知症がある人が迷子になるリスクが増大する
- 病気の自覚によって達成できたはずの個人的成長が損なわれる
- 自己主張や社交、地域社会への参加能力の低下
- 孤立感が強まる
- 孤独感が強まる
- 全般的な健康問題の増加
- 認知症の症状がそれとわかりづらいために、一般開業医を受診することが増え、財政面の影響がある
- うつ状態、不安、怒り、行動管理の要件が高まる
- 介護費用の増大

（国際アルツハイマー病協会　2011年より）

とができるということです。重度の障害のある認知症の後期の人だけでなく、認知症を乗り越えて生きる人を地域社会でより多く目にするようになるからです。

私自身の経験では、認知症であることを信じてもらえないことが実に負担だったので、早期に診断されなければよかったと思うこともありました。リチャード・テイラーのように、社会的烙印によって生じる打撃や不安が、診断の遅れによって防げるのではと考えました。以前は彼の考えに賛成でしたが、最近では彼の言うところの「不合理な不信によって引き起こされる不安の心理的竜巻」と取り組む最善のチャンスは、病気の早期診断だと感じています。

もし医師が心臓疾患や糖尿病、がんを告知しないとしたら、私は怒るでしょう。認知症の診断だけを告知されたくないというのは、おかしな話です。知ることは実に力になります。たとえそれが認知症の診断であってもです。

12 認知症、悲嘆と喪失
――それはとても複雑

喪失

あまりの悲劇に
悲しみで染め上げられる
立ち直るのは無理だと思える
ずっと続く輝きがないから
受け容れることも癒されることも
遠い話
歌を聞いても香りをかいでも
引き戻される
悲嘆という落とし穴に

一歩進んでは
何歩も下がる
強い悲しみから
無意味さ　虚しさ
低下した判断能力
傷ついた人間関係
痛みで汚れた記憶
壁は心の中で崩れ落ちる
この悲嘆の旅は続く

（ケイト・スワファー　2014年）

まずは最近知ったばかりの言葉の説明から始めましょう。本章の内容をよく伝えてくれていると感じる言葉です。

「hiraeth」はウェールズ語で故郷を思う気持ちを表します。けれども単なるホームシックではありません。祖国から離れている時に感じるつながりを表しています。

この言葉の意味が心の琴線にふれ、ずっと音を奏でています。特に認知症との関わりにおいて、そしてまた診断後の家族や友人の喪失、またはどんな理由によるものであれ、家族からの喪失や断絶について。

最初は泣きました。2、3人のいとこと、大好きでかなり頻繁に話をしていた（いつも話し足りなかったので、申し訳なく思っていたのですが！）2人のおばを別にすれば、夫と2人の息子だけが私を積極的に支えてくれる唯一の家族、あるいは意味のある形で私につながってくれている家族だったからです。近しい親戚の中でも、まったく口をきかなくなり、私たちの生活から自分も子どもたちも切り離した人たちがいたのが現実です。「hiraeth」という言葉の意味は、このような喪失にもあてはまると強く感じます。

「彼らの喪失であって、自分の（自分たちの）喪失ではない」と言うのは簡単ですが、その影響はかなり耐え難いものです。私だけではなく、息子たちもこのプロセスにおいて祖父母やいとこ、おばやおじとの親しいつながりを基本的に失いました。これは息子たちにとって残酷で受け容れられないことですが、たとえどんなにがんばっても変えられないこともあるのだとわかっています。

私はただ事態に適応して自分を癒さなければなりませんでした。これは、傷つきながらも対応しなくてはならないプロセスです。結局は彼らなしで自分の人生を生きていかなくてはならないのですから。

私の家族の痛みや、そこにある「hiraeth」の感情を超えて、認知症とともに生きる私の経験もまた「hiraeth」の経験のように感じます。実際、本当にホームシックのように感じるのです。あるいはかつての自分、その自分がもっていた能力や知識、記憶を切望するのです。失われた記憶や知識、もはや思い出すことのできない過去の場所を嘆いています。このために、自分自身から、そして家族や依然として親しい関係にある友人たちから断絶したように感じることがよくあります。戻ることができない家、存在しなかったかもしれない家へのホームシック。過去の失われた場所への郷愁、切望、悲嘆……。これらはすべて認知症の診断とともに生きる私の経験のように感じます。かつての自分には決して戻ることはできず、失われた知識や記憶を取り戻すこともできないのですから。

リチャード・テイラーが「診断の日までは死は遠いものだった」と語っていました。まったくその通りだと思います。よく「人は皆、死刑宣告をされて生まれた」と言われますが、認知症だと告知されたことは本当に疑似死亡のようでしたし、死には悲嘆がつきものです。選択の余地は本当にないのです。

悲嘆や死の話題は、認知症と緊密に結びついています。大半の認知症は不治の病として認識され、認知症は恐ろしく、忌まわしく、悲惨な病気として喧伝されているのに、適切なグリーフ（悲嘆）カウンセリングがされていないのです。終末期の事柄を整理したり、高齢者ケアを把握したりするための支援はあります。しかし、私の場合や世界中の認知症がある知人たちの場合は、その他の支援はほとんどないのです。断絶処方なのです。この言葉については第16章（165頁）で検討します。

本章は私の経験した悲嘆に関するものです。そのすべてが認知症によるものではありません。そして悲嘆とは何かについての要約もあります。一般的な死についての私の考えも述べています。悲嘆の経験と認知症について、もっと焦点があてられることを提案します。2014年後半には、この話題に関する2つのセミナーに参加しました。診断されて以降、初めてこの話題が取り上げられるのを耳にしました。認知症の影響と診断に伴う複雑な悲嘆について、業界が注意を払うようになってきたのではないかと期待しています。

私自身の悲嘆の経験を考えてみると、病気や喪失を受け容れていると思ったとたん、またしても悲嘆の落とし穴へと投げ戻されてしまうようです。自分が失っているものが何なのか、わかっている感覚です。往々にして、一歩進んでは何歩も後退します。愛する人の死や慢性疾患、不治の病によって生じる喪失の激しさや不安を再び生きるのですから。

最初の衝撃と深刻な感情的痛みを新たな悲嘆とともに経験したあと、助けが必要になりますが、このことは往々にして認識されていません。最初の段階では、寄りかかって泣くことのできる肩や差し出される手があります。診断後の2、3日、時には数週間はそこにあります。そして消えてしまうのです。他者にとっては何事もなかったかのように人生が続いていくのに、自分の人生だけがボロボロになっていくのです。これは普通のことで、それでかまわないのです。判断能力は損なわれます。病気や悲嘆が常にあるため、関係性は緊張をはらみます。新しい人生は永続的な痛みやかつての姿への切望をもたらし、全般的な良い状態の感覚は完全に消えてしまう可能性があります。自分自身の人生への空虚な感覚、そして時には友人たちに対する空虚感は友人たちにとって不快なもので、自分自身にとっても耐えられないものです。人生は時に空疎に思えます。

認知症がある人生は、時にとても虚ろに思えます。愛する人や鏡に映った自分自身すらわからないと思うと、ひるんでしまいます。知識や自分史、アイデンティティを失うことはストレスに満ちています。

「私のすべての歴史は過去を通ってくる」という、現在と過去がいかにつながっているかを語るアボリジニーの言葉があります。記憶障害によるアイデンティティへの影響は重大ですし、悲嘆への影響はさらに大きなものです。もし過去を思い出せないとしたら、どうなるのでしょうか？　もちろん、現在を生きることはできます。いずれにしてもそうしようと私はいつも努めていますが、それすら忘れてしまったらどうなるのでしょう。知識や言葉の綴り、意味といった簡単なことを含め、記憶をなくして生きるのは、普通の人が想像するよりもはるかに困難です。

私の人生には悲劇が多く、時には息もできないほどでした。30年前、夫デビッドが自殺しました。彼は35歳で医師として成功していて、輝かしいキャリアの持ち主であり、友人や家族に囲まれた人生でした。私は27歳でした。彼にとっては業績の大半は現実味がなく、無意味に思えました。心と魂の内側で燃えている痛みを取り除くことができなかったからです……苦しみがひどくて、もはや耐えられなかったのです。彼は双極性障害と統合失調症を抱えており、それらを抱えて生きていく方法を見つけられませんでした。私の人生にも、深い悲嘆をもたらしました。それについて話すことは滅多にありませんでした。

デビッドの死後しばらくしてから、私は自分の痛みや失った愛について表現する方法として、そして彼の死に伴う悲嘆を癒す方法として、書くことを始めました。悲嘆について選択の余地があったのか、止めることができたのか、それとも悲嘆自体が障害なのか、より一層疑問をもつようになりました。この悲嘆の旅は苦悩と悲しみに満ちたものでしたが、大いなる成長と新しい喜びもありました。多くの意味で、彼の死は彼が私にくれた最大の贈り物です。私に物事の真理を見極めさせ、人生をあきらめるなと促す、貴重な宝石なのです。もちろん、彼の死を理解できるようになるまで、私自身の人生を豊かにし、個人的成長を大きく促してくれるものとして受け容れられるようになるには、長年かかりました。けれども今ではこのように受け止めることができることに、とてもおだやかな気分です。

彼が亡くなって最初の1年くらい、悲嘆が実に強く、今にして思えば自覚していたよりもずっと長く続いていました。そのために最初の2、3年は、重要な判断のいくつかを誤ってしまいました。自死遺族支援団体のボランティアをすることが、最終的には彼の死を理解する私なりの方法でしたが、それはまた、しばらくの間不幸に浸ることを自分に許すことでもありました。癒されることで、彼への私の愛も過小評価することになるのではないかと恐れていたのです。時には、不幸に浸ることが人生から、夢や目標を達成していないことから、逃避する言い訳になりました。これはとても受け容れられやすい言い訳で、誰も文句をつけることがないでしょう！

降参して悲しみとともにずっと生きていくほうがたやすいように思えることがよくありました。新しい私や、彼の死後の私の世界への変化、私が生きることを余儀なくされたその世界を決して受け容れないのです。愛している人のいない生活に慣れること、その人のいない新しい生活に慣れることは、とても困難です。

この悲嘆のために、私は自分の内心を覗き込むことを余儀なくされました。自分の暗部を受け容れ、意図していたよりも必要と思っていたよりも深く自分の人生を掘り下げ、過去を理由にして自分の人生を十分に生きないことをやめたのです。

これによって他のマイナスの経験も内面の力に変えることができ、すでに育っていたしなやかさを、さらに育てることができました。たとえそれが悪いものであっても、新しい経験を拒否せず心から受け容れることができるようになりました。悲嘆と喪失は、私が今の私になるのに大きな役割を果たし、私は今の自分自身に満足しています。

多くの異なる道を歩んできましたし、その道の中には喪失の痛みと悲しみに彩られたものもありました。人生ではどんなことも分け隔てなく起こります。私はとてつもない出来事を経験しても乗り越え、成長し、癒されるという選択をせざるをえませんでした。

悲嘆は備えができるものでも、比べられるものでもありません。子どもにとってテディベアを失うことは、大人が妻や夫を失うのと同じくらいの打撃となるものかもしれません。悲嘆はわがまま（selfish）だというのが真実です。それが「self」、つまり自分自身に関してだという意味においてです。自分の感情、自分の喪失感が問題になるのです。他者の感じている悲嘆を経験することはできないのですから、それは当たり前です。同様の喪失を経験していることがいちばん共感できるのかもしれません。だからこそグリーフサポートグループはうまく機能しているのです。

私には、乳幼児突然死症候群で赤ちゃんを亡くした人や、自殺でパートナーや子どもを亡くした人とともに時間を過ごすことはとても慰めとなり、自分自身の感情を正常に戻す助けになります。私たちの細胞にも悲嘆の記憶があり、新しい喪失のたびに細胞が思い出すので、他者にとってはそれほど重大と思えない喪失に「過剰反応」しているように見えるかもしれません。

この2、3年間、夫と私は若年性認知症の友人を多く亡くし、その悲しみを経験してきました。彼らの葬儀に参列してその喪失を嘆き、家族や友人、そしてお互いをできる限り支援しました。しかし、私と同じ不治の病の友人が何人も亡くなるという事実は、私の前に立ちはだかり、悲嘆がいつもぶり返し、時には耳をつんざくほどの恐れに感じられました。このように私はいつも、自分の中で湧き起こる嵐を乗り切らなくてはならないのです。

悲嘆が同伴者のように感じられることは多くありましたが、認知症になると、悲嘆は事実上、決して消え去ることはありません。愛する人を亡くすと、次第にその人なしで生きることを学びます。癒され、変わり、その人やその物なしの生活に次第に慣れていきます。

しかし、認知症の悲嘆はそうではありません。壊滅的な影響を与える可能性があります。何らかの機能や能力の喪失に慣れたと思ったら、さらに悪化するか、他の機能や能力を「失う」のです。電卓を使う必要があると決意するたびに、何度もやってみて失敗しては、もはやどうやるのかさえわからないのだと気づくか、あるいはできないことを思い出し、夫に頼まなければいけない罪悪感で消耗するか、現れた喪失に悲嘆を新たにするのです。こういうことが一日に何百回もあるのに、たいていの人はわからないか、知らないかなのです。夫ですら、私がもはやどれだけのことができないかがわかるのは、往々にして終日家にいる時だけです。もちろん、私には依然としてできることは多くあり、よい人生を送っています。しかし、現在の能力の低下や認知症の新しい症状によって生じた喪失への悲嘆は、心の奥底にあり、消えることはありません。事態は改善されるのではなく悪化するのだとわかっているので、癒されることもありません。

認知症がある人は、悲嘆によって常に消耗してしまうことのないよう、気をつけなくてはなりません。複雑で継続するプロセスにもかかわらず、悲嘆を突き進み、引き続きよい人生を歩む方法を見つけ出す必要があると思います。つまり、悲嘆を無視するか保留しておく方法を見つけ出す必要があります。そうすることで、ケアパートナーだけでなく私たちも、心に楽しみをもって生きていくことができます。

ブログと書くこと、特に詩を書くことが、私には役立ちました。これには支援してくれる専門家が必要です。ケアパートナーだけでなく私たち自身も悲嘆を抱えていることを認識し、専門的なグリーフサポートを提供してくれる人たちです。待ち受ける「変化」へのただのカウンセリングと、終末期の事柄を整理しておくようにと告げるだけのものではない支援です。このような支援は大概、表面化する可能性のある「行動への変化」に基づいてすべての「変化」の責任を四角四面に私たちのせいにするのです。まるでそれが私たちの過ちであるかのように。

エリザベス・キューブラー・ロスは、悲嘆の段階は否認、怒り、取引、抑うつ、受容だと述べました。認知症に関する限り、私はこの5つをすべて経験し、受容しました。悲しみもまたあります。認知症の場合、将来への不安と機能や能力を喪失する不安があります。そして新しい症状が現れたり症状が悪化したりするたびに、悲嘆や悲しみ、さらなる不安が再現する可能性があります。私のブログの読者がコメントで述べていたように、愛や関係性における何らかの所有がなければ悲嘆は生じません。自分自身の機能の所有はもちろん自然なものですし、その喪失への悲嘆は深いものになります。深い悲嘆を感じている時、自分自身やまわりの人に対してやさしくあろうと努めていますが、いつもそうできるとは約束できません。

認知症と診断されて以来の悲嘆の影響で、多くのブログ記事を書くアイデアを見つけたり編集したりするのに、エネルギーや努力が続かなくなることがよくあります。はっきりと話すことができない日すらあります。私のブログの下書きフォルダは満杯で、そのいずれかを完成させることすら困難です。そのためブログでは「ごまかした」日が多くあります。ブログ記事を「拝借」したり、依然として重要で価値や意味があると感じる記事や詩、YouTubeの映像を再投稿したりしました。詩作は言葉が少なくて済むので相性がよく、自分の書いたものを投稿しています。詩作はまた、自分の癒しや悲嘆の手助けにもなっています。ここ2、3年は自死遺族を対象にいくつかの詩作のワークショップを開催しましたが、信じられないほど療法効果のある経験だったと参加者が語ってくれました。

愛する人の喪失による悲嘆は、認知症の症状にさらにプレッシャーを加えます。実際、認知症があろうとなかろうと、人生のすべての側面にプレッシャーを加えるでしょう。悲しみや涙に圧倒されている時は、他のことを考えるのはとても困難です。自死遺族支援団体を運営していた当時、何年間も他者にしてきたアドバイスを私自身が実践しなければなりませんでした。庭で座って多く過ごし、慰めになる音楽を聴いたり瞑想したりしました。それでも心の中の空虚さは容易に消え去りません。病気でつらかっただろうと考えて、よりよい場所にいるのだとわかっても、その人がいなくて寂しく感じたり、ここにいてくれたらと願ったりすることをやめられないのです。けれども自分自身の能力や機能が衰えていって、決してよくなることはないのだとわかっているというのは、間違いなく最も困難で、とても複雑な悲嘆をもたらします。

認知症によって失われた能力や記憶を、私は毎日恋しく思っています。

悲嘆はわがまま（selfish）に見えますが、それでもそうである必要があるのです。否定的な意味や甘やかされた意味でのわがままなのではなく、私たちの悲しみの感情は自分自身を中心としていて、それが悲しみや喪失の感情に適切に対応できる唯一の方法なのです。悲嘆とともに生き、克服するには高いエネルギーが必要で、認知症の症状に対応するのに必要な努力に間違いなく影響します。それを隠そうともしないで、感じていた悲嘆にただ身をまかせていた日々もあります。この先こういう日が多くあるのだろうということもわかっています。

そばで一緒に嘆いてくれるソウルメイトがいて、私がどんなに幸運かを、海外の友人が気づかせてくれました。家で一人で悲嘆に対応するのは、もっと困難だったでしょう。それは時には悲しみを増幅させるものですが、それでも一人の時間は往々にしてもっともよく嘆くことができるのです。これはデビッドが亡くなった時に学んだことです。彼のために嘆くことのない人たちといることが感情的にあまりにも難しく、しばらくは大半の時間を一人で過ごしたのです。けれども状況が厳しくなっていくなかで、抱きついてハグをする相手がいてくれることは本当に贈り物です。自分のやり方で嘆くことを許してくれる場合は、特にそうです。

悲嘆は暗闇の中を進む旅で、生活と機能のあらゆる側面に影響を及ぼしますが、より明るい光と、人生と自分自身へのずっと深い理解への道のりともなりうるのだと自覚するのは、価値があります。どんな暗闇も、ろうそくのささやかな光を消してしまうことはないのです。

悲嘆と喪失は人々の距離を縮めることもあれば、引き裂いてしまうこともあります。私はいずれも見てきました。

どんなに懸命に振り払おうとしても、悲嘆はどこまでもあとからついてきます。新しい悲嘆によって古い喪失に再び火がついたり思い出したりしてしまうため、もし以前に大きな喪失を経験していたら、新しい喪失に対応するには一層の努力が要ります。

クリスマスや誕生日、記念日といったその他の大きなイベントの時期は、遺族にとって実に苦しいものです。クリスマスのような時期にテーブルにその人がいない「初めての時」は本当に対応が難しく、喪失感が強まります。

それでも、死は人生に意味を与えます。コントラストを生み出し、最終的には私たちが本当は何者であるのかに現実味を与えるのです。最近では地獄の炎に焼かれるのを恐れる人はほとんどいなくなりましたが、今では多くの人が死ぬことを恐れています。「どうしてだろう?」とあなたは疑問に思うかもしれません。たいていの医師は、尊厳のない、魂のない、ハイテクな死を患者が迎えるのを目にし、自分自身や患者のためにもっとよいものをと願います。私たちの大半は、同じように恐ろしく非人間的な悲劇を目にしてきました。けれどもよい死とはどのようなもので、医療サービスにとってどの程度優先順位の高いものなのでしょうか?

もし死が敗北であるならば、優先順位は高くないでしょう。しかし、もし「よい死はよい人生の結論」であるならば、優先されなければなりません。よい死について私にはっきりしてきていることは、すべての人にあてはまるものはないということです。生き方に多様性があるように、死に方にも多様性が求められるのです。文化や時代、宗教によってそれぞれ異なる「よい死」の観念があります。突然死を望む人もいれば、徐々に死んでいきたい人もいます。医療の関与を最小限にして静かな死を望む人もいれば、大騒ぎを望む人もいます。

ディラン・トマスに倣って「激怒し、光の死に激怒し」、人生の最後の一滴まで搾り取りたい人もいます。

自ら命を絶つ人もいますし（自殺）、いつ死ぬかを選びたい人もいます（安楽死）。安楽死が合法な国でも、そのような死に方を選ぶ人はとても少ないということは、もしかしたら私たちが信じたいと願うよりもずっと重要度が低いのかもしれません。しかし、いかに死ぬかの選択肢の増加を求める人たちと相まって、安楽死を合法化する圧力が高まっているようです。個人的には、認知症を含め不治の病とともに生きているのであれば、自らの命を絶つ権利に賛成です。認知症の場合の問題は、能力を喪失する前に願いを行動に移さなくてはならないことです。ですからオーストラリアのような国でたとえ法律が変更されても、安楽死を選択する認知症がある人たちの問題は解決されないかもしれません。これはとても込み入った問題です。

これを分かち合うのは、単に安楽死という話題の文脈を提供するためです。多くの人はこの件について賛成であれ反対であれ、強い意見をもっていると思います。心理学の学士号取得のための主要な論文のテーマに安楽死を選びました。デビッドが自殺する前、私は安楽死に賛成していました。しかし、彼の死後、安楽死に反対するようになりました。数年後、彼の自殺は、彼にとっての現実の中では、心（脳）の中に「がん」があるような精神疾患による安楽死だったのだと信じるようになり、このほうが受け容れやすいと気づき、安楽死にまた賛成するようになったのです。今では確信がもてませんが、他者の安楽死の権利を否定はしませんし、この件に関して法律の変更がされるべきだと信じています。

個人の哲学、宗教やその他の信条、経験に基づき、安楽死についてはこの先も意見が分かれるであろうことは明らかです。鎮痛薬を使用した医師のほう助による死がすでに起きているのは明白で、世界中で死のプロセスを加速させています。私たちには、自分の宗教観、哲学、あるいは個人的な視点を他者に押しつけるどんな権利があるのでしょう。もっとも論争を呼ぶのは非自発的な自殺ほう助であるのは間違いないでしょう。医師や病院職員、または家族による乱用の可能性があるからです。また、現在では自殺と称している方法で、自発的な安楽死が行われているとも言えます。

私がよく知っていることのひとつに、自殺の悲嘆があります。大学で安楽死についての論文を書いたあと、懸念として残ったのは、安楽死に賛成しない家族や友人にとって、悲嘆はどのようなものであるかということです。もしかしたら自殺の悲嘆に似ているのかもしれず、それは実に打撃を与えるものだからです。

安楽死という言葉に対して、自殺ほう助や自殺という言葉は、残されて悲嘆する愛する人たちに大きな打撃を与えます。そして自殺の場合と同じ悲嘆をもたらす可能性があります。安楽死という言葉が示唆するように、それが受け容れられる死であるか自殺であるかの境界は実に紙一重です。

当時は安楽死に続く悲嘆の影響に関する文献はありませんでした。ですから、この話題はエネルギーを注ぎ、焦点をあてるだけの価値があると思います。悲嘆と喪失は、たいていの人が思っているよりもずっと重要です。選択をするという人間の権利にかかわらず、安楽死を考える時には、自分の死が影響を与えるであろう人たちのことを考える責任があるのです。単なる宗教上の、あるいは個人的な選択ではないのです。

死は消費者の抵抗、消費者の選択の究極の形態ではないのかという人もいるかもしれません。ベビーブーマーが死を考える時、機器につながれて無理に生かされているような、病院でのみじめな死を受け容れがたいのです。

死亡診断は、医師がしなくてはならない、もっとも決定的なことのひとつです。私たちにとって、もっとも受け容れがたいもののひとつです。調査によると、医師は患者に残された時間を長く見積もる傾向があります。患者がよい死を迎える支援のために、医師は、死は医師が思っているよりも間近なのだと、そして患者が望むよりも通常は間近なのだと認識して再調整しなくてはなりません。

愛する人の死も常に私たちが願うよりも間近なのだと、私たちはもう一度考え、受け容れなくてはなりません。そしてそれ以上に、愛する人が亡くなる前に、その人生を、私たちの関係を、ともにひとつとして、できる限りの愛をもって祝福することを学ばなくてはなりません。

「認知症さん」がクリスマスのテーブルについている家族や、愛する人が施設に閉じ込められてクリスマスのテーブルにいない家族にとっては、愛する人が亡くなってそこにいない場合よりも困難かもしれません。ボブ・デ・マルコは、2012年5月にアルツハイマー型認知症で亡くなった母親のドッティのいない初めてのクリスマスについて、こう書いています。「少し悲しくて、少し寂しいです。だけどその悲しみよりも、すべての幸せな思い出のほうが凌駕するのです」

私にとって、大人数の親戚や友人たちと一緒に過ごすことは、以前よりも難しくなっています。たいていは「覚えてる？　あの時……」という言葉で始まる話が多いからです。時に覚えている出来事や会話があると、それは素晴らしいものです。

だけど思い出せない時は寂しいですし、心の中では悲嘆と悲しみ、不安と孤独感が増します。

覚えているふりをするのは楽ですが、出来事や人々についての、その会話の続きに参加するのは、必ずしも楽ではありません。覚えているふりは最初しか通用しないからです。それについて口にすることはなくても、こういう時に認知症がある人の心には恥ずかしく、決まりの悪い思いが入り込みます。ブログを書くことで、私は自分が何かを考えたりやったりした時が「いつだったか覚えていられる」でしょう。今のところは家族や親しい友人たちの愛情と支援によって切り抜けています。

認知症と診断されたばかりで喪失と悲嘆を経験している人が、家族や友人たちに囲まれていることを願います。その人のことを気にかけ、無条件に愛してくれる人たちが、都合のいい時だけでなく、その人が話したい時にそばにいてくれるように。そして静かにともにいてくれて、あるいは一緒に泣いてくれて、その人が自分のやり方で嘆くのを見守っていてくれるように願います。

私たちは皆、悲嘆を経験してきました。激しい感情の波を、誰もが経験してきたのです。だけど愛する人を失うたびに、皆が同じ感情を経験してきたのでしょうか？　悲嘆はつらい仕事で、孤独で、認知症がある人にとって大きな影響を及ぼします。

悲嘆の段階とは何か

多くの人が、悲嘆とは何か説明しようとしてきました。悲嘆の段階を特定した人たちまでいます。おそらくもっとも有名なのはエリザベス・キューブラー・ロスの『死ぬ瞬間』（１９６９年）に登場するものでしょう。同書において、不治の病を告知された死にゆく患者が経験する５段階を、キューブラー・ロスは特定しています。キューブラー・ロスの特定した段階は次の通りです。

- 否認（これは私に起きていることではない！）
- 怒り（どうしてこれが私に起きているのか？）
- 取引（これをすれば、私は死なない……あるいは「もし」……してくれるならよりよい人間になると約束する）
- 抑うつ（もうどうでもいい）
- 受容（何が起こるのであれ、準備ができている）

これらの悲嘆の段階は、愛する人を亡くした人も経験するものだと、多くの人は信じています。個人的には、これらの定義は段階というよりも、むしろ感情的な反応や行動だと思っています。これらのうちいくつかは、たしかに経験するかもしれません。けれども悲嘆には台本はないとも強く信じています。どんな感情も特定のパターンで感じると期待することはできません。受容がおそらく最後に感じる感情だということには賛成ですし、それが唯一の感情である場合もあるでしょう。なかには受容が決して訪れない人もいます。

キューブラー・ロスのものほど有名ではありませんが、ロベルタ・テムズ博士の『空っぽの椅子とともに生きる——悲嘆を乗り越えるためのガイド（*Living with an Empty Chair: A Guide Through Grief*）』（1992年）に登場する悲嘆の段階があります。テムズは、悲嘆と喪失を経験している人たちが示す3つの特定の行動類型を説明しています。次のものです。

- 無感覚（機械的な機能と社会的絶縁）
- 解体（ひどく強い喪失の痛み）
- 再組織化（より「普通の」社会生活への再参入）

私はこちらの定義のほうに、より共感できます。私が経験し、観察してきた感情の種類を、より正確に反映しているように思えるからです。これらの行動類型の中に、キューブラー・ロスの著作で説明された感情の大半も含まれるのかもしれません。

どのリストが最高のものか

おそらくはこれらのリストのいずれも、愛する人を亡くした時に私たちが経験する感情や機能のいくつかを説明しているのでしょう。悲嘆は、私たちの複雑な人生と同様、絶対的な定義、スケジュール、戦略、目標、完了日を備えた、きちんとしたリストにまとめることはできません。もしそうできるのであれば、話はもっと簡単だったかもしれません。悲嘆は感じる人それぞれのもので、死や喪失の状況が多様なのと同様に、悲嘆もまた多様なのです。

悲嘆の全段階を経験するのか?

認知症に関連する悲嘆の場合、おそらく全段階を経験するのではないでしょう。98歳のおじいさんが眠っている間に亡くなった場合と、2歳の子どもが車に轢かれて亡くなった場合とでは、悲嘆と喪失の段階は異なるでしょう。このことは、年長のおばがひき逃げ事故で亡くなった時に経験しました。その人がすでに高齢であれば、死はある程度自然の摂理として予測できます。しかしおばの人生は犯罪によって終わってしまったのであり、そのためにより耐え難いものでした。

悲嘆と喪失の感情は常にあるでしょうが、「私たちが」何を寂しく思うかによって強まるのかもしれません。たとえば、予期せずして人生が終わった場合、否認、怒り、取引、抑うつという感情があるでしょう。若くして亡くなることで失うものへの悲嘆の大半は、次第に受容に至るようです。

人生で起きることに対しても感情的反応が人それぞれ異なるように、悲嘆と喪失の経験の仕方もそれぞれ異なるのです。覚えておかなくてはいけない大事なことは、幅広い感情を経験するかもしれないということです。そのうちのいくつかを経験すると予期すること、そしてそのプロセスを完全にコントロールすることはできないと知ることです。私はこれを、人生というはかだに乗って海に浮かんでいる様子にたとえたものです。舵もなく、日々天候がどうなるかもわからないのです。今でもこのたとえはよくわかります。認知症もまた、私にとってまさにこのようなものです。舵のないボートに乗って海に漂っているように感じます。そして、待ち受ける変化や喪失を止める手立てはとても限られているのです。

喪失のあと、悲嘆しなくなることはあるのか？

悲嘆はかつて、今よりもっと儀式的なものでした。数世代前は、特定の習慣を遵守しなくてはならない期間がありました。

・未亡人は一年間全身黒の服に身を包み、その後はずっとくすんだ色のものだけを身につける
・会葬者は社会的な集まりに数か月間参加できない
・笑いや陽気さは数週間、または数か月避ける

現在では、たいていの人はこのような制限から自由ですし、いつ悲嘆を終えればいいのか、混乱すらしているかもしれません。実際には、悲嘆を終えることはおそらくずっとないのでしょうが、喪失とともに、そして喪失によって私たちの世界に生じた変化とともに生きることを次第に学びます。しかし、認知症は悲嘆に新しい側面をもたらします。能力や機能が失われる、あるいは低下するという喪失が続いていくからです。

たいていの人は悲嘆する相手のことを決して忘れませんが、認知症がある人は忘れてしまうかもしれません。そして愛する人、友人や家族が亡くなったことを忘れている場合にそれを思い出させることは、精神的な痛手となります。正直に真実を告げることよりも重みのあることかもしれません。時間が経つにつれて悲しみよりも幸せな思い出で感情がおだやかになるかもしれませんが、だからといって、悲嘆を乗り越えたと思ったずっとあとになって、生々しい感情の波に圧倒されることがなくなるわけではないのです。

ここで大切なのは、こういう感情が生じると理解すること、正しくとらえようとすること、どうしてそのように感じるのか理解しようとするよりも自分の感情をただ受け容れること、特定の感情

的な痛みを引き起こす未解決の問題が何かあるのなら自分自身と他者を許すこと、そして自分に時間を与えることです。必要であれば、グリーフカウンセリングの専門家との面会や日記に自分の気持ちを書くことを含め、そのことについて誰かと話すことです。自分がどう感じているかについて日記をつけることの価値を、心理学者である友人のケビン・ハーベイから教わりました。これはただ感情的な痛みを手放すのに役立つだけでなく、たとえ真っ暗闇の日々でも進歩を見ることができるようになるのです。しかし、認知症の場合、これは逆にも機能します。機能の低下が容易にわかってしまうからです。けれども私にとっては、それについて書くことが個々の喪失の痛みを消す手助けとなりました。リチャード・テイラーによってこの価値への認識が強まりました。

悲嘆には完了日はありません……ただ感情を漂わせておくほうがいいのです。

喪失と悲嘆は、不治の病を受け入れる通常のプロセスです。死と関連していることが多いため、認知症の喪失の経験はより困難になります。なぜなら自分が実際に悲嘆のプロセスを経験しているのだと受け入れられていない、あるいは認めていないからです。認知症の分野では認知症の悲嘆の要素に注目し始めたばかりです。２０１４年以前は話し合われるのを聞いたことがありませんでした。

し、認知症の診断に続いてグリーフカウンセリングの申し出を受けることもありません。こ
れには変革が必要だと信じています。

認知症の診断後の悲嘆は、他の喪失の場合と大差ありません。ショックや否認、不安、罪悪感、
そして怒りがあります。起きていることに対する怒りを感じるのは普通のことですし、早期の段階

では怒りが悲嘆の大部分を占めます。認知症の場合の大きな違いは、回復することはなく、代わりに引き続き悪化して死んでしまうということです。

認知症がある人が怒りを克服し、代わりに前向きで意味のある生き方と考え方をできるようになるための方法を見つける支援は重要です。取引もまた生じます。たとえば、もし自分がこれをすれば、または引き受ければ、またはよくなったら、というように。これも通常の悲嘆の一部です。抑うつも悲嘆の一部となり、適切な評価が必要です。「通常の」悲嘆のプロセスの一部なので、薬物は必要ないかもしれません。前向きな活動とカウンセリングによる対応のほうが生産的でしょう。

内省もまた悲嘆のプロセスの重要な一部となります。孤独（最初に診断を受けた時、とても孤独を感じます）も悲嘆の重要な一部で、認知症への社会的烙印（スティグマ）のために増幅されます。将来の損失の予期悲嘆によるトラウマもまた重要で、早期には継続的に進行します。認知症がある人はゆっくりとその能力を失うため、依然として高い洞察力を備えていることがよくあるからです。「次はどの機能や技術を失うのだろう?」という不安が常にあります。認知症がある人の多くは、次第に悲嘆の最終段階である受容へと至ります。けれどもこれは、私たちが苦しむ姿を見守らなくてはならない、私たちの愛する人にとってずっと困難なことだと思います。

洞察力は受容のために必須ですが、認知症の場合は、洞察力があるからこそ、この先に待ち受けているものに直面してしまうため、恐ろしいものでもあります。

しかし、受容は悲嘆の最終段階であり、認知症がある人とその家族がそこに到達できるよう支援することが重要です。ヴィクトール・フランクルのように、認知症がある人にとっても、次のことが大切だと思うのです。「個人的な悲劇を勝利へと変容させ、個人の苦境を人間の功績へと変える、比類なき人間の可能性を証言すること」(2006年)

舞台に上がるのに松葉杖を必要とする、ヴァイオリニストのイツァーク・パールマンは言いました。「自分に残されたもので依然としてどれだけの音楽を生み出せるのか、見つけ出すのがアーティストの仕事だ」。そして認知症がある人も、もしそうできるのならば、自分の認知症の経験の中に自分独自の「芸術」や「創造性」を見つけ出すという、同じ重要な仕事があるのです。パールマンのように私たちも、認知症によって生じた制約にかかわらず、これに対応し、独自の人生を創造し、生きるために闘わなくてはなりません。これは至難の業で、絶え間なく続く闘いです。なぜなら不変の障害に松葉杖を必要とするのとは違い、障害は増え、そして変化していくからです。

しかし、認知の変化にとらわれてしまう代わりに、関係性や感情、スピリチュアリティといった人生の側面に焦点をあてて、新しい才能を見つけることができます。

認知症のことを二番手にすることで、人間性のこれらの側面を増強する可能性が高まります。カトリック教会の高位聖職者だったバジル・ヒュームは、がんと診断された時に言いました。「私は2つの素晴らしい恩寵を受けました。ひとつは新しい将来のために準備する時間です。2つ目は、私らしくないことなのですが、安らぎを感じるのです」。たとえ認知症の診断を受けても、人生に意味を見出すことによって、新しい目的と意味を創り出すことは可能であり、喪失と死の強い不安を克服するために重要なのです。

人生には新しい意味が与えられ、新しい考え方に慣れていくでしょう。喪失に慣れた古い方法では、多くの疑問は決して答えを与えられることはありません。生々しい悲嘆は、昔の人生、昔の幸福を取り戻したいと願うように駆り立てます。新しい考え方や生き方に慣れなくてはいけないと教えてはくれないのです。癒しの見込みすら与えてくれないのです。悲嘆は決して去っていくことはなく、よくなることはなく、二度と笑うことができないかのように感じます。それでも陽は必ず昇りますし、空は依然として青いままです。お互いを癒す力は愛によってまだ高められるのです。

私にはいつも、人助けをしたいという傾向がありました。特に死別を経験した時にです。曽祖母、祖母、そしておばとの死別に刺激を受け、自分自身の喪失によって刺激を受けた部分もあります。愛情深く支えてくれる私の夫が、2011年に私たちが友人の死に直面していた時に送ってくれたメールの一部を紹介します。

件名・・心からのメール

愛する妻へ。君は僕の知る限り、どんな下心もなく自分を与えられる唯一の人だよ。君は思慮深く親切だ。人生に夢中で、誰かが頼む権利がある以上に他者を支援している。だけど君にはそれ以外の方法はなかったんだってわかっているよ。今朝は物事がつらくなりすぎないことを願うよ。この件が

どんなに骨身にこたえるか、わかっているから。君の絶対いちばんのファンより。君を永遠よりもう少し長く愛してる。　ピーター

これだけの愛と支援を受けて、どうして他者の重荷や傷を分かち合いたいと思わずにいられるでしょう？　私たちの愛情、そして夫の理解と励ましのおかげで、私は人助けができるのです。それに私は、他者が悲嘆と喪失を乗り越える手助けをするのが好きなのです。これは私の人生の中で、最も意味のあることのひとつです。私が何者であるかの大きな部分を占めていますし、認知症とともに生きる他の人たちをこんなに強く擁護する理由でもあります。

死は人生の一部です。寿命が短くなるかもしれないことの思いがけない贈り物は、自分自身の人生についてとても深く考えるようになることです。これは本当に贈り物だと思います。おかげでより深く生き、もしそうなってしまった場合に備えて、毎日が最後の日であるかのように生きることができるのですから。また、おかげで夫と私はお互いのよい面にだけ目を向けるようになり、自分が「正しい」と主張する必要性のためだけにいつもあった、些細な意見の不一致は手放せるようになりました。

認知症を含め、不治の病の診断によって、死がテーブルに居座るようになります。ナイフとフォークのすぐそばで、近くに、個人的に、思っているよりもずっと早く死んでしまうかもしれないのだというメッセージを囁くのです。これまでのように人生という大きな舞台から死を見ることはでき

ず、舞台の端から、カーテンの陰で見るようになります。まるであなたが死の合図を出すのを待っているかのように。不治の病という診断のせいで、儚い、束の間の、そしてどこか壊れやすい存在だと感じるようになります。死すべき定めだと。

認知症が不治の病だという事実に直面するのがより困難なのには、理由があります。自分の生活の質が損なわれること、死ぬまでは十分に機能して生きられないこと、そして自分自身で選択できる立場にないことを考えるのに焦点があたってしまうからです。愛する人が誰だかわからない、あるいは鏡に映る自分自身が誰だかわからないと考えることは、とても恐ろしいものです。この病気の現実を特徴づけており、終末期の意思決定をタイミングよく行うことが難しくなるのです。

不治の病だけでなく、9・11のような出来事や戦争、洪水や津波、地震や地滑りのような自然災害も死に直面することに近づきますが、それは自分がその経験の「さなかに」いる場合だけです。自分の舞台で間近に見るのではなく、自分の人生への遠くからの来客に過ぎないようにラジオやテレビで離れたところからただ見聞きしているのでは異なります。これらの出来事、そして認知症を含む不治の病の与える前向きな影響は、ショックと怒りが弱まってくると、世界と自分自身に対する見方が変わり、トンネルの中に以前は見えなかった光が見えてくることです。以前には欠けていた種類の自由、思考や洞察力の明晰さが得られます。以前よりも深い愛と笑いが、時に悲しみに色づいていても、あなたを自由にしてくれるのです。

認知症によるものであれ、がんやその他の病気、それともただ老化によって身体が衰えたためであれ、死は私たち誰をも待ち受けています。生まれることは死刑宣告を受けることです。しかしよく生きることは自由意思によるもので、生きている間によい時間をもてるように、いずれは選択をする必要があると信じています。そうでなければ、いずれにしても死んでいるようになってしまうでしょう。

私の曽祖母は、よくこう言っていたものです。「結婚式では泣いて、お葬式では幸せでいるべきよ」。その知恵は強いキリスト教信仰から生まれたものでしたが、本当の問題は結婚した時、あるいは永遠の関係に入った時から始まり、死んだ時に終わるという信条から生じたものでもありました。ずっと昔に亡くなった曽祖母と母方の祖母の2人、そしてありがたいことに2人とも存命のおばたちは、私の考え方に大きな影響を与え、今日に至るまで私のメンターです。何があろうと私を愛し、そして人生を通して私を導いてくれた、この強く思いやりのある女性たちを愛しています。「私たちは皆死ぬまでは生き続けます」し、生と死について私にオープンに、正直に対してくれたことに、彼女たちを祝します。

病気、死、そして喪失と悲嘆が与える影響から私が引き続き学ぶ教訓は、これからも私を驚かせ続けることでしょう。

13 手放すことの精神的負担

愛と手放すこと

座って見守っている時
愛する人が死んでいこうとする時
いちばん言い難い言葉
「手放していいのよ」
手放して先に進んで
次の世界であなたの自由を見つけて
私はここにいる
あなたはあちらにいく

だけどあなたを決して忘れない
最後の息をして
自由に
そしてあなたの最後の息を
私は吸い込んで
自分のものにする
私たちはいつも
ずっと一緒

マイケルとグレゴリーに捧ぐ
（ケイト・スワファー　2015年）

夫、もしくはバックアップ・ブレインに引き渡すことについてのブログ記事へのしばらく前のコメントに、私はこう返信しました。「今週、2、3のことをあきらめて、ピーターに責任を引き渡さなくてはなりませんでした」。

もうできなくなったことを引き渡さなくてはならない時、私は身体的に「具合が悪く」なりましたし、今でもそうです。自分が無能だと感じ、罪悪感を覚えて恥ずかしくなり、きまり悪く、屈辱的に感じるのです。夫はまったく気にしないとわかっていますが、それにもかかわらず、そのように感じるのです。このことについて考えれば考えるほど、重要な話題だとわかってきました。認知症がある人の多くは、このように感じていると思うからです。

夫に頼んで引き渡すと、すぐに身体に反応が出ました。そしてしばらくはなんだか吐き気がして、今でも考えるたびに、その吐き気が戻ってくるのです。神経科医との面接の前に、話し合いたいことをリストに打ち出しました。面接の際に忘れてしまわないように、夫に見直して追加してもらいました。面接の日、私の話はあまりさえなかったので、神経科医とのコミュニケーションはバックアップ・ブレインである夫に引き渡しました。夫は自分がそれを引き継いでいいこと、実際には私が望んでいないけれども必要としていることだ、という強い確信を必要としました。夫にとっては初めてのことだったので、どこか戸惑っているように見えました。夫もおそらくこの件で身体の具合が悪く感じたのでしょう。症状が目に見えて悪化した時や新しい症状が現れた時、お腹を蹴られたように感じると話したことがあります。私が夫の名前を思い出せなかったことがあり、2人ともひどく打撃を受けたことがあります。これは単純に、私たち双方にとってトラウマとなるのです。最近では、物や人の名前を思い出す能力がひどく衰えたことに気づきました。ここでまたもや吐き気がするような感じがしました。変化の波に呑み込まれないように、さらなる喪失の感情を乗り越えようとしていたのです。吐き気はたいていは収まっていきます。少なくとも次の変化の時までは……。

移動に際してはもう何年も家族や友人たちの支援を受け容れていますが、今でも自分が重荷になっていると感じるのです。たとえそんなことはないと言われてもです。誰かに車での迎えを頼むのは、やはり罪悪感を覚えます。支援を受け容れなくてはならなくなった領域は、他にもかなりあります。たとえばウェブスターパックというお薬カレンダーなどです。一つひとつは簡単で役立つことに思えます。そして実際そうです。しかしこれらを集めると、かなりの数になります。それでも人の目には、私が依然として多くの領域でうまく物事に対応しているように見えるのですが。

唯一の対応方法は、これらを障害と見なすことでした。そうすることで、乗り越える力を得られたのです。それから、すべての支援を「人生補強支援」と見るようにしなくてはなりませんでした。そうでなければ、感情的に引き裂かれ続けていたでしょう。

機能や能力を失う恐れは強烈で、認知症の症状と闘う支えになりましたし、これらを障害として扱うモチベーションになってくれています。しかし障害が悪化し、支援を必要としたり誰かに引き渡す必要が生じたりすると、能力がもう戻らないという恐れが強まります。この恐れのために悲嘆が、そして時には怒りや心配が強まり、パン！　と音を立てて否認の泡が弾けるのです。私は誰かの重荷になっていることに罪悪感を覚えます。たとえ夫がそんなことはない、君のためにここにいる、支えたいんだと言ってくれていてもです。実際、私が必要とする時はいつでも助けたいと夫は言ってくれますし、夫のことを信じています。私も逆の立場ならそう感じるでしょう。だけど、そうわかっているからといって、重荷になっているという罪悪感が容易に取り除かれることはないのです。

夫と私はこの状況にともに関わっていて、私はそのことを100パーセント把握し、信じています。私も夫にまったく同じことをするだろうとわかっていますし、子どもたちや親友、その他の愛する人にもそうでしょう。ただ、自分自身にこのような支援が必要になると考えたことはなかったのです。看護師として、母親として、ボランティアとして、私はいつも他者を支援してきました。自分が手を差し伸べて支援を求め、それを実際に受け容れることはとても困難に感じます。自己愛のおかげで支援を受ける価値があると感じることができましたが、それでもやはり支援を求めることに反対したくなり、拒否してしまうことも多いのです！　社会的に阻害された人々や、私よりも経済的に裕福でない人々のために私はよく声を上げてきたので、自分自身をそのカテゴリにあてはめることが感情的に難しく、時に苦しいのです。

物や人に執着してしまうのは人間の性質です。執着が自分のためによくないとたとえわかっていても、手放す方法を見つけるのがとても困難なことがあります。けれども、自分自身がうまく役目を果たせる能力に執着するのは間違っているのでしょうか？

何かを手放すために最初にすることのひとつは、手放そうとしている物をきびしい目でよく見てみることです。本当に自分にとってそんなにいい物なのでしょうか？　認知症がある人にとっては、物や人の名前を思い出す能力や、着替えや紅茶を淹れる能力を失うことは人生にとって貴重なことではない、と信じるのは容易ではありません。

身体機能や認知機能を失って生じた奇妙な空虚さに直面するのはとてつもなく困難で、たばこや脂肪の多い物の食べ過ぎをやめるのとはまったく別物です。

何かを手放す痛みを支える最善の方法のひとつとして私が見つけたのは、自分自身を愛と笑いで包み込むことです。自分のことを愛し、支えてくれる家族、友人やその他の人を見つけましょう。そしてまた、恥ずかしさやきまり悪さを覚えずに済み、何も説明しなくて済む、専用の支援団体で、認知症と診断された人たちとともに時間を過ごすことです。このような場を国際認知症同盟が提供していますので、本書で追って紹介します。素晴らしく支えてくれる夫や子どもたち、親友、それに私の国際的な認知症コミュニティには、いつも感謝しています。また、自分の持ち前のユーモアのセンスにもとても感謝しています。認知症さん（あるいはラリー）の登場以来、私の生活はおもしろみを増したようです！

14 認知症の神話

ロラン・バルトは、1957年にこう記しています。「神話は嘘偽りでも告白でもない。それは屈折である」。ですから、その意味では神話とは、声の変調や言葉の形式の変化、通常は時制のような文法機能、声、雰囲気、人物、性別、数字や事実に変化を生じる修正や付加です。ある意味、角度や屈曲です。

故リチャード・テイラー博士は、おそらくアルツハイマー型と思われる認知症の症状を乗り越えて生きていた人ですが、彼と私は2014年の認知症啓発月間に国際認知症同盟のプログラムの一環として、「認知症の神話」についてそれぞれ講演をしました。どちらの講演も国際認知症同盟のYouTubeで視聴できます。彼は医師ではありませんでしたが、臨床心理学者でした。自分自身の研究と人生を通して、「認知症とともに生きることの専門家にいやいやながらなった」と語っていました。認知症の神話について医師と相談し、自分自身の研究と人生、そして専門家の助言に基づいて自分なりの結論を出すことを、彼も私も勧めています。彼は私のメンターであり、とてもいい友人で、その知恵とひらめきを私はよく求めました。自分自身で決めなくては他の人が私の代わりに決めてしまうのだと、よく思い出させてくれました。

本章は認知症の神話についての経験に関して、私たちがそれぞれに行った講演の要約です。

リチャードは、ロラン・バルトがその著書『神話作用』（1957年）でまとめている、哲学への多くの貢献について述べました。ブルジョワ社会が特定の文化的な物を通して、いかにその価値観を主張しているかをさらけ出すために、これらの物を頻繁に問い質しました。たとえば、フランス社会でワインが頑健で健康な習慣として描写されるのはブルジョワの理想であり、事実と矛盾する（つまり、ワインは不健康で酔っぱらう）という具合です。彼はこれらの尋問に役立つ記号の研究である記号学を発見しました。バルトはこれらのブルジョワの文化的神話は「二次的意味」、あるいは「共示」であると説明しました。たとえば、いっぱいになった暗い色のボトルは特定のシニフィエ（記号内容）、つまり醱酵したアルコール飲料に関連するシニフィアン（記号表現）です。しかし、ブルジョワジーはこれを新しいシニフィエ、つまり健康

表2　神話の定義

1. 伝統的あるいは伝説的な物語で、通常は何らかの存在や英雄、または出来事に関する。事実を特定できる基礎や自然な説明があるものも、ないものもある。特に神々や半神半人に関するもので、何らかの慣行、儀式や自然現象を説明している
2. この種の物語や事柄。神話の領域
3. あらゆる作り話、アイデア、または概念
4. 想像上または虚構の物や人
5. 社会制度を正当化するために用いられた、証明されていない、あるいは誤った集団的信念

で、頑健で、くつろぐ経験という考えに関連づけるのです。このような操作をする動機には、製品を売りたいという欲望から単なる現状維持まで、さまざまなものがあります。

私はこれを認知症という文脈から、とても興味深く感じました。認知症の神話は一掃するのが難しいからです。次に、神話の定義（表2）から見てみましょう。

神話を意味する「myth」という言葉はフランス語の「mythe」から、そして現代ラテン語の「mythus」から直接、そしてギリシャ語の「mythos」から来ていて、「話、思考、物語、神話、口頭で伝わった、起源不明なあらゆるもの」、寓話や言葉を意味します。

神話とは「神聖な存在に関する物語で、一般的には一貫した制度に整えられている。真実で聖なるものとして畏敬されている。支配者や司祭によって支持されており、宗教と密接に関連している。いったんこの関連が壊れ、物語の主体が神ではなく人間の英雄や巨人、妖精と見なされると、もはや神話ではなく民話である。中心的主体は神性だが物語が些細なものであれば……その結果は宗教的伝説であり、神話ではない」。「真実ではない物語、噂」として説明される一般的な感覚は、1840年に起源があります。

個人的には、5番目の神話の定義（社会制度を正当化するために用いられた、証明されていない、あるいは誤った集団的信念）に医療や高齢者ケア制度がしがみついているのだと思います。

どうしてでしょうか。そうすることで「認知症がある人たちに対して、優位な地位を正当化することができ」、政府や医療制度の運営者たちがそれを適切なものと正当化するのを許し、その「ケアの義務」が身体や薬物による拘束、診断後の支援にもっと倫理的な進路を提供しないといった、最も基本的な人権の多くを完全に無視することを許すからでしょう。

精神疾患があるからといって、その人のためだからといって、自動的に身体を拘束されてしまうことはありません。それなのに、脆弱な高齢者や認知症がある人は、いつも拘束されているのです。神話によって引き続き薬物による拘束や身体拘束をされる傾向があり、「危害を加えない」精神はねじ曲げられ、「彼ら（認知症がある人）が危害を加えに来ないように拘束や追跡をする」ようになっています。これは責任逃れであり、私の意見では是が非でも変革が必要です。変革しなければ、私たちは決してパーソンセンタードケア（あるいは関係性を中心としたケア）を受けることはないでしょう。

認知症の診断をめぐる神話はおそらく何百とありますが、本章ではそのうちのいくつかを検討します。

よく知られている認知症の神話

「認知症の診断には意味がない。できることは何もないし、治療方法もないからだ」

認知症と診断された人の半数近くにはどんな治療方法もないという事実にもかかわらず、私は早期診断に重大な価値があると考えます。その理由は後述しますが、これには終末期の望みを整理する能力を確保することだけではなく、それよりもむしろ自分の健康を管理できること、そして健康改善や運動など、前向きな心理社会的、非薬物的介入に取り組めることがあります。

「認知症は通常の老化の一部だ」

アルツハイマー病やその他の認知症は、通常の老化の一部ではありません。65歳以上の人の約40パーセントが何らかの記憶障害を経験します。この記憶障害を生じさせる内科的疾患がない場合、これは「加齢による記憶障害」として知られていて、通常の老化のプロセスの一部と考えられます。

しかし、アルツハイマー病やその他の認知症のような脳の病気は違います。

加齢による記憶障害と認知症は、多くの点で異なります。一般的には、記憶障害が心配になるのは、それが日々の生活に影響しだした場合です。高齢者は、通常の老化の一部としてアルツハイマー病やその他の認知症を発症するわけではありません。記憶に関する心配がある場合に、いつ医師にかかるかを知っておくのは大切ですが、誰かの名前を忘れたからといって必ずしも認知症になったわけではないと知っておくことも、同じくらい大切です。

「私たちは〝消え去りつつあり〟〝もはやそこにいない〟」

私たちは変わりつつあるかもしれませんが、いつでもまだそこにいます。末期がんや運動ニューロン疾患で死んでいく人も、皆まだそこにいるのと同じように、認知症がある人もまだそこにいるのです。人は日々、そして重要な経験のあとに変化しますし、認知症がある人の場合もそれは変わりません。私の友人であり、同僚でもある、国際認知症同盟の理事のひとりで共同創設者のジョン・サンドブロムは、かつてこう述べています。

私たちはただ、あなたたちがしないような方法で変化しているだけなのです。私たちには障害が増えていきますが、それに社会的烙印（スティグマ）を押したり、無理解や完全な嘘で接したりする代わりに障害としてとらえてもらえれば、認知症とともに生きる私たちにとって、もっとよい状況になるでしょう。私たちは他者が私たちに力を与えてくれることを、これ以上力を奪うのではなく、与えてくれることを切実に求めているのです！

「私たちはあなたたちとコミュニケーションがとれない」

たとえ認知症の後期になっても、話す能力を失っても、依然としてコミュニケーションはできます。ただ他者が非言語のコミュニケーションのサインを見て、耳を傾けるために時間をとってくれさえすれば。私が2、3年前に老人ホームでボランティアをしていた時、認知症が進んだある女性が、義父と私にずっとついてきました。彼女はもう話はできないのだから、一緒にいて時間を無駄にしないように、とスタッフはよく私に言いましたが、私は本当に彼女のことが好きになり、一緒に時間を過ごしました。週に2、3回、一緒に座ったり、腕を組んで歩いたりしました。最初の頃は、彼女は私と会ったことがあるかと心配そうな表情を浮かべて尋ねました。2、3か月経つうちに、彼女は私の顔を認識して笑顔で挨拶してくれるようになっただけでなく、彼女自身についてあらゆることを私に話してくれました。どこで育ったか、父親がその地区で最初の車をどうやって手に入れたかなど、彼女の人生についての興味深い詳細です。そうです、彼女は話すことができたのです。彼女はただ、言葉を見つけるまで待ってもらい、それから耳を傾けてもらうことを必要としていたのです。彼女に会うたびに、前回分かち合ってくれたことについて私は伝え、次第に彼女は「ここ（自分の頭を指さして！）は空っぽだと思っていたけど、私についてそんなことをまだわかってたのね」と喜んでくれるようになり、「彼女が言葉を見つけるまで、他の人も待ってくれたらいいのに」と言いました。私の言葉ではなく、彼女の言葉です。

1977年に私が認知症病棟で働いていた時に、スタッフから口がきけないと聞いていたにもかかわらず、ある日トイレで私に話しかけてきた女性がいました。どうして他のスタッフに話しかけようとしないのか尋ねると、「私のことをバカみたいに扱うから」と答えました。これも私の言葉ではなく、彼女の言葉です。

記憶障害や言葉を見つけるのが難しい人をよりよく支援するために、私はこんなたとえを使います。「記憶障害のある人にとって、記憶は陶器の皿の積み重ねのようなもの」。だから認知症がある人が思考のかけらを集め、それについて語るための言葉を見つけるために、時間を与えることが重要なのです。せかそうとする衝動に抵抗することが肝腎です。せかされると私たちはつまずいて足場を失い（私たちの表現です）、「陶器の皿」が壊れてしまうからです。

私が強調したいのは、当然ながら、私たちは十分な時間を与えてもらえれば、コミュニケーションをとる方法を見つけられる可能性が高いということです。

「記憶障害がないのだから認知症のはずがない」

多くの人は歳をとると忘れっぽくなります。これはよくあることで、たいていは認知症のせいではありません。記憶障害を引き起こす障害は、うつ病や甲状腺機能の低下など、他にもあります。認知症は、記憶障害の最も深刻な形態で、知的能力の低下やその他の症状を生じさせます。認知症を生じさせる障害にはさまざまなものがあり、思考プロセスに関わる脳の一部に影響を与えます。大半はアルツハイマー病や脳血管性認知症、レビー小体型認知症によって生じます。認知症の症状は次第に進行し、数年間で通常は悪化します。病気の後期になるまで記憶障害がまったくないか、あるいはほとんどない、という認知症も多くあります。メモリーウォークやメモリーカフェのような活動のために、たいていの人は明らかな記憶障害がなければ認知症のはずがないと思ってしまうのですが、これは間違いです。

「依然として公の場で話したり役目を果たしたりできるのだから、認知症のはずがない」

これはとりわけ病気の早期診断を受けた人に関してよくある誤解、あるいは神話です。単に依然として話ができるから、誰かが私たちと一緒に過ごす場で30分間役目を果たせるからといって、認知症ではないということにはなりません。白鳥のたとえがうってつけでしょう。表面的には落ち着いて静かですが、水面下では浮かぶために必死に水掻きを続けているのです。それから、私たちのうち多くは家族の支援を受けていて、ラミネート加工されたリストなど、他の人が見たことのないような記憶や機能の補助手段を利用しています。

私が物の名前を思い出せない時があること、最近では夫の名前すら思い出せない時があることを、夫はわかっています。それでも一般的な言葉をもっと頻繁に使うことで、依然として十分に物事に対応しているかのように見せることができています。特にインタビューを受けている時やプレゼンをする時など、今ではいつもノートも使います。とはいえ読むことに関する障害が進んでノートを追うのが難しくなったため、以前ほどうまくは役立っていないのですが。

認知症がある人の多くは、障害が進行しているにもかかわらず、うまく物事に対応しているように見えます。そして障害への対応方法を学ぶほど、より自立して、よりよく「多くの人が」働けると信じています。

「認知症があるように見えない」

正直なところ、認知症がある人はまわりからどんなふうに見えると思われているのでしょう⁉

ダウン症がある人の場合と違い、認知症を示すような特徴を発達させていくわけではありません。

それに、認知症があることがより明らかになる末期の段階で診断されることは非常に稀なのです。2、3年前、ある心理学者が公開フォーラムで私に「あなたは認知症があるように見えない」と言いました。それまで何年も、私が診断について嘘を言っているとか、あれこれと侮辱的な発言をされて気分を害してきたので（文字通り何百回もあり、認知症とともに生きる多くの他の人たちも同じ経験をしています）、私は「あなたもクソ野郎には見えませんね！」と答えました。がんやその他の不治の病があってもうまくやっている人については、誰も文句をつけたり嘘をついていると言ったりしないのに、どうして認知症があってうまく物事に対応できる（そしてそうしている）と信じるのがそんなに難しいのでしょう？　実際、これはずっと難問のままです。病気の末期で診断される人はほぼ皆無ですし、認知症の場合も同じです。

「私たちは痛みを感じない」

焦燥、攻撃、引きこもりや繰り返し注意を引くといった「認知症の問題行動の一部にすぎない」と往々にして片づけられる症状の多くが、実際には手当てをされていない痛みなのだとわかった、という研究が増えています。

『加齢への臨床介入（*Clinical Intervention in Ageing*）』という専門誌の最近の報告によると、痛みが言語崩壊を含め、そのような症状の最大の原因だということです。しかし、痛みが往々にして何らかの行動の原因なのに、患者は代わりに「不適切な」鎮静剤を与えられているかもしれない、と著者たちは結論づけています。

認知症自体が痛みを引き起こすわけではありませんが、世界で4750万人いる認知症がある人たちは高齢のことが多く、そのために痛みを抱えていることもありがちです。多くの患者は話す能力を失いますが、たとえ一貫性のある患者でも、その不快感を表すのにふさわしい言葉を見つけるのは難しいかもしれません。

グリニッチ大学のパット・スコフィールド看護学部教授によれば、問題は、すべての医療従事者やケアパートナーがまだこのことを認識しておらず、焦燥感が高まるといった行動の変化を、認知症の一部だと見なしてしまうことです。

歴史的に、認知症がある人は病気が脳に与える影響のせいで痛みを感じないと信じられていました。けれども最近では、そうではないのだとわかってきました。同じように痛みを経験しているけれども、それを表現できないのです。

それがどんなにフラストレーションを覚えることとか、考えてみてください。「私は苦しんでいる」とか「痛みがある」と人に伝えるための言葉が見つからないのです。

認知症がある人も、他の人と同じように、当然ながら肉体的、精神的な痛みを感じます。私たちは結局、依然として人間なのですから……。

「認知症の診断を乗り越えて生きることはできない」

人生のどんな時でもよく生きることは、おそらく誰もが望むことでしょうが、認知症の診断と断絶処方によって、私たちの多くは、もはやよく生きることはできないと考えます。けれども、よく生きることは可能なのです。非薬物的介入によって自分自身を支えながら懸命に働き、前向きに有意義な関わりをもち続けることは治療ではありませんが、生活の質と幸福を実際に高めてくれます。このことを証明する調査が増えていますし、10年前から治療方法に進展が見られないようですから、できる限りよく生きようとすることが必須です。私はこれを人生のオリンピックと呼んでいて、いつか自立して動けなくなる日のことを恐れてはいますが、今のところ、このオリンピックは幸福感を高めてくれています。しかし、よく生きるというのは認知症がある人の多くにとって困難な言葉です。認知症を乗り越えて生きるという観念については第16章（165頁）でさらに検討しますが、私たちが死ぬのを支援するだけでなく、認知症の診断を乗り越えて、そして人間としてできる限り前向きに生きていくのを支援する医療部門と地域社会が、切実に求められています。

「アルツハイマー病やその他の認知症の『治療』方法はわかっている……必要なのは研究にもっとお金を出すことだ」

認知症には治療はありませんし、進行を逆行させるような薬もありません。しかし、いくつかのタイプの認知症の進行を遅らせるかもしれない薬があります。薬は、一般的に異なる理由から用いられます。まず、思考や記憶に影響する症状（認知症状）の治療としてです。残念ながら、多くの治療は「問題行動」の修正に用いられます。しかし実際に必要なのは、認知症がある人のニーズを理解するためのよりよい教育なのです。なぜなら、「問題行動」は通常はニーズが満たされていないことや、以前と同じようにコミュニケーションができないことから生じているからです。治療のためだけでなく、幸福と生活の質の改善のために、認知症への非薬物的で前向きな心理社会的介入の研究が必要です。

「アルツハイマー病は認知症ではない」

アルツハイマー病は、当然ながら認知症の一種です。より正しくは、もし認知症だと診断されたら、おそらくはこのタイプあるいはあのタイプと診断されるでしょう。「果物」や「自動車」という言葉が総称であるのと同様に、「認知症」も約１３０の異なるタイプの認知症やその原因疾患の総称なのです。

「もっと○○○○を食べれば『治る』、あるいは少なくとも症状の進行が遅くなる」

これは単純に、おそらくはただ何らかの製品をあなたに売りたい人や企業に有利に働きます。悲しいことに、認知症がある人は往々にしてとても脆弱なので、私たちからお金を取りたい人たちの格好の餌食にされてしまうのです。ですがこれは、認知訓練や運動、孤独を和らげることを含め、食事やライフスタイルを改善する努力に反対しているということではありません。これらは、いずれも認知症のリスクを軽減する要因として知られていて、病気の進行をも遅らせると判明するかもしれないのですから。

「アルツハイマー病とともに『生きる』ことはできない、ただともに、そしてそのせいで死ぬことができるだけだ」

認知症で、あるいは他の要因で、私たちは皆死んでいきます。生まれながらに死刑宣告を受けているのです。認知症の診断を乗り越えて生きている人が、世界中に文字通り何百人もいます。現在言われているような、疑似死亡を引き受けるような理由はまったくないのです。

「認知症を乗り越えて生きることは不可能だ」

この点について私が言えるのは、「バカげている！」ということだけです。前述のように、認知症を乗り越えて生きている人たちは何百人も、実際には何百万人というほうが事実に近いでしょうが、いるのです。私たちが必要としているのは、苦しみと悲劇の話をやめて、神話をやめて、認知症の診断を乗り越えて生きられるように、制度が支援をしてくれることです。私たちは皆、他の人たちが認知症を乗り越えて生きられるようにバトンを渡したいですし、できる限り、認知症がある人が診断前の生活を取り戻せるように再び力を与えたいのです。

最後に、認知症と診断された他の人たちと、「認知症とともによく生きる」、あるいは「認知症とともによりよく生きる」という言葉について、国際的な話し合いを多くしてきました。これらの言葉は、認知症がある人たち全員にとって好ましいものではありませんでしたが、「認知症を乗り越えて生きる」は受け容れられ、ずっと好ましいようでした。

制度の内部の人たちが、どのようにして認知症を乗り越えて生きるのかわからなければ、まさにそうしている私たちのうちの誰かに尋ねさえすればいいのです！

- この件に関して研究者と医療従事者の態度は変わる必要があります
- 認知症を乗り越えて生きることをよりよく支援するために、認知症について使われる言葉を変える必要があります
- 世界中で私たちの多くが行動し、公に発言しているように、認知症を乗り越えて生きることに関して前向きなことが起きています。誰にとっても可能ではないかもしれませんが、かつて考えられていたよりもずっと多くの人にとって可能なのです

認知症の症状を死刑宣告ではなく、脳卒中や事故で両脚を失った場合のように障害として扱えば、たとえば義肢を用いたり車いすにしたり、リハビリをしたりして障害と折り合いをつけて生きていくようにできます。そうすれば、認知症がある人は、診断にかかわらず、ずっとよい人生をもっ

と長く生きていけるだろうと確信しています。今は多くが認知症を疑似死亡ととらえていますが、機能や能力の喪失に対応する前向きな戦略や障害支援を用いていけば、認知症を乗り越えて生きる人たちが主流になっていくでしょう。

神話は単にそういうものなのです。事実ではありませんし、信じると決める場合には他の人の議題を支持することにならないか、とても慎重にならなくてはなりません。たとえば、販売されている製品やサプリメントを買ったり、認知症がある人の利益のため、あるいはその他の嘘の信条を謳ったワークショップに申し込んでしまったりという場合です。立ち上がって自分のために声を上げなければ、他の誰かがそうしてしまうことは保証できます。その人はあなたの気持ちも経験も、何があなたにとって最善なのかも知らないのです。

15 孤独と認知症

孤独

孤独感が
あまりに強くて
息ができない
心の中にとどまっていた人たちを思い出させる
認知症への社会的烙印に失われる

絶望の物語
過ぎ去った日々のささやき
衰えていく能力
悲しみが魂の中に居座り
失われた私自身を恋しがる

（ケイト・スワファー　2014年）

認知症の場合の孤独が、他の不治の病や重大な危機に直面している場合に比べてひどいのかどうかはわかりません。ただ、認知症への社会的烙印（スティグマ）と差別が孤独を強めてしまうことは言えます。多くの人はこの病気への恐れを克服できず、次第に面会に来てくれなくなるからです。

認知症もその他の病気も、本人が独りで直面しなければならない負担があります。本人がどのように感じているかの大半のことは、同じ立場にない人たちが十分に理解できるような言葉にするのは困難です。だからこそ支援団体が果たしている役割は大きいのです。しばらく前に、肺がんと診断されたばかりの友人を訪ねたのですが、彼の勇敢な言葉や表情の背後に悲しみが見えました。そして自分の死が妻や家族に与える影響について、彼が感じている深い苦悩が見えました。同じことに直面していた別の友人は、病気がずっと進行していました。2人ともその後亡くなりました。

お互いに言えないと感じていることは、あまりに多くあります。感情や悲しみが心の奥底に重く居座り、時にひどい孤独を生じさせ、往々にして愛する人たちから私たちを孤立させます。パートナーは私たちが死なないように、悪化しないようにと必死です。私たちが病気と「闘う」ようにと必死です。けれども不治の病を抱えた人は次第に死ぬことに折り合いをつけ、不可避のものとして受け容れます。私が呼ぶところの「死ぬまでは生き続ける」哲学です。私たちがあきらめているのだと感じさせることなく、死の見込みを受容しているのだと、どうすれば愛する人に伝えられるのでしょう?

孤独が実際に始まるのは、不治の病の診断を受けてからです。自分の差し迫った喪失のこと以外、何も考えることが事実上できなくなるからです。本人は死亡宣告を受けていますが、その愛する人たちもまた(現在の生活が続けられなくなるという意味で)死亡宣告を受けています。そして愛する人のいない生活が目の前に現れてくるのです。そのうえ、私たちの文化は死についてオープンに語ることを学んできませんでした。ノルベルト・エリアスがかつて語ったように、「生きている者たちのコミュニティから死んでいくという暗黙の孤独がある」のです。

ブログやその他のソーシャルメディアを通じて、私は多くの新しい友人を得ました。悲しみの深さや古い友人たちの喪失、認知症の純粋な孤独は本当に和らぎました。私は認知症と診断された人のうちで幸運な一人でしょう。まわりに人がいてくれるからといって必ずしも認知症の孤独がなくなるわけではないとはいえ、友人たちの多くは依然としてそばにいてくれているからです。

私は強い孤独感とよく格闘します。知恵を求めて、ワクリー賞を受賞したイシャニ・カーパーカイエスタ博士の感動的なエッセイである『流行性孤独（*An Epidemic of Loneliness*）』（２０１０年）を再読しました。これは、研究に基礎をおく結果志向の強い医療従事者にとってもっとも扱いにくい問題を、タイムリーに思い出させてくれました。

孤独には社会的側面と感情的側面、つまり孤独と悲しみがあります。これは関係性への人々の期待と、その社会的経験の主観的相違に関係しています。現実の、もしかしたら想像上のものかもしれない、何らかの孤立への反応です。孤独、必要とされていないと感じることを、マザー・テレサは最もひどい貧困にたとえましたが、それもうなずけます。

以下にカーパーカイエスタ博士のエッセイを引用します。

彼女は笑いとも泣き声ともつかない哀れな音を吐き出す。「博士」と彼女は問いかける。「孤独の治療法をくれますか?」。彼女の勇気に息を呑む。

はい、と答えることができたなら。抗うつ薬を処方して、それで自分は最善を尽くしたのだと満足することができたなら。だけど真実はといえば、彼女は臨床的にうつ病ではない。ただ彼女は世界から取り残されていて、彼女を中心には世界はほんの少しも回っていないのだ。

彼女のような人は、おそらく何千といるだろう。旺盛に生き、多くの人を愛した男たちや女たちだ。激しく明るく生きることをまだ辞めてしまったわけではないが、静寂に満ちた家の中で待っていて、時間が今では空虚な男たちや女たちだ。彼らの唯一の誤解は、若さに夢中の社会では望まれない年齢まで生きたということだ。


孤独感の強さとその感覚に、息が詰まりそうになることがよくあります。施設で亡くなった愛する人たちの悲しみ、誰の訪問もない間、そしてもしかしたら訪問の間にさえ感じていたに違いない、絶望的な孤独を思い起こすのです。年上の友人たちの多くが語る悲しみと孤独の話に胸が痛み、涙が浮かんでしまうことがよくあります。私の経験では、パートナーと暮らしている高齢者は、高齢と孤独に直面している一人暮らしの仲間に、往々にして理解を示さないのです。

私には依然として友人たちがいて十分に幸運と言えますが、私たちの年代ではたいていが多忙で仕事をしているのです。たとえ夫が仕事を辞めたとしても、私の孤独は癒されないでしょう。認知症の症状が私の生活のより多くの領域を乗っ取っていくにつれて、孤独が私の上にのしかかってくるからです。仲間がいても、必ずしも癒されるわけではありません。友人たちでいっぱいの部屋に一緒にいても、孤独を埋められないことがよくあります。実際、十分かつ平等に参加する能力が低下したことで、孤独感が強まります。認知症と同じで、治療法はないのです。

私が孤独について書くのは哀れみや同情を喚起したいからではなく、認知症がある人への理解の手助けとしたいからです。私はよく孤独感に苦しみ、ブログを書くことすらやめてしまうことがあります。私にとって、ソーシャルメディアやオンラインの支援団体、認知症がある人と高齢者の人権のために声を上げることは、いくらか孤独を和らげてくれるものです。昨年6か月間この活動に従事したことで、完全にではありませんが、孤独感が多少和らぎました。それに、再び同僚がいることや、参加できる職員のクリスマスパーティーがあることで昨年のクリスマスは大いに支えられました。働かないことは、若年性認知症がある人たちにとって単なる経済的損失であるだけでなく、アイデンティティ、同僚、公式・非公式を問わず、私たちの魂を満たすような多くの社会的集まりの喪失でもあるのです。

けれどもたいていの日は、自宅にいる時はコンピューターと猫がいるだけで来客はなく、少し電話がかかってくるのと四方の壁があるだけです。

運転免許証がないこと、公共交通機関を利用するのが難しいこと、タクシーに頼る場合の高額な費用、認知と記憶への変化、計算、書くこと、言語スキルの低下、対人関係の変化、関係性の喪失、問題解決能力の低下、その他認知症による多くの他の変化はすべて、孤独感を強めることにつながります。

一人暮らしで加わる孤独感を想像するのは、実際には不可能です。たいていの日は家に一人でいるとはいえ、愛する家族があとで家に帰ってくると心の奥ではわかっているからです。もし一人暮らしだったらどうなるだろう、と想像することすらできません。

孤独と認知症について多くの詩やブログ記事を書いてきましたが、どれだけ頻繁に書いても、書き尽くせていないといつも感じるのです……。

16 断絶処方

認知症は唯一の病気または状態
私の知る唯一の不治の病
患者がその人生のために闘うよりも
家に帰ってあきらめろと
言われてしまうような

（ケイト・スワファー　2012年）

2008年に49歳で若年性前頭側頭型認知症、おそらくは意味性認知症と診断されると、医療従事者も介護事業者も、皆同じことを言いました。仕事を辞め、勉強をやめ、家に帰って残りの時間を「生きなさい」と（認知症は不治の病だと、決して伝えられなかったにもかかわらず）。終末期のことを整理しておくようにとも言われました。レスパイトケアや居住型介護施設を選択することを含め、早いうちに高齢者ケアに詳しくなっておくようにとも言われました。夫はフルタイムの家族介護者になるために間もなく仕事を辞めなければならないだろうと言われました。

すぐさま私はこれを「断絶処方」と名づけ、次第に無視するようになりました。断絶処方というのは私が考えついた言葉だったので、他の誰かがそうする前に商標登録しておくようにアドバイスをもらいました。申請後、とても厳格な基準を通過して、以下の二つの分類に挙げられています。

分類41：認知症の診断に関連する教育サービス
分類44：認知症の診断に関連する医療サービス

昨日まで学位のために勉強し、フルタイムで仕事をし、ボランティアをし、10代の少年2人の親として家庭を切り盛りし、買い物やガーデニングをし、とても忙しく充実した人生を生きていた私が、突然それまでの人生をあきらめて、残りの時間を「生きる」ように言われるなんて異常です。

これらのアドバイスはすべて善意によるものでしたが、教育の欠如と、先入観をもった予測、神話に基づくものでした。認知症を乗り越えて生きることはできず、それによって死ぬだけだという誤解に基づいていたのは明らかです。このために認知症がある人は希望や未来のない人生を生きることを余儀なくされ、幸福という観念が損なわれてしまいます。

この断絶処方は絶望や不安という連鎖反応を引き起こし、その人が前向きでしなやかさをもち、積極的でいられる能力にマイナスの影響を与えるうえ、最終的には、その幸福や生活の質にも影響を及ぼします。希望がなければ、生きる努力をしようとする人はいないのではないでしょうか。診断後、深い闇に呑み込まれてしまいそうに感じている時に、家に帰って高齢者ケアに詳しくなり、終末期のことを整理しておくようにと言われるのでは、希望は「ないのだ」と言われるのも同然です。人から希望を奪うことは、最終的には、そして往々にしてすぐに、ただあきらめてしまうことにつながります。

私は運転免許を取り消されたあと、50歳で仕事を辞めました。けれども、仕事を続けるために支援があるべきでした。障害がある人を差別してはならないのは法律上の義務です。認知症がある人も他のいかなる人の場合と同様に、本人が望めばできる限り仕事を続けられるように雇用主から支援を得られる、まったく同じ法律上の権利を有します。

精神疾患や内科的疾患であれ、障害があるいかなる人も、仕事に影響する認知機能障害を含め、サービスを利用する資格があります。障害の定義は広範で、障害差別禁止法（1992年）に定義されていますが、ここには認知症の症状によって生じた障害も含まれます。

南オーストラリア大学の障害サービスの支援のおかげで、私は勉強を続けられただけでなく、診断後に2つの学位を修了し、さらにウーロンゴン大学で認知症ケアの修士を取得しました。診断後も勉強を続けるということは、多くの障害支援サービスと、物事をこなしていくための戦略を計画、活用しなければならないことを意味しました。そうすることで、本当の目的をもって前向きに有意義に生きることができました。認知症と死に焦点をあてる代わりに、達成することに焦点をあてることができたのです。また、iPadのゲームよりも神経可塑性を高め、しなやかさを高めてくれました。ありがたいことに、大学では他の障害がある人の場合と同様に、周囲は私を一人の人間として見てくれましたし、今でもそうです。

どんな犠牲を払うのか

断絶処方によって犠牲になるものがあります。認知症がある人は「犠牲者」や「苦しむ人」になってしまい、パートナーは次第に殉教者のように振る舞うようになり、本人に代わって物事をやってしまうようになります。このために認知症がある人は、希望はないのだ、認知症の症状に対応する戦略はないのだ、と思うようになります。より問題なのは、そんなものを探すことに意味はないと思うようになってしまうことです。これは自尊心、財政、人間関係や、何らかの前向きな未来を見つけ出す能力にマイナスの影響を与えます。認知症があるからといって、今までの人生や、認知症を乗り越えて生きることをあきらめる必要はありません。診断を受けることで、人生のすべてが認知症一色になってしまい、人生の他の側面を生きることを忘れている人も多いようです。これもまた、断絶処方のマイナスの影響のひとつです。

断絶処方はまた、診断された本人からあらゆる力や支配を奪い、それらをすべて家族介護者や介護事業者に与えてしまいます。これは不健全で、間違っています。認知症は、自分の人生のために闘うように言われる代わりに、家に帰ってあきらめなさいと言われてしまう、私が知る限り唯一の不治の病です。

断絶処方はまた、これからの人生への本人の期待を下げるだけでなく、本人がどう役目を果たし、生きられるかについて、雇用主や医療従事者、介護事業者を含めた周囲の期待をも下げてしまいます。たとえば、もし私が脳卒中を経験したら、適切なリハビリを受け、どの程度の能力であれ、可能な限りで仕事に復帰できるように支援を受けるでしょう。雇用主は必要とされれば私に別の職務を提供するだけでなく、いかなる障害も支援する義務があります。若年性認知症がある人の場合、このことは極めて重要です。これによって雇用の継続を含め、よりよい人生をずっと長く生きられる可能性があります。

断絶処方は私たちを感情的に完全に無力化し、オーバーマイヤーが以下のように定義した「学習された無力感」へと導く可能性があります。

学習された無力感は予測不可能で制御できない出来事（通常はトラウマとなるようなもの）を経験することから生じ、将来の人生の課題に対応する能力の低下に反映される。これらの課題には、行動、心理／認知や健康に関するものがありうる。予測不可能で制御できないトラウマとなるような出来事を経験することが、将来的に環境的な変化への対応の失敗につながるという実証は、経験的にも理論的にもかなり重要なものであり、うつ状態やＰＴＳＤへの心理療法と心理科学の必要性

を教えるものである。

診断に際して希望はないと言われ、仕事や診断前の生活をあきらめるようにとアドバイスをされ、終末期と高齢者ケアの用意をしておくように勧められたら、認知症と診断された人の多くが一種の「学習された無力感」をもってしまう可能性は高いでしょう。家族もこれを支援するでしょう。なぜなら、それは私たちを無能にし、力を奪おうとするからではなく、すぐに私たちの代わりに物事をやらなければいけなくなると専門家からアドバイスを受けていて、それに従うからです。

この破壊的な悪循環を断たなくてはなりません。診断時に開始される必要があり、診断直後の支援はより好ましい、より倫理的なものである必要があります。

診断前の人生を取り戻す

認知症にやさしい地域社会を創り、提供していくことに向かって前進していくと、これは私の信念とも関係していると気づきます。「認知症がある人は診断前の人生に関わり続けなければならない」という信念です。診断前の人生を楽しんでいたのなら、できる限り長くそうするようにし、若い人の場合は、他のいかなる障害がある人の場合と同じように、支援を受けて仕事を続けるのです。

これによって差別、社会的烙印（スティグマ）や孤立を減らすことができるでしょうし、認知症がある人は依然として前向きに地域社会や社会に貢献できると見なされることにもつながるでしょう。認知症がある人は最近まで自分たちの権利擁護に積極的ではなかったので、先に挙げたことはまだ標準的ではありませんし、人々の私たちへの扱いにも影響しています。認知症当事者が自分たちについての話し合いに加わるようになったのは、ごく最近のことです。悲しいことに、関わり続けるということは、多くの認知症当事者が診断結果について嘘をついていると非難されることを意味します。個人的には、このように疑う人たちを無視して、引き続き認知症を乗り越えて生きようと努力するほうがいいのです。このような疑いは、依然として強固に存在する社会的烙印や無知から来ているものです。私にがんがあって社会的に活躍していても、誰も診断を疑おうとはしないでしょう。

擁護者として立ち上がり、声を上げている認知症当事者の多さから、「認知症の診断後も依然として素晴らしい人生がある」ことは明らかです。断絶処方を受け容れて人生をあきらめてしまう必要はないのです。

認知症になることは誕生日パーティーのように楽しいものではないでしょうが、診断に際しての疑似死亡を受け容れる必要はないのです。

認知症と診断されたすべての人、そして断絶処方に従ってきたすべての人に勧めたいのは、この善意の、しかし非建設的なアドバイスを無視して「人生に再投資すること」です。

診断前の人生を取り戻さなくてはなりません。

金銭的なことについてではなく、認知症を乗り越えて生き、診断前と同じ人生を引き続き、できるだけ長く生きることについての話です。認知症は不治の病で、法律上の判断能力をおそらく失うでしょうから、遺言や終末期のことを用意しておくのはたしかに大切です。けれども進行を遅らせるために努力したっていいし、いつもやっていたことをもし依然としてやりたいなら、それをやめてしまう必要もないのです。

ケアのモデル

断絶処方の医学モデルと障害モデル（社会モデル）、あるいは支援と適切なリハビリ、それに診断前の人生に関わり続ける社会的進路の対比は、その概略を説明しておくだけの価値があるでしょう。エビデンスベースの実践を具体的に手本にしたものではありませんが、次頁の図1は、私自身の経験に基づいて両者の違いを簡潔に説明しています。障害モデルを裏づける証拠も出てきています。

断絶処方は無知、社会的不平等、疎外、社会的烙印、孤立、恐れと差別を助長し、悪化させます。認知症は私の知る限り、「自分の人生のために闘う」よりも「あきらめる」ように言われてしまう唯一の病気です。

図1　医学モデルと障害モデルの比較

現在のケアの医学モデル

診断
往々にして長期にわたる誤診プロセス　65歳以上の年齢層に最も恐れられている病気

↓

アセスメント
運転　薬物　日常生活動作　認知症に関する情報　作業療法

↓

断絶処方
診断前の人生を生きるよう支援されない　前向き／倫理的なケアの進路の欠如

↓

介護事業者への照会
オーストラリア・アルツハイマー病協会　地域ケア事業者　高齢者ケア事業者

↓

事前介護指示書

↓

高齢者ケア
地域　レスパイト　居住型

ケアの障害／社会モデル

診断／診断の確認
国連障害者権利条約へのアクセス　障害支援へのアクセス　倫理的な支援進路

↓

アセスメント
運転　薬物　日常生活動作　認知症に関する情報　作業療法

↓

不治の進行性慢性疾患への支援
喪失と悲嘆、不治の病へのカウンセリング　障害のアセスメント　生活の質と良い状態への焦点　働いている場合は雇用継続支援　診断前の生活に関わり続けるための支援

↓

リハビリテーション
言語病理学　脳損傷リハビリ　神経理学療法士　新しい学習　神経可塑性：作業療法
ライフスタイルの変更：既知のリスク軽減戦略

↓

障害への対応／支援戦略
技術　脳損傷リハビリ　電子リマインダー　杖　仲間／メンター
ウェブスターパック（お薬カレンダー）　支援団体

↓

人生に本当の価値を与える活動への有意義な関わりの継続
いつもの趣味　ボランティア　仕事　スポーツ　クラブ　いつもの交流

↓

事前介護指示書

↓

高齢者ケア
地域　レスパイト　居住型

これはつまり、不合理でネガティブな処方です。非倫理的で不道徳でもあります。残念ながら製薬業界もこれを支持しています。投薬すれば収益が上がるからです。薬物処方を含まないホリスティックなどの介入を勧めることは、製薬業界の議題にも、そして悲しいことに、多くの研究者の議題にもないのです。

生きること、生活の質、そして良い状態（または良い状態と見なされるもの）に焦点をあてることが重要です。あまりにも長い間、このことは無視されてきました。断絶処方の代わりに以下を処方すること、もしくは要求することを考えましょう。

- 前向きな心理社会的介入
- 非薬物的介入
- 医学モデルではなく障害／社会モデルの支援

- 適切な脳損傷リハビリの提供
- 若年性認知症の場合は雇用を含む、診断後の生活支援

「もし医学界が、がんがある人に終末期のことを整理して、家に帰って残りの時間を生きるように言ったら、あるいは対応が難しい診断だからと告知しないことに決めてしまったら、と想像してみてください」

認知症と診断された時、私には以下の進路が提供されました。

・自宅での介護やレスパイトケア、居住型高齢者ケアを支援する介護事業者への照会、アルツハイマー病協会や高齢者ケア提供者への照会——高齢者ケアには私は若すぎて適格ではありませんでした
・リンクワーカーまたはキーワーカー——当時、このサービスには資金が利用できませんでした
・記憶障害コースと支援団体
・アクティビティ。具体例としてはビンゴ、アート、コーヒーとおしゃべり、アートセラピー、ヘアブラッシング、新鮮な花やポプリの香りをかぐこと、動物を撫でること、ハーブ園や花の品評会への訪問
・セーフリターンブレスレット（訳注：個別の番号と警察の緊急連絡先番号の入ったブレスレットで、迷子になった際の安全な帰宅を支援する）
・将来のための計画、終末期のことを整理すること——これはやる必要があると今でも信じています
・「行動」の変化への対応
・家の準備
・地域社会でのケアと高齢者レスパイトケア——慣れるために早いうちに開始することを勧められました
・居住型施設ケア
・障害や雇用のアドバイザーへの照会はなく、そのため以下のことが生じました
社会的烙印、差別、孤立、孤独と社会的不平等の助長／うつ病と無気力のリスクの高まり／認知症の進行へのマイナスの影響と、私が前向きになり、「自分の人生のために闘う」ことへのとてもマイナスな影響

一方、南オーストラリア大学の障害支援サービスは以下の進路を提供してくれました。

- 勉強を継続する支援を提供するための障害アドバイザーへの照会
- メンターと仲間
- 障害アクセスプラン——神経科医からの診断書によって診断が受け容れられました
- 別の方法による評価や試験
- 喪失と悲嘆のカウンセリング
- 記録係と／またはポッドキャストでの録音
- 学生のための戦略。具体例は以下の通り
  学位修了のための計画／時間管理／読み書き対応／勉強スキル、図書室支援など

- 必要に応じた支援補助
- 福祉機器と補助技術
- 就業中の場合はどのようにして雇用を継続するか、または仕事を獲得するためのキャリアと雇用部門への照会、または障害キャリア部門への照会。これによって以下のことが生じました
  社会的烙印、差別、孤立と孤独の減少／平等の損失の最小化／有意義で前向きな関わり、価値ある達成という感覚、そして認知症　の進行や無気力、うつ病の減少見込

比較になりませんが、私が診断後に学位を修了したという事実が自ずから物語っているでしょう。

他の病気や不治の病の場合のように、幸福と良い状態を高めるよりよいアドバイスとサービスが得られ、「自分の人生のために闘う」支援が提供されるように、認知症があるすべての人とその家族が立ち上がる時がきているのです。認知症の症状に関する見当違いで先入観に満ちた誤解が依然

として用いられ、私たちに診断前の人生をあきらめさせようとしているのです。

症状を障害と認識することで、診断後の認知症がある人にとって、より公平で認知症にやさしい経験となるでしょう。医学モデルとは対照的に、障害としてとらえたうえでの支援は前向きで、診断前の人生に引き続き関わることを支えるものです。神話の定義のひとつは「社会制度を正当化するために用いられる、証明されていない、または間違った集合的信念」です。医療や高齢者ケア分野の多くがこの神話を引き続き支持し、そうすることで、尊厳あるパーソンセンタードケアの欠如を正当化しているのです。

次章では、障害モデルや南オーストラリア大学で障害アドバイザーから提供された選択肢についてより詳細に紹介することで、医学モデルと対比させ、どんなに役立ったかを説明します。

オーストラリアは間もなく、初の国家的な認知症の臨床ガイドラインを発表します。積極的な診断後の支援が十分ではないと感じますが、それでも少なくともよいスタートです。

障害と社会支援の価値

南オーストラリア大学で障害アドバイザーを紹介され、積極的なアクセスプランを作成しました。脳損傷や、症状が定期的に変化する多発性硬化症のような病気であった場合と同じように、このアクセスプランは症状に応じて変化し、進化しました。私は関わりをやめてあきらめるようにとアドバイスされるのではなく、生活支援の必要な一人の人間として扱われました。診断後に文学士に続いて心理学士として卒業したことは、認知症の症状を障害として扱い、支援を活用していくことの重要性を示しています。私の全般的な幸福、モチベーション、そして有意義な関わりという感覚にとってだけでなく、この世界で本当に価値があるという感覚を与えてくれる、意味のあることを達成するのにも重要なのです。

この研究のもうひとつの重要な価値は、それが神経可塑性と脳トレーニングの方法だということです。私が脳損傷病棟に照会されていたら、どんな「損傷や病気」があるのであれ、可能な限り最高の人生を生きるよう積極的に「支援をされていた」でしょう。有意義な人生に関わるのをやめるように勧め、他者が有効と考える活動を採用することは、不合理で気分を害するものです。障害部門はすべての人を一人の人間と見なして、その人が独自にできる限り自立し続けられるような戦略を支援します。有意義で前向きに関わることは、その人の幸福、しなやかで前向きにいられる能力、認知症の症状と闘うモチベーション、診断の感情的な苦痛によりよく対応する能力に、重要かつ前向きな影響を与えます。ノーマン・ドイジ博士の2冊の著書『脳は奇跡を起こす』と『脳はいかに治癒をもたらすか――神経可塑性研究の最前線』が、前者では事例証拠を基に、後者ではエビデンスベースの研究を基に、神経可塑性の重要性と認知症がある人との関連を十分に説明しています。

認知症を乗り越えて生きることに真剣になる

私は認知症とともによく生きることができる

国際アルツハイマー病協会には、この憲章があります。しばらくの間、私はこの言葉は前向きで役立つと思っていましたが、誰も「認知症とともによく生きる」のがどのようなことかを教えてくれないだけでなく、認知症とともによく生きることや、認知症を乗り越えて生きることが可能だとも教えてくれないのです。多くの認知症がある人たちも、この言葉は非現実的だと思っていて、そのためにおそらくは達成できないと考えています。

認知症についてのネガティブな情報があふれています。そのため、世間や医療の専門家は、認知症とともによく生きるとか、診断を乗り越えて生きるなんて、不可能なことだと認識しています。

同僚で親しい友人でもあるシブリー・ラーマン博士は、この件について次のように書いています。ケアパートナーたちとのフェイスブックでのやりとりの中でのもので、彼らの大半は私たちが「苦しんでいる」と主張しました。

認知症とともによく生きるという概念は、人々の認知症の経験から好ましくない部分を削除しようという試みではありません。自分たちは認知症とともによく生きられるように十分に努めていないかもしれない、と罪悪感や居心地の悪さを抱かせようというものでもありません。これは、認知症と診断された人たちの良い状態とよりよい生活の質を促進する、もっと建設的な方法があるはずだ、ということを伝えようと意図した概念です。

「認知症を乗り越えて生きる」というのが、認知症と診断された人を支援するのに、今の私が好んで用いる言葉です。処方されたものであれ教えられたものであれ、現在可能だと思われているよりも、もっと前向きに生きる可能性について考えてもらう一助としてです。私はこのほうが役立つと思いますし、これまでにもらったフィードバックは実に励みになるものです。「よく生きる」とか「よりよく生きる」という言葉は、その人がよく生きていないかもしれないとか、よく生きられるように「十分に努力していない」ということをほのめかしてしまいます。また、「よりよく（あるいはより悪く）生きる」という言葉も、自分と他人の比較に陥りがちです。

あまりに規範的で、認知症と診断されることのとても現実的な課題を無視しているか、または侮辱しているとたやすく受け取られてしまうかもしれません。認知症は不治の、進行性の慢性疾患で、死ぬまで私たちの機能や能力を究極的には「盗み続ける」ものです。認知症とともに「よく生きる」とか「よりよく生きる」という言葉について、これまでにかなりの間、国際的な議論がされてきましたが、おそらくこれらはあまり役立つ言葉ではないのでしょう。

認知症と診断されて以来、私は「認知症の診断を乗り越えて生きる」ことを学んできました。

これは簡単なことではありませんでしたし、すぐにできたことでもありません。最初の1年半ほどは急激に落ち込んでいくばかりで、認知症を乗り越えて生きることや、引き続き期待を超えていけること、どんな目標も引き続き達成していけることなど、考えもしませんでした。

症状を障害として見ることができると発見してから、そしてより重要なのはそれに対応できると発見してから、自分が物事に対応できるように支援する戦略を見つけ、認知症がなかった頃とは違いますが、別の道を見出すようになったのです。

断絶処方という言葉を考え出すことを含め、自分自身の生きた経験というレンズを通して認知症についての考えを深めるにつれ、診断前の人生をあきらめさせるという、このネガティブな処方と闘う方法を考えるようになりました。

この結果、認知症とともにより前向きに、そして生産的に生きる能力が高まりました。いつか変化が訪れることはわかっています。以前に私が認知症への非薬物的介入について発表をしたあとで、善意の看護師が「結局は認知症にやられてしまうのよ」と私に言いましたが、そんなことは関係ありません。だって、どのみち私たちは生まれながらにして死刑宣告を受けているのですから、彼女だって同じです！

認知症と診断されることは、すぐに死んでしまう理由にも、前向きに、認知症の症状を乗り越えて生きようと努力するのをあきらめる理由にも、当然ながらなりません。私は病気の末期ではありませんでしたから、診断前の人生をあきらめるように勧められたことは極めて役に立たないことでしたし、とても非倫理的でもあると言いたいのです。多くの医師が患者に認知症であることを告知せず、まるでそれに問題がないかのように思っている（！）のと同様に非倫理的です。

認知症を乗り越えて生きることは、私たちが学ぶ必要のあることで、医療従事者が私たちを支援する必要があることだと信じています。それに加えて、断絶処方を取り除き、介護事業者が前向きでリハビリを含む、診断後の進路を可能にする支援を提供することです。認知症の症状による障害に必要な戦略と支援を活用することです。そうすれば、今よりずっと多くの認知症がある人たちは、喪失と絶望への道を歩む代わりに、診断を乗り越えてはるかに素晴らしい人生を生きることができるでしょう。そして欠陥に焦点があてられることも減るでしょう。また、自宅や地域社会でずっと長く暮らせるようになるでしょうし、調査によって次第にこのことが証明されると信じていますす。スティーブン・ホーキングが自分の理論が間違っていたことを証明した時にそうしなければならなかったように、私も自分が間違っているかもしれないことを受け容れています。

私たちは皆生まれながらに死刑宣告を受けていますが、よりよく生きようとすることなく、死にばかり焦点をあてて毎朝目覚めるでしょうか？　死ぬのを待って毎日目覚める人は、誰もいないでしょう。

他の不治の病では、診断されると、たいていの人はその病とともにできるだけよく生きようと努力し、病と闘い、そして医学界もあらゆる医療やホリスティックな手段で積極的にそれを支援します。それなのになぜ、認知症と診断されたら、診断に際して認知症を乗り越えて生きるために努力することをあきらめなくてはならないのでしょうか？

認知症の診断は誕生日パーティーのように楽しいものではありませんが、認知症の診断は診断前の人生の即死を意味するのではないと認めるほうが、個人的にはずっと好ましいと思います。認知症への認識に挑戦し続けることはとても重要だと信じています。そうしなければ、何事も決して変わらないからです。

認知症を含むあらゆる病気とともによく生きることや、それを乗り越えて生きることには、十分な資金がいるのではないかと思われるかもしれません。以下は、私の新しいブログ「認知症を乗り越えて生きる」に「よく生きる、よりよく生きる、あるいは認知症を乗り越えて生きる？」と題して投稿した記事について、フェイスブックでもらったコメントです。

ありがとう!! 「認知症とともによく生きる」キャンペーン全般について、実に多くの否定的な意見を耳にしました。なかにはお金があって対応ができ、症状によって制限を受けない人もいるのでしょう。――私はそうではありません。人は物事の良い面も悪い面も知る必要があると思います。この人生は楽ではありません。だけどそれは人々が思うような社会的烙印のせいではありません。だけどバランスがあるのです。私は「乗り越えて」という言い方のほうがずっと好きです！

私は以下のように返事をしました。

私もこの言葉が好きです。認知症のあまり喜ばしくない面を微妙に否定してしまうことがないからです。「よく生きる」というのは多くの人にとって受け容れるのがかなり困難だということに同意します。お金があることでできることが違うという点については、私もよく考えてきました。認知症がある人の多くは、資金がひどく限られていることも知っています。これもまた診断のネガティブな影響を増幅させるのです。

この会話から、認知症の影響と、多くの人が診断後の経験として話してくれたことについて書いておきたいと思います。それは、診断後にほとんど貧困層に近づいてしまったということです。そしてこのことが、どんな意味であれよく生きる、診断を乗り越えて生きる能力に影響を及ぼしたということです。けれども、制度と診断後の支援が変革され、断絶処方に従わなくなれば、診断を乗り越えて生きることは、現在よりも容易になるかもしれません。

私はどう考えても資本主義者ではありませんし、実際、夫は、もし宝くじに当たっても（夫はたまに宝くじを買うのですが、私はギャンブルは嫌いなので買いません）、当たったことを私にはおそらく内緒にしておくだろうと言うほどです。私が半分をホームレス団体の南オーストラリアビッグイシューに、そして残りの半分を国際認知症同盟に寄付してしまうだろうから、と！　しかしお金があることで自由が得られますし、それより重要なのは、認知症のように不治の進行性の慢性疾患の場合に、サービスや支援を活用できることです。旅行やレジャーを含む活動やライフスタイルに従事できれば、幸福も生活の質も確実に高まるでしょう。実際、たいていの諸国の医療制度は適切な医療すら提供できていないのですから、それ以外のことなんて、ましてなおさらです！

この話題に関する私の疑問は次の2点です。「認知症を乗り越えて生きること、そして実際、それ以外のいかなる不治の病や慢性疾患を乗り越えて生きることは、経済的な余力さえあればできることなのか？」「お金がなくてもよく生きることは可能なのか？」

本当に正直なところ、このシナリオでお金が唯一重要なものなのかは確信がもてません。なぜなら「どんな状況も、その状況そのものより、それにどんな態度をとるかのほうが大切だ」と強く信じているからです。けれどもお金がないと、究極的には、どんな健康上の問題や危機であれ、乗り越えてよく生きるのは（よく生きるの定義にかかわらず）、本当に大変だろうと思います。

たとえば、私には「お金の罠」から離れて公園に住むほうがいいと実際にホームレスになることを選んだ友人が2人います。人生がずっとややこしくなくなったそうで、それは彼らの選択です。

経済力が自分たちのライフスタイルに何の関係もないかのように話す人もいます。けれども、たとえば芸術家や作家や俳優になるには、それを仕事として稼げるようになるまでは、経済的に支援を受けるほうがずっと楽でしょう。この支援がなければ、生活することや家族を育てることはほとんど不可能です。

夫が依然として働いていなければ、私たちの生活はかなり違ったものになっていたかもしれません。2人とも低所得層の家庭で育っていますので、お金には慎重で、何かあった時のために貯蓄をしてきましたし、このことも役に立ちました。

貧しいというのは、もっともよい状態の時でさえ、大変なことです。私も人生においてとても貧しい時期が2、3回ありました。けれどもこれに不治の病が加わると、いかなる意味でもよく生きることや病気を乗り越えて生きることは、ほとんど不可能になってしまうかもしれません。

国際認知症同盟の会員たちは、認知症当事者同士が関わり続け、認知症の診断を乗り越えて生きることを支援する戦略を見つけられるよう、力づけ、教えることに真剣に取り組んでいます。その適切で積極的な支援があって、それが可能になる人もいるのです。

スコットランド認知症ワーキンググループは認知症を乗り越えて生きることに真剣に取り組んでいますし、ヨーロッパやオーストラリア、アイルランド、日本、そしてオンタリオの認知症ワーキンググループのメンバーも同様です。認知症当事者は、これらすべてのグループの構成員であり、認知症を乗り越えて生きることができ、社会に大きく、前向きに貢献しているという生きた証です。

これだけの数の認知症当事者が活動をしていることで、遅かれ早かれ、それが可能だと他者が信じられるようになるでしょうし、それを促進することができるでしょう。認知症がある人たちは皆、お互いの声を支援するために、そして自分たちの人生と将来を改善するために、力を合わせています。私たちの声が集まって大きくなれば、医療や認知症ケア部門、そして私たちの経験を「苦しんでいる」としか主張しない家族介護者ですら、次第に別の方法があるのだと気づくでしょう。

私は認知症の診断を乗り越えて生きることに、命がけで臨んでいます。人間としてできる限り積極的に活動しています。結局のところ、それ以外の選択肢にはまったく魅力を感じないのです。

17 障害としての認知症

障害者

私はできる
活動すること
自分のレベルで
やる用意がある
困難かもしれない
だけどできる
活動している
動作不能じゃない

私は機能できる
私を制限するのは
私を非難しようとする周囲の人たちだけ
そう　私はできる
能力も才能もある
価値ある人生を
生きる力が備わっている

（ケイト・スワファー　２０１５年）

認知症の早期の症状を、制限や妨害となるやり方で管理するのではなく、障害支援として扱うこと。そして症状に薬で対応するよりもカウンセリングと前向きな関わりによって感情的な変化に対応することは、私の良い状態と余命予測に最重要のことになりました。

しかし、認知症だけでなく障害に関しても否定的な態度は健在で、私たちは皆、これを克服する闘いを続けています。

2、3年前に、いくらか不安はありながらも強い関心をもって、パスウェイズ9会議に参加しました。補助金が出たことで参加が叶ったことに、今でも感謝しています。南オーストラリア大学の「障害者」本人部門で申し込んで選ばれたのです。私は達成感を覚えただけでなく、この受講生たちのために立ち上がらなくてはという強い責任感をも覚えました。もう一人の補助金での受講生ジュリーと一緒に、こんなことを考えて楽しんでもいました。受講生の一人（ジュリー）は自分がどこに向かっているのか見えず、もう一人（私）はどこに向かっているのか、それにどこにいたかも思い出せないことがよくあるのです……いいコンビでしょう！

私自身の障害は容易に「見える」ものではないため、目に見える障害がある人たちの中にいると、自分が詐欺師のように感じることがよくあります。そしてこの会議に参加して圧倒的に感じたのは、私は「障害」というレッテルと、この言葉が示唆する多くの否定的な意味合いが嫌いだということです。他の人たちとも話し合ってみたところ、その障害が生まれつきではない人たち、または幼い頃に診断されたのではない多くの仲間にも、この強い感情があるようでした。

当時も、ある意味では今でも、「障害」や「障害者」という言葉は人を見下したようで屈辱的だと感じます。同様に、私は「ぼけた人」とは言われたくないですし、病気が進行するほどその気持ちは強まっています。なぜならこの表現は私という人間を弱体化させ、ある意味、不完全な人間であるかのように感じさせるからです。しかし、介護と診断後支援という文脈においては、症状を障害として扱い、対応するほうが、ずっと前向きで役立ちます。

大学職員と障害がある学生のための会議で受付をした時、とても抵抗がありました。私には多くの「障害」があるという事実に、折り合いをつけることができていなかったからです。この経験から、「障害」という言葉に、そしてこの言葉によって自分は一層「障害をもつようになった」のだろうかと疑問をもつようになりました。「障害」や「障害者」という言葉は、病気だけに焦点をあてて私という人間を定義しているように感じます。それでも「ぼけている」と言われるよりはずっと好ましいです。当然ながら、ただケイトと呼んでもらうほうがいいのです。認知症や障害がある人としてではなく、他者とは異なるニーズがあり、違うやり方でこの世界で活動する人として。

この会議で、視覚障害者で、ディーキン大学講師であり、視覚障害者の支援団体ビジョン・オーストラリア代表だったケビン・ムルファトの話を聴きました。彼は、「雇用とは私たちが自分自身をどう定義するかです」と提言しました。私は教育が雇用への主な鍵のひとつであると提言します。だからこそ、個々人が「自分自身を定義する」ことを可能にするような公平さが重要なのです。対等な地位は「障害者」にとって最も重要なもので、認知症がある人を含め、その人を知ることを含めたどんなことよりも重要なのです。

機会均等法や差別禁止法、技術の進歩、そして障害がある人の完全なインクルージョン（社会的包摂）への権利意識の高まりにもかかわらず、障害差別禁止法（1992年）の制定以来22年間、オーストラリアでは雇用水準は上がっているのに、障害がある人の雇用は減少しているのです。

ケビンは自分の博士号で検証した、「熱狂的な信者」ですらもっている、深い、ほとんど本能的な否定的態度を暴くことができる道具（質問シート）について検討しました。彼自身12回ほど使用して、依然として地域社会のいくつかのグループへの否定的態度をもっていることがわかりました。

差別の例として、ドイツ初の女性リードトランペット奏者が挙げられます。彼女は女性であったために闘って勝者の地位を守らなければならなかっただけでなく、男性と同じ報酬を受け取るようになるまでに15年間もかかったのです。この件は、史上初のことでしたが、オーディションが審査員に見えない衝立の後ろで行われました。審査員の息子がオーディションを受けているという理由からでしたが。女性は依然として同一賃金などで闘っていますし、多くの分野でまだ先は長いのです。

ケビンはまた、障害がある人への態度の変化とインクルージョンへの道の概略も示しました。彼の論文によれば、構築された台本よりも、障害がある人たちとの直接の経験のほうが、前向きな態度の変化への鍵となります。将来の研究においては、ステレオタイプ化された集団自身がもつ、態度の変化を促す強力な役割も、その成長や環境との関わりを通して活用するべきであることを述べています。

これはとても興味深い論文です。彼はまた、講師やコースへの生徒からの評価は価値があるだけでなく、差別への対応のための前向きな支援となること、そしてこのように認知症がある人がサービスを評価、監査することを始めれば、ある意味で実際に態度の変化をもたらすかもしれないと述べています。これは世界中で展開されている認知症にやさしい地域社会のイニシアティブやキャンペーンにとって極めて重要なことです。何が認知症にやさしくて何がそうではないのか、認知症がある人たちが評価することなしに、完全に把握することはできないからです。

たいていの人は人種差別というものを、たとえば個人や集団への態度、そして偏見を差別行為としてとらえています。これは言葉を明確にするための簡単な方法かもしれませんが、より詳しく検証してみると、人種差別の異なる側面と差別が強調されます。偏見のある、不合理で狂信的な信条に根をもつ人種差別に焦点をあてると、個人の信条や行動に注意が向かいます。しかし、差別を個人としてよりもむしろ社会と文化として見ると、差別が私たちの背後でどう行われているのかに注意が向かいます。病気とともに生きる人たちへの差別は、往々にして目に見えないものです。必ずしも人種差別的な信条をもつことなく、集団や地域社会として、私たちは人種差別的な慣行や行為に加担してしまうことがあるのです。この形式の人種差別は差別に焦点をあてており、不利益を再生産する体系プロセスを強調した「制度的な人種差別」としてよく説明されます。しかし、制度的な人種差別は国やその他の制度やその行為に関心を集めますが、個人の人種差別と信条が果たす役割が、差別という行為につながることを引き続き認識していくべきです。私たちは自分の信条に基づいてよく考えるものの、信条自体を検証することはとても稀です。このことが障害や病気がある人に不利に働くのです。

認知症の症状が障害として扱われれば、本人、家族、そして社会へのマイナスの影響はずっと小さくなるでしょう。私たちが働き続けるため、または認知症を乗り越えて生きるための支援が提供され、それによってインクルージョンや社会的平等が高まるでしょうし、孤立や社会的烙印（スティグマ）、差別が減り、本人、家族、そして社会への経済的なマイナスの影響をも減少させるでしょう。

私たちは認知症に固有の困難とともに生きる支援をする戦略を与えられるべきです。つまり、診断前の活動に関わり続けるためのカウンセリング、障害計画、補助技術、障害機器、メンター制度、それに十分に機能する支援としての記録係や記憶障害閲覧ログです。これによって、私たちが尊厳をもって一人の個人として扱われることが確実になるでしょう。

２０１３年に台北で開催された国際アルツハイマー病協会の会議で、以下のことは認知症の進行を遅らせるとして推奨されました。その前年にロンドンで開催された国際アルツハイマー病協会の会議で、私がこのことを発表した時には一笑に付されたというのにです。

- 前向きな心理社会的介入
- 非薬物的介入
- 神経可塑性訓練

- 運動と認知フィットネス
- 適切な脳損傷リハビリ
- 良い状態と生活の質に焦点をあてること

医師や介護事業者が断絶処方を与えるやり方も、認知症と診断された人たちがわざわざ認知症を乗り越えて生きようなどとしない理由のひとつに違いありません。この処方は将来へのすべての希望を奪い、恐れと悪い預言で私たちをいっぱいにしてしまうものです。

認知症がある人たちが健康的なライフスタイルや神経可塑性訓練などの方法で、自分自身の人生に可能性を与えるように行動できるという考えをもてるよう、そう努め続けることが重要なのだと感じています。

これらのことは実際に違いをもたらします。治療ではないかもしれませんが、認知症が進行する速度を遅らせるかもしれませんし、良い状態を間違いなく高めてくれます。この裏づけとなる研究が増えてきていますが、それでも認知症がある人たちはこれらのことに取り組むように医療従事者から言われないのです。ホリスティックな、前向きな心理社会的、非薬物的介入は、いかなる病気でもとても役立つ支援となり、西洋の医師たちも信奉し始めているのです。

認知症のリスク減少に関する最新研究では、新しい学習による神経可塑性と同様、孤立を減らすこと、血圧、コレステロール、糖尿病や肥満を減らすことやよりよく対応することを含む、より健康的なライフスタイル要因を選択することが含まれます。常識的に考えて、これらのことは病気の進行を遅らせるのにも役立つでしょうし、そうであるという証拠も出てきています。

もしがんと診断されたら、医学的な選択肢だけでなく、あらゆる健康的な介入を試みることでしょう。それなら、認知症の場合にもそうしたらいいのではないでしょうか。この診断は診断、再診断、また再診断、そしてまた再診断と、そこにばかり焦点をあてさせて、もっと前向きな方法で病気の症状をいかに克服するかに焦点をあてないのが不思議なのです。これは新しい治療選択肢を求めてのことだと思いますが、もっと前向きな人生を生きることを、もしかしたら犠牲にしているのかもしれません。

もちろん、私たちは皆自分自身のレースを走ります。それはまさにそうあるべきですが、こんなに多くの認知症がある人たちが走っているレースが、おもに断絶処方によるものではないかを問う必要があります。個人的には、そうだと思います。

2年ほど前、私はあるアートセラピストに会いました。アートやその他のセラピーを活用して素晴らしい活動をしているのですが、前向きで有意義な関わりが違いをもたらすことを、疑う余地もなく証明しています。5分以上集中力を保つことができなかった認知症がある人が、そのセラピーに参加した結果、2時間集中し続けることができたという話をそのセラピストは教えてくれました。当然ながら、この裏づけとなる証拠は限られていますが、彼女も、愛情に満ちた家族や友人も目撃していたのです。私にとっては、認知症になる前の人生に関わり続け、活動的であることに価値があるという、さらなる証拠です。アートは私にはこのような効果をもたらしませんが、書くことと音楽を聴くことは効果があります。私たちは皆、それぞれ固有の好き嫌いがあります。音楽もまた、気分や記憶、言語を改善することが証明された介入、レクリエーションです。できれば「パーソナル・ソング」というドキュメンタリー映画を見ること、少なくともYouTubeでクリップを見ることは価値があるでしょう。オリバー・サックスによる音楽の効果の研究、ヘンリーの足跡と彼がどのようにして内面で生き返ったのかは、驚くべきものです。

多くの障害がある人たち、特に精神疾患や不治の病、慢性疾患、高齢と認知症と闘っている人たちには、マーティン・ルーサー・キングが「『何者でもない』という退化していく感覚」と表現した感覚があると思います。だからこそ、障害への見方を変えようとすること、私たちに適用される言葉をも変えようとすること、サービスと態度の変革を通じて完全な尊厳のために闘うことが必須なのです。

公平な立場という観念と格闘すると、断絶の感覚が往々にしてあります。同様に、サービスを求めると異質な感じがあります。私たちは他者と違うのだとより強く思わされるようにそのサービスからレッテルが貼られていて、私たちを疎外するからです。私たちは引き続きステレオタイプと闘い、病気と障害がある人たちへの不公平を保持して、私たちを孤立させる、偏見と社会的烙印と差別にまみれた伝統を破壊していかなくてはなりません。

認知症はすぐに、夢の終わり、容赦なく濃い霧に覆われた暗がりへの、長く厳しい片道の旅を表すと思われてしまいがちです。

本章の冒頭で述べたように、認知症の症状を死刑宣告ではなく、事故で両脚を失った場合に義肢や車いすを用いたり、リハビリを受けたりするように、障害として扱えば、今より多くの仲間が固有の障害と折り合いをつけながら、できる限り長く、うまくやっていくことができるのです。

18 社会的烙印と認知症

社会的烙印と無知が続いていく
全身を
風土病のように
ひそやかに私たちを損なう
私たちの人権は静かに拒まれる
認知症がある人たちの排斥がそれをあおる
人生のあらゆる場所から
理事会から　研究から
認知症ではない善意の人たちが
私たちのために意思決定をし
私たちについて話をする

この善意の話が続く間
「私たち抜きに私たちのことを」のまま
私たちのために擁護したことを
実行する人は
まだほんの一握りだから
このことが起きている間
孤立
差別　そして
社会的烙印は続いていく

（ケイト・スワファー　2015年）

社会的烙印（スティグマ）の定義と、それが認知症がある人の経験を定義するのに果たす役割については、よく記述されています。アービング・ゴフマンは社会的烙印を「損なわれたアイデンティティ」として言及しています。リンクとフェランは否定的にレッテルを貼られること、地位や権力の喪失、差別とステレオタイプ化の観点から、これを検討しています。認知症について考える時、社会的烙印は、本人が診断を求める意欲、診断後に支援を求める意欲、研究に参加する意欲の欠如を含め、多くのことに影響を与えます。提供されるケアもまた、医療従事者がもつ社会的烙印のために水準が下がり、サービスはゆがめられます。社会的烙印によって羞恥心が増します。最近では国際アルツハイマー病協会も、認知症がある人は依然として恥の感覚を強くもっていると報告しています。アイルランドのアルツハイマー・ソサエティは2種類の社会的烙印について報告しました。ひとつは外部の、つまりその人に対する社会的烙印です。もうひとつは内部の社会的烙印で、認知症の症状のために、本人が自分自身を恥じていたり、「つまらない人間だ」と感じたりしているのです。タイムリーな診断、より適切なケア、そして認知症がある人の生活の質の改善のためには、社会的烙印を減少させることが必須です。

社会的烙印が影響を与えるのは、認知症がある人とその家族の良い状態と生活の質だけではありません。言葉、インクルージョン（社会的包摂）、そして認知症にやさしい地域社会を提供することが、社会的烙印を減らすには重要です。そして前向きな変革がなければ、社会的烙印は認知症がある人にとって大きな重荷であり続けるでしょう。社会的烙印は依然、認知症がある人の経験において顕著な特徴です。このため、私は認知症の文献にある社会的烙印を調査してきました。認知症がある人の視点からの社会的烙印の影響や印象、そして誤った情報や不適切な言葉を用いて認知症がある人を表現することが、いかに社会的烙印を増悪させる可能性があるかについて焦点をあてた研究が欠けているのは明らかです。

そこで、たとえその意図が前向きな変革を促進するものであったとしても、研究者たちが社会的烙印を増悪させていないかを問うという、新しい視点で調査したのです。研究対象に認知症がある人が含まれていないことを考えると、依然としてかなりの部分が「認知症がある人たち抜きに認知症がある人たちについて」なされていますし、この集団が直面する課題の真の姿は見えてこないでしょう。また、社会的烙印を増悪させてもいます。介護者の社会的烙印は研究されてきましたが、認知症がある人たちが直接経験した社会的烙印についてはほとんど扱いがありませんでした。認知症がある人たちは生きた経験を通じて専門家と言えるのですから、この専門家知識をこれ以上無視することはできません。認知症がある人たちを研究に含めないことは彼らに社会的烙印を押すだけでなく、研究の信頼性を損なうものです。研究の大半が家族介護者を主な対象としていたり、本人がインタビューを受けている時に家族介護者を同席させていたりして、認知症と社会的烙印の研究においてケアパートナーの声が主たる声となることで偏っているため、このことは重要なのです。

社会的烙印と言葉を見直す際に引き合いに出すことのできる証拠はかなりあり、文献には以前より前向きな態度が見られるようです。しかしこれは、社会的烙印や差別として表現される、人間の行動を駆り立てる無意識の否定的な態度を、社会的に受容されるようなうわべで覆い隠しているのかもしれません。ですから、認知症がある人たちの見方、そして彼らへの見方を変え、彼らについての研究と話し合いに含めていくことが必須なのです。

ケン・クラスパーは、認知症とともに生きることについて、ブログにこう書いています。「……認知症への意識を向上させたいと思います。私たちは皆、希望を糧に生きています。私たちなりのささやかなやり方で、認知症に関して毎日耳にする社会的烙印を取り除く長い道のりを歩んでいけるのだと」。認知症がある人たちは、世界中で声を上げています。話し合いや研究に加わりたいからです。そして加わるまでは、社会的烙印は続くのです。スコットランド認知症ワーキンググループ（2002年設立）、ヨーロッパ認知症ワーキンググループ（2012年）、そしてオーストラリア認知症諮問委員会（2013年）が声を上げています。これらは認知症当事者に会員を限定した、認知症当事者のための初の国際的な団体で、それぞれのアルツハイマー・ソサエティから支援を受けています。いずれも認知症について用いられる言葉の見直し、インクルージョン、社会的烙印の減少、そのための教育と意識の向上を主張しています。この活動は注目を集め始めています。

2012年国際アルツハイマー病報告書『認知症の社会的烙印を乗り越える』で、イギリスにおけるこの調査への回答者2068名のうち、83パーセントはケアパートナーで、認知症当事者はわずか6パーセントに過ぎませんでした。スペインでは77パーセントがケアパートナーなのに対し、認知症当事者は3パーセントに過ぎませんでした。認知症がある人に関して他者が声を上げることが続いていて、もし擁護する最高の国際機関が本人たちを対象にすることができないのなら、それは研究者たちの課題を浮き彫りにするだけでなく、認知症がある人たちを締め出すことで引き続き社会的烙印を押しているということです。もちろん、認知症がある人と作業をするには困難な倫理的、方法論的な検討事項があります。同意能力などの問題もありますし、能力が研究期間中に変化するかもしれません。脆弱性や研究に参加することの感情的な苦しみがあるかもしれません。しかし、子どもや障害者、LGBTコミュニティについて、本人たち抜きで研究をすることはもはや容認されません。それならなぜ認知症がある人たち抜きで依然として研究が行われているのかと不思議です。ですからこの報告書は、認知症がある人たちが感じる社会的烙印を正確に報告していると主張することはできません。

認知症がある人たちを仲間に入れ、彼らについて話したり言及したりする方法を変えることなくして、差別や排斥、孤立につながる社会的烙印を減らすことはできないというのが私の信条です。

2012年に、オーストラリアにおける社会的烙印についての報告書で、地域社会全般が一般的に認知症を、そして特に認知症と診断された人たちをどう見ているのかが明らかになりました。それによると、50・8パーセントの人は認知症がある人は意味のある会話をすることはできないと考えており、11・7パーセントは認知症がある人とともに時間を過ごすことは避けると答えています。これは3年前のものですが、まだこの先は長いと感じます！

「認知症と社会的烙印の信念を研究する」は、616人のオーストラリア人に認知症がある人をどう見ているかを質問した試験的研究です。ウーロンゴン大学健康イニシアティブセンターのリン・フィリップソン博士と同僚たちが行ったものです。以下のように考えている人の割合です。

- イライラさせられる　30・4％
- 衛生状態が悪い　14・3％

しかし、前向きな見方も表明されていて、認知症がある人について次のように考えています。

- 広範な活動に参加することができる　38・6％
- 豊富な知恵がある　37・7％
- 価値ある伝統を伝えることができる　34・4％

この結果はまた、地域社会の多くの人は、もし認知症と診断されたら羞恥心や屈辱感を覚えたり、うつ状態や心配になったりするだろうと見込んでいることも示しています。多くはまた、診断によって地域社会と医療部門の双方から差別されるだろうと恐れています。オーストラリア・アルツハイマー病協会は、認知症への意識向上と、診断に往々にして伴う社会的烙印や社会的孤立を減らすことに全力を傾けています。

19 認知症の言葉

棒や石は私の骨を折るかもしれないが、名前は決して私を傷つけない。

（クリスチャン・レコーダー　1862年3月）

言葉と認知症

認知症がある人に言及する時に現在よく用いられている、敬意を欠いて力を奪うような言葉を変えることは、差別や社会的烙印（スティグマ）、孤立を取り除くのに役立つでしょう。すでに2009年に、オーストラリア・アルツハイマー病協会は「認知症にやさしい言葉のガイドライン」で次のように述べています。これは2014年に更新されています。

言葉は強力な道具です。私たちが使う言葉は、他者が認知症がある人たちをどう扱うか、どう見るかに強く影響を与えます。たとえば、認知症がある人たちを「苦しんでいる人」や「犠牲者」として言及することは、彼らは無力なのだと示唆します。これは尊厳や自尊心を奪うだけでなく、不正確なステレオタイプを増幅させ、認知症をめぐる恐れや社会的烙印を助長するものです。

認知症がある人たちに敬意と尊厳を示すやり方でパーソンセンタードケアを提供することを検討する際、言葉は強力で重要です。認知症がある人たちがバカのように扱われることと尊厳をもって扱われることは紙一重だと感じます。私たちが皆、認知症の人的損失を理解し、認知症がある人たちについて言及するのに用いる言葉を変えることが必須だと理解するまでは、何も変わらないと確信しています。

言葉は重要なのか

- 言葉は他者が私たちをどう見るかを定義する
- 言葉によって他者は私たちとコミュニケーションができる

- 言葉は私たちが自分たちをどう見るかを定義する
- 言葉によって私たちは他者とコミュニケー

ションができる
・言葉は社会的烙印と差別に影響を与えうる
・言葉は対象を貶め、価値を損ない、敬意を欠き、気分を害しうる

今こそ世界中で認知症がある人たちが立ち上がり、自分たちにとって何が最善で、何がそうではないのか、声を上げる時です。これには、私たちに言及するのに用いられる言葉も含みます。これは現象ではなく、基本的人権です。認知症当事者の一人として、もっと敬意のある、力を与えるような前向きな言葉を用いることを私は長い間主張してきています。依然として先は長く、認知症がある人たちについて用いられる言葉は、私の骨を砕くことはないかもしれませんが、気分を害するものです。

認知症の言葉

認知症の言葉は、認知症がある人たちにとってより受け容れやすいものに変わりつつある、あるいは進化しつつあります。これはパーソンセンタードケアを促し、羞恥心や社会的烙印を減らす鍵となるでしょう。

最近まで、認知症の言葉は、認知症ではない人たちによって決められてきました。家族介護者だけでなく、介護事業者、看護師や医師、メディア関係者、研究者や学者です。これが受け容れら

れることかどうかについて、認知症がある人たちが今は声を上げています。大半は受け容れられないものです。

研究者や政府、メディア、急性期病院部門、認知症／高齢者ケアによって現在用いられている言葉は、２００８年にイギリスの認知症権利擁護プロジェクトであるＤＥＰの消費者によって設定された（アイルランドのアルツハイマー・ソサエティ）、オーストラリア・アルツハイマー病協会の認知症啓発月間に認知症にやさしい地域社会の資源の一部として更新されたものに沿っていません。

認知症がある人たちが社会的烙印を経験することは顕著で、言葉はこれに大いに寄与しています。研究者が改善を目指す、まさにその対象についての研究で、社会的烙印を押し、否定的で力を奪うような言葉が用いられていることは、認知症がある人たちへの敬意を欠くだけでなく、優れた研究をタイムリーによりよい実践につなげる妨げとなるかもしれません。

ステレオタイプの増幅

私たちの言葉は、思考や感情を実に反映しますし、敬意や軽蔑を表すことができます。言葉は強力な道具なのです。私たちが使う言葉は、認知症がある人を他者がどう扱うか、どう見るかに強い影響を与えることができます。たとえば、認知症がある人を「苦しんでいる人」や「犠牲者」

として言及することは、私たちは無力だと示唆し、私たちの尊厳や自尊心を奪うだけでなく、不正確なステレオタイプを増幅させ、認知症をめぐる恐れや社会的烙印を助長します。

自分たちに用いる言葉をもっと敬意のあるものに変えてほしいと要求する、他の集団の声に社会は耳を傾けてきました。障害がある人は、当然ながら、「知恵遅れ」や「不具者」とは言及されたくありませんし、同性愛者のコミュニティも、気分を害するような、軽蔑的な言葉や力を奪うような言葉をもはや容認しません。先住民のコミュニティも同様に、力を与え、敬意を表する言葉、自分たちの選んだ言葉を使用されるという期待と権利をもっていますし、少なくともその擁護に関与してきました。

認知症を意味する「dementia」という言葉は、狂気を意味するラテン語に由来します。どうりで神話と闘わなければいけないわけです。昨年、ある州の政治家が、私のことを「ぼけ」と呼ぶことを正当化しました。なぜなら、彼女が言うには、厳密に言えば私はそうだからです！　その言葉は非常に気分を害すると彼女に言いましたが、彼女は自分にはその言葉を使う権利があり、私があまりにも細かいことにうるさすぎると言いました。けれども彼女はオーストラリアの先住民のことを「黒んぼ」と呼ぶでしょうか。少なくとも面前では呼ばないでしょう。あるいは障害がある人を、かつては障害があることを意味した「知恵遅れ」と呼ぶでしょうか。

Ｇｏｏｇｌｅのオンライン辞書は、認知症をこう定義しています。「脳の病気や損傷によって生じる、精神機能の慢性疾患で、記憶障害、人格変化、論理的思考の損傷を特徴とする」。類義語として、次のような言葉が挙がっています。「精神疾患、狂気、発狂、精神錯乱、ぼけた、ぼけ、老人性認知症、アルツハイマー病」

認知症とは対照的に、障害者はこのように定義されています。「動きや感覚、活動を制限する身体や精神の状態がある（人々）」。そして次のような類義語が挙げられています。「障害がある、車いすを使う、麻痺した」。2年前には障害の類義語として次のような言葉が挙げられていましたが、気分を害するもので使用はもはや不適切であるため、今では挙げられていません。「知恵遅れ、知恵遅れの、身体（精神）障害のある、（手足の）身障者、びっこ」。同様の変化を認知症の定義にも期待しています。

障害がある人のことについて伝える

障害のことや障害がある人について伝える場合の指針となる行動規範があります。

- 障害がある人として特定する必要があるのか自問する。どんな種類の木を植えるのが最善なのかについて、地域社会のガーデニングの文書を準備しているとしたら、筋ジストロフィーがある人が意見をした時、その障害は無関係である。認知症の場合も同様である
- 常にその人のことを第一にする。障害がある人のことを説明する時、その人は障害によってすべて

定義されてしまうわけではない。たとえば「車いすに束縛された」という表現ではなく、「車いすを利用する人、または車いす利用者」である

・同情的な言葉や扇情的な言葉を避ける。障害がある人の大半は自分のことを「衰弱した」とか「感動的な」などとは思っていない。他の人たちと同じ人間だと思っているだけである

現在、認知症で用いられているケアのモデルを変えることが、認知症の物語を変えることになるでしょうか。私はそう信じます。障害に対する言葉がすでに敬意のあるもので、地域社会におけるこの集団に対する見方をある程度前向きに変えたように。

これは自ずから物語ることだと思います。もし、私たちの障害を支援するようなケアモデルに変えれば、認知症がある人たちが診断前の人生を生きようと努力し、自分自身の良い状態のために闘うよう、力づける可能性があるのです。

言葉は重要

私たちが「知恵遅れ」ではなく「障害者」という言葉を使うのは、障害がある人たちが自分たちのために声を上げ、多くが「知恵遅れ」は、かつては適切だとして辞書の定義にあったものの、軽蔑的だと感じたからです。

「苦しんでいる人」「ぼけ」「虚ろなぼけ」も、依然として時々目にしますが、これももはや容認できる言葉ではありません。

何よりも、私たちは人間であり、名前があり、認知症とともに生きているのです。

今では、「認知症とともに生きる」という言葉もまた、認知症と診断された人、それによってより深く影響を受けるまさにその人にのみ、用いるのが適切な言葉です。認知症と診断された人と一緒に住んでいる人は、「認知症とともに生きて」いるわけではありません。その人は、「認知症と診断されて、それとともに生きている人」と一緒にいるのです。けれども最近、この件について少し考えが変わりました……。

認知症があると診断され、それとともに生きることがどういうものか知っているという意味で、認知症とともに生きているわけではないということに、多くのケアパートナーは怒りに近い拒絶を示します。


私の母は88歳で、今は施設にいます。私たちは2人とも、それとともに長年生きてきました……。

この娘さんは、自分が認知症とともに生きていると言っているのではありません。自分たちは2人とも「それ」と長年生きてきたと言っているのです。ここには微妙な違いがあります。もし私たちが我が家でそうするように認知症のことを考えるなら、そして「それ」を三人称で考えるなら、私たちのように2人とも「それ」とともに生きていると見なせるかもしれません。私たちはこの厄介な3人目の存在をラリーと名づけてすらいるのです！

それなら、自分自身が認知症とともに生きていると主張する家族介護者のことも、もっと受け容れやすくなります。家族介護者はケアパートナーであって、診断された本人ではないのですが。こう言うと、家族介護者は認知症と診断されていないので、認知症とともに生きることはできません。けれども「それ」と、関係性の中のこの第三の「人物」とともに生きているのです。ケアパートナーとしてであり、「それ」と診断されたわけではなくとも。

言葉という話題に関しては、誰もがそうであるように、私も毎日より多くのことを学び、ものの見方が変わっています。出産経験がなければ子どもを産むことがどういうものかわからないのと同じように、認知症があるのでない限り、それとともに生きることがどういうものかはわからないと今でも信じていますが。

職場での言葉

どんな組織でも必要となる最も基礎的なスキルは言葉、読み書き能力と計算能力です。これらによって次のことが可能になります。

・情報処理
・効果的な伝達
・生産性と業績への貢献
・社交とチーム形成を楽しむこと。仕事と職場

環境を楽しむ一般的な能力
・自信形成
・変化する環境への適応能力の形成

これらのスキルによって自信がつき、変化する環境に適応することができます。だからこそ、職場では、認知症がある人が言葉や読み書き、計算に支援が必要な時にそれを認識できる知識を社員が備えていることと、それに従ってケアや教育を調整することが重要です。

ボールペンの使い方がわからないというのは、見た目にはおかしいかもしれませんが、そんな簡単なこともできないというフラストレーションはとてもじれったいものです！　ほとんどの場合、私はボールペンの使い方がまだわかりますが、自分の名前の書き方を必ずしも覚えているわけではないとわかっています。他にも多くの簡単なことが難しくなったり、できなくなったりしました。

認知症がある人の環境において、これは重要です。言葉、読み書き、計算を楽しむことも、その能力もなくなったら、幸福も良い状態も損なわれます。

言葉とメディア

- メディアは、価値を貶める、否定的な言葉によって、引き続き私たちに社会的烙印を押し、レッテルを貼る
- 敬意のある言葉に関して認知症当事者とディベートをする際に、ジャーナリストはたいてい、参加を拒否する
- 依然として、メディア関係者の多くは、「苦しんでいる人」という言葉を「知恵遅れ」という言葉と同様に見ることを拒否している
- たいていは最新の用語ガイドラインを無視する

私は、認知症当事者による、認知症当事者のための国際的な権利擁護・支援団体の編集者として、認知症に関するメディアの多くの記事を読み、照会されます。たいていは認知症当事者の意見を必要とするもので、私たちの人権を取り戻すための場合もあれば、地域社会で他の人たちと同等の敬意を要求する場合もあれば、認知症ではない人の無知や一部の偏見による誤解と神話が記事に描かれていることに苦情を申し立てる場合もあります。

メディア関係者から、「苦しんでいる人」のような言葉に気分を害する権利はないと言われて4年が過ぎました。しかし、2014年9月以降になってようやく5名のジャーナリスト（これまで

たったの5名なのです）が、私たちには気分を害する権利があり、私たちの言葉に敬意を表する責任が自分たちにはあると同意して、私とのコミュニケーションの結果、実際に言葉遣いを変えました。私は週に5通までのメールやメッセージをジャーナリストやメディア関係者に送り、最新の用語ガイドラインを参照するように要求しています。たいていは返信がありませんが、返信がある場合、必ず、「痴呆」という言葉を使うことは軽蔑的だということに同意してくれます……そこには争いの余地はありません！

もし、ある言葉を公に使うことに気分を害する集団がいる場合、その言葉を使わないように要求する権利がある、とたいていの人は信じています。知的障害や身体障害がある人のことを「知恵遅れ」などとはもはや「決して」言わないのと同じように。これは、知恵遅れではないからではなく（厳密に言えば知恵遅れなのですから）、障害がある人たちがその言葉によって気分を害するからです。あえて強調するために、私はよく自分のことを「痴呆」と呼びますが、自分のことをそう呼ぶことに、人はおののきます。その同じ人たちが、往々にして、私や他の認知症当事者を「犠牲者」「苦しんでいる人」「ぼけ」、あるいはもっとひどい「ぼけた苦しんでいる人」と呼んでいいのだと強く主張するのです。

「苦しんでいる」対「診断された」？

私は、言葉と認知症について、何度も広範にわたって書いてきました。以下はそのひとつです。

「私は認知症、関節炎、がんや多発性硬化症に苦しんでいる」は、「私は……と診断された」よりも否定的で、力を奪うように響くのではないでしょうか。苦しんでいるという言葉は、厳密には「正しい」のかもしれません。しかし、この言葉は否定的で力を奪うものだと思わずにはいられません。私たち（認知症当事者）はまた、「もうそこにいない」のでも「消えていっている」のでもありません。私たちは依然としてここにいます。感情や意見、権利があるのです。私たちの中には、認知症や他の病気で「苦しむ」人がいるかもしれませんし、常にそうだという人もいるかもしれませんが、だからといって必ずしも私たちが皆「苦しんでいる人」になるわけではありません。メディアは世間に情報を単純化して伝えるので、対象とするすべての人への敬意をもって、真実を伝える責任があります。認知症がある人も、この対象に含まれます。

研究における言葉

研究における言葉は、引き続き私たちに否定的なレッテルを貼り、社会的烙印や孤立、羞恥、差別をさらに助長しています。当然ながら、これは知識をよりよい実践に移すのに影響を与えていることのひとつです。

発表されている社会的烙印の研究の大半は偏っています。家族介護者を主な対象にしているか、本人がインタビューを受けている時に家族介護者を同席させ、研究でケアパートナーの声が主たる声として残るようにしているからです。

証拠は大量にあります。文献は以前より前向きな態度を示しているようです。けれども、これは、社会的烙印や差別として表れる人間の行動を駆り立てる、無意識に埋め込まれた否定的な態度を覆い隠す、社会的に容認されるうわべなのかもしれません。

医療における言葉

- 医療給付は、特定の支払いを提供するために、特定のレッテルを必要とする
- 医療従事者は、認知症がある人から人間性を奪う、否定的なレッテルを使い続けている
- このことは、認知症がある人に社会的烙印を押し続けることになる

医療部門で認知症がある人に言及するのに使われる言葉は、変える必要があります。私たちについて使われる言葉が敬意のあるものになるまで、そして私たちに「問題行動」や、もっとひどいレッテルを貼るのをやめるまでは、パーソンセンタードケアを提供することはできないでしょう。私たちは行動ではなく人間です。たいていの私たちの行動はニーズや要求を伝えているのであって、それ以上でもそれ以下でもありません。健常者は、私たちを「管理する」ために制約するのではなく、

どのようにして私たちとコミュニケーションをとるかを学ぶ必要があります。

新しい言葉を学ぶ

南オーストラリア州の国家議員ケリー・ヴィンセントは、障害がある人たちとコミュニケーションをとる時には、彼らが専門家だと言います。認知症と診断された人たちについても同様です。子どもや、言語障害がある人のコミュニケーションのニーズはためらわずに考慮するのに、認知症がある人の場合にはそうではないことが多いのです。カレン・フォサムはこう書いています。「あなたの子どもがもう子どもではないなら、あなたは新しい言葉を見つけなくてはならないでしょう」認知症がある人が子どもに話すように話しかけてほしいと思っていると言いたいのではなく、私たちのニーズが変わるにつれて、コミュニケーションをとることを学ぶために、同じだけの努力と敬意を求めているのです。

これはもちろん、認知症がある人に医療スタッフがどのようにケアを提供するかに適用されます。私たちの障害は、それにどう対応するかという知識をスタッフに求めるからです。残念ながら、障害が「困難な行動」と見なされるのを多く目にしてきました。そして、その人がコミュニケーションをとる能力が低下していると見る代わりに、何らかの拘束によって対処されてしまうのです。当然ながら、誰も私たちのフラストレーションやニーズを理解しようとしなければ、「問題行動」

を示すでしょう。

認知症がある人の言語能力が低下している場合、どのようにコミュニケーションをとるかは他者にかかっているのであって、逆ではありません。もし「問題行動」が見られるなら、認知症のせいというよりも、痛みやまずい食事への不満、退屈を表現できないことに起因するのでしょう。「問題行動」が続く場合、私たちではなく他者が何かを変える必要があるのです。身体拘束や薬物による拘束は答えではなく、できる限り最善の方法で理解され、介護されたいという私たちの人権のあからさまな侵害なのです。

認知症がある人の多くは発話と言語に障害があります。できる限り長く言葉を維持できるように、ケアと支援を言語療法士に提供してもらうことを期待するのもまた、認知症がある人の人権です。これまで、認知症分野での活動に、この専門家は欠けていました。私が個人的に関わっている言語療法士一人を除いて、認知症がある人の支援のために雇われたという話は聞いたことがありません。

言葉と社会的烙印

言葉は重要です。言葉は人が私たちのことをどう見るかを定義するだけでなく、究極的には私たちが自分自身のことをどう見るかを定義するのです。また、言葉によって他者とコミュニケーションができ、社会的烙印と差別にも影響します。うながし、力づけ、物事を可能にし、自尊心を高め、自助とセルフアドボカシーの能力を促す可能性があります。あるいは、対象を貶め、価値を貶め、軽蔑し、気分を害することもできます。

言葉は、社会的烙印の経験に影響します。認知症とともに生きる私の経験と、私たちがどのように言及され、話されているかを聞くと、「棒や石は私の骨を折るかもしれないが、言葉は決して私を傷つけない」という成句は、間違っています。言葉は実際に私を傷つけます。気分を害し、貶めるようなレッテルや言葉を使うことは、私たちがすでに感じている羞恥や社会的烙印をひどく助長するのです。

家族介護者たちは私たちのことを「苦しんでいる人」として発信し続けています。私たちよりもずっと苦しんでいるのは彼らだと私は主張しますし、夫もこれに同意しています。

研究の対象に認知症当事者のインクルージョン（社会的包摂）が欠けていることを考えると、依然として、かなり「彼ら抜きに彼らのことを」という状況です。そうすると、認知症当事者が直面する課題の真の姿を描くことはできず、社会的烙印をひどく助長させることになります。

言葉、インクルージョン、そして認知症にやさしい地域社会の提供は社会的烙印を軽減するために重要です。そして前向きな変革がなければ、社会的烙印は認知症がある人にとって大きな負担であり続けるでしょう。

言葉は問題なのか

ええ、言葉は問題です。少なくとも、それによって気分を害しうる人や集団にとって。前述したように、認知症で「苦しんでいる」という言葉と、認知症と「診断された」という言葉を考えてみてください。前者は否定的で力を奪います。「ぼけた」もまた、認知症がある人にとって、もはや容認できる言葉ではありません。繰り返しますが、何よりもまず、私たちは人間なのです。感情と名前とアイデンティティをもち、認知症とともに生きているのです。

言葉とそれがもたらす違いについて言えば、言葉とそれによって人のことをどのように考え、その人にどのような行動をとるかは、地域社会の人々が認知症がある人をどう扱うかに実際に影響します。過去には、そして今も、障害や生命を脅かすような病気がある人たちに言及する言葉の大半は、研究者や臨床家といった他者によって開発されました。

このように医療を目的としたアプローチによって、たいていの人がその人という存在よりも先に障害や病気（状態）を考えるようになったと主張できるかもしれません。これはパーソンセンタードケア提供への障壁のひとつです。この種のアプローチが人を「他者」、あるいは「私たちと彼ら」と扱う感覚につながっていると私は考えています。

これが差別の核心にあり、分断化された地域社会という感覚、あるいは現実を創り出すことにつながっていると言えるでしょう。より最近は、まずはその人を見て、それからその状態を見るようになってきましたが、否定的で軽蔑的な言葉は、この流れを止めてしまうかもしれません。

声を上げる

私たちは皆、地域社会の一員であり、ここに住んでいます。私たちは皆、人間であり、お互いを人間として考える必要があります。事例や、対象や、状態としてではなく、人間として。現在の考え方では、私たちのように特定の集団に属する人たちは、権利、能力、自分たちを特定する「許可」を主張し、自分たちのために声を上げ、自分たちについて使われるべき言葉を奨励してきました。特定の集団に属するいかなる個人も、その集団の唯一の声とは言えませんが、「残りの人たち」について代弁する声をもつことはその集団のコミュニティとしての権利です。そこに権限の移譲があります。

軽蔑的で力を奪うような言葉を変えることは、差別と社会的烙印、孤立を取り除くのに役立つでしょう。多くの認知症がある人たちが依然として前向きな貢献ができると理解されることにもなるでしょう。最近まで、私たちは自分たちの権利擁護に積極的ではなかったので、このようなことはまだ標準になっていませんが、私たちがどのように見られ、扱われるかに影響を与えています。

認知症当事者が自分たちについての話し合いに参加するようになったのは、つい最近の現象です。悲しいことに、関わり続けるということは、多くの当事者が、その診断について嘘をついていると責められることを意味します。個人的には、このように疑う人たちは無視して、引き続き認知症を乗り越えて生きる努力をするほうがいいのです。こういう状況は、依然として強固な社会的烙印や、地域社会、医療部門や認知症ケア部門に存在する神話と無知からきているのです。

立ち上がり、声を上げている認知症当事者の数の多さから、たとえ認知症の診断のあとでも、よい人生を生きることができるのは明らかです。私たちは断絶処方を受け容れ、診断前の人生をあきらめてしまう必要はないのです。認知症と診断され、断絶処方を受け容れたすべての人に対して、この善意の、けれども否定的なアドバイスを無視し、人生に再投資することをお勧めします。

人は認知症を乗り越えて生きることができます。しかし、その人について用いられる言葉は、普通で、包摂的で、専門用語がなく、エリート主義でなく、明瞭で、率直で、一方的に判断せず、病気やソーシャルケアシステム、言葉の流行ではなく、その人を中心としたものでなくてはなりません。政府、メディア、医療部門、研究者、そして地域社会全体が、私たちにどのように言及し、話をするかを考え直し、認知症がある人たちが「敬意がある」と同意する言葉を用いるという簡単な要求に耳を傾ける、まさにその時が来ているのです。

最後に、このリスト「認知症がある人をより前向きに支援する20の方法」（表3）を紹介します。作成したのは2014年で、当初は17項目でしたが、その後ブログを通しての多くの「コンサルテーション」の結果、調整して3項目を追加しました。

また、最新のオーストラリア・アルツハイマー病協会の「認知症の用語ガイドライン」（2014

表3　認知症がある人をより前向きに支援する20の方法

1	「だけど認知症があるようには見えない（聞こえない）」と言わない
2	私たちが間違っていると言わない
3	些細なことで私たちと言い争わない
4	「……の時のことを覚えてる？」と言わない
5	私たちのことを「苦しんでいる人」や「犠牲者」と呼ばない
6	私たちが「ぼけた」「ぼけた苦しんでいる人」「消えつつある」「いなくなりつつある」「ぼける病気だ」「空っぽ」「もうそこにいない」と言わない
7	自分自身が認知症と診断されたのでない限り、「認知症とともに生きている」と言わない
8	愛する人やペットの死を思い出させない
9	行動や性格の変化のことで私たちを責めない
10	私たちはあなたのことが理解できないと思い込まない
11	私たちには認知症があるのであって、「苦痛」があるのではない
12	「かわいい人」「愛しい人」など、私たちが好む名前以外の呼び方をしない
13	私たちのことを「攻撃的」「徘徊者」「食べ方がひどい」「もらす人」「コミュニケーションがとれない」「妨害者」として言及しない。私たちは依然として人間である。私たちが痛みを伝えられないかもしれないからといって、痛みを感じられないのだと思い込まない
14	私たちがあなたに伝えられないからといって、あなたの言葉や行動が私たちの感情を傷つけないと思い込まない
15	私たちが自分で答えられないと思い込まない
16	私たちの前で私たちのことについて他の人に話さない
17	私たちが話せないからと言って、コミュニケーションができないと思い込まない
18	「でも、あなたにそれを言ったばかりよ」とか「それはもう訊いたでしょう」と言わない
19	私たちが痛みや感情を感じられないと思わない
20	私たちが静かにしているからといって、理解していないなど、勝手に何も思い込まない

年に更新）をダウンロードして自宅や職場で活用することも検討してください。

この20項目のリストは、一人でも多くの認知症がある人の人生に前向きな影響を与えられたら、と期待して作成しました。もしそうなれば、どれだけ多くの認知症がある人に反対されても構いません。

このリストはケアパートナーの気分を害し、批判するために作成したのではなく、認知症がある人のそばにいる時にやり方を少し変えるだけで、私たちの認知症の経験が改善し、それによってケアパートナーの仕事も容易になることを理解してもらうためです。

多くの人が私たちのことを「負担」だと言うので、それを減らせればと願って作成したものです。けれども私が率直なためにひどく無礼に感じられるかもしれず、さらに検討が必要です。

認知症によって、以前よりも率直になり、内気なところが減り、難しい話題を進んで話し合うようになりました。残念ながら、不親切で批判的という印象を与えてしまうかもしれないのですが、そのつもりはないのです。また、自分が意図するよりも率直になってしまうかもしれません。なぜなら、認知症がある人の声は依然としてたいてい無視されていると感じ続けているので内心のフラストレーションがあり、長年「私たち抜きに私たちのことを」ということが続いていて、いまだにまだ先の道のりが長いからです。

20 認知症と言葉を見つけること

「あなたの魂を動かす」という、認知症がある人のケアパートナーによる、ケアパートナーのためのブログがあります。私が本当に尊敬してフォローしている、数少ないブログのひとつです。この作者から、読者からの次の質問への回答を依頼されました。「認知症の診断前の、初期の症状を教えてください」。これがきっかけで考え始めました。その当時を、そして適切な言葉を見つけられないためにどんな影響があるのか、思い返してみました。回答の一部に、診断後まもなく書いたものを引用しました。

高度に機能していた私の頭脳はすり抜けてしまい、時に幽霊のように姿を現しては、大丈夫なのだと私に信じ込ませて、からかおうとします。だけど今では手が届かないのです。ホールの中で高く上がるヘリウム風船のように私の思考は頭の中で飛び回りますが、これもまた手が届かないのです。

認知症がある人が適切な言葉を見つけられなかったり、思考プロセスが混乱してごちゃごちゃになったりすると、どうなるでしょうか？　まずはじめに心配になり、屈辱や尊厳の喪失という感情と闘います。羞恥心を覚え、フラストレーションを感じてイライラします。私は今でもよくこう思うのです。「私の脳は一体どうなってしまったの？」

記憶は陶器の皿の積み重ねのようなものです。積み重ねた真ん中から皿を引き抜こうとすると、壊れてしまいます。他者が絶え間なく私たちを急がせたり、私たちの代わりに話したり、私たちが何を思い出して言おうとしていたのか、彼らが考えるところのものを思い出させる手助けをしたりすると、私たちの言葉は崩れ落ちてしまうのです。記憶はまた、本の積み重ねにも少し似ています。本はそこにあるのですが、時に見つけられなかったり、何を読んだか覚えていなかったりします。言葉は頭の中のどこかにあるのに、見つけられないことがよくあります。隣の部屋に行って、何をしに来たのか忘れてしまうことが時にありますが、それよりもずっとよくあるのです。

私たちには依然として洞察力がありますが、困難なのは、時間がかかることや、適切な言葉を見つけられないフラストレーションが高まることです。私の場合、時間をかけないと「あべこべに」話してしまいます。たとえば「右へ」と言うつもりで「左へ」と言ってしまうのです。また、思考が消えてしまう速さもあります。つかまえる前に消えてしまうので、コミュニケーションが困難になりますし、ともに生きるのが困難です。

私の言葉はまた、より一般的になっていっています。何もかもがたいていは「これ」や「あれ」

と呼ばれることになってしまい、「これ」や「あれ」が一体何なのか見つけ出すための闘いは、必ずしも楽しいものではありません。それでも、たいていは笑い飛ばそうとしています。

言葉あて遊びが役立つかもしれません。ただし、家族や友人があなたのことを本当によく知っていればですが！

21 雇用と認知症

診断後に仕事を辞めるのは、たいていは雇用主のせいではなく、私の場合もそうではありませんでした。断絶処方が主犯です。それまでの人生をあきらめ、高齢者ケアに詳しくなり、死に備えておくようにと言われたことが問題でした。そのせいで将来への希望が奪われ、合理的な調整があれば運転免許を取り消されたあとでも働き続けることができるかもしれないという考えすら奪われました。たしかに、当時の雇用主は、私が働き続けることを奨励しませんでしたし、そうできるかもしれないとも示唆しませんでした。けれども、障害への支援とともに認知症を乗り越えて生きることが、少なくともしばらくはできるかもしれないと考えていたら、私も働くことをあんなにたやすくあきらめていなかったでしょう。

現在、雇用の問題は、若年性認知症がある人により影響を与えているようですが、多くの高齢者が定年後も働いていることを考えると、この状況は変わるかもしれません。

たいていの認知症がある人は地域社会に暮らしています。そして、支援があれば、多くの認知症がある人は活動的であり続けることができ、仕事を含め、診断前にしていたのと同じ活動の多くに参加できるのです。認知症と診断された人の中には、外部からは病徴がまったくないように見える人もいるかもしれませんが、それでも支援が必要かもしれません。

もし従業員が脳卒中や頭部損傷を経験した場合、仕事に復帰するための合理的な支援を提供する義務が雇用主にはありますし、現在、普通はそうしようという意図も強くあります。しかし、認知症がある人の場合にはまだそうではありません。認知症のせいで死ぬことができるだけで、認知症とともに前向きに生きることはできない、という神話と依然として闘っているからです。

認知症がある人に仕事を続ける能力も願いもあるのなら、できる限り長く仕事を続けられるよう、合理的な調整とともにあらゆる支援努力をしなくてはなりません。

その一方で、たとえまだ能力があっても、誰もが仕事を続けたいと思うわけではありません。物事を整えてから、死ぬまでにやっておきたいことのリストをこなしたいという人もいます。それもいいですし、個人や認知症のタイプによって、完全に異なることです。予後がきびしく、非薬物的介入を用いても進行が速いことがあります。さらに、場合によっては、たとえ雇用主が合理的な調整を提供しても、認知症がある人は仕事を続けられないかもしれません。

私は弁護士でもこの分野の専門家でもありませんので、これは雇用主や認知症がある従業員にとっての法律上のアドバイスではありません。どれだけ十分な情報があるとしても、これは私の経験についてであり、この件に関する私の考えと意見なのです。職場にとどまりたいという人には、アドバイスを求めることをお勧めします。職場の関係や法律上のアドバイスについて、必ず専門家の法律相談を求めるべきです。

認知症がある人は雇用に関する権利を有する

私は次節をオーストラリア人の観点から書きますが、あなたが自分自身の状況について法律相談を求めることを常にお勧めします。この件に関して私が行った調査の中には誤解によって間違っているものがあるかもしれませんし、法律が変わっているかもしれません。

しかし、（認知症を含め）その仕事に影響を与えるような障害、精神疾患や内科疾患があるいかなる人も、障害者サービスを受ける資格があります。たとえば補助支援があります。これは障害がある人に、その障害の影響を緩和する支援を提供する機器（緩和機器や治療用機器以外のもの）を意味します（障害差別禁止法　1992年）。

資格の判定のために、その従業員の障害は治療を行う臨床家（たとえば医師、神経科医、心理学者、精神科医）からの証明書類が必要かもしれませんが、障害者支援を否定することは法律上できません。「障害者差別の禁止」第2部の第1項─仕事における差別の雇用における差別（1）「雇用主、もしくは雇用主の代理として行動している、あるいはそう主張している者が、ある者をその障害を理由に、あるいはその仲間の障害を理由に差別することは、法律に反する……」

認知症がある人は仕事を続けたいかもしれない

認知症がある従業員として、もしあなたに能力があり、現在の役割が果たせるなら、あるいは合理的な調整によってそうできるなら、あなたが望めば、仕事を続ける権利があります。

雇用主として覚えておくべき重要な点は、従業員には仕事を続け、合理的な調整の支援を期待する法律上の権利があるということです。この提供には、（仕事に固有の要件をその人が遂行できるように調整する場合に）正当化できない困難を雇用主に負わせる調整や不合理な調整は含まれません。

たとえ合理的な調整をしても、認知症がある人が仕事の要件を満たせないと雇用主が言う状況もあるかもしれません。場合によっては、たとえ合理的な調整をしても、認知症がある人は仕事を続けられないかもしれないと認識しておくことは重要です。

障害差別禁止法では、次のことは差別には該当しません。

- その者を採用しないこと、あるいは異動、昇進させないこと
- その者を解雇すること

しかし、これは以下を満たす場合のみです。

・その者が仕事に固有の要件を満たすことができない、あるいはできなくなる

そして、

・合理的な調整によって、この不可能であることが是正できない

認知症がある人の数が増えていることで、これはさらに問題になるでしょう。認知症がある人を含め、障害がある人たちの権利は、仕事を続けたい場合、合理的な調整ができるなら、これを支援し、確実にする義務が雇用主にあるということです。

現在、若年性認知症と診断された人の経済的負担は相当なものです。なぜなら、たいていは子どもを支え、家庭を維持しなければならず、往々にして家賃や住宅ローンを抱えているからです。障害への適切な支援によって仕事を続けることができるなら、個人だけでなく、その家族、医療部門や社会全体にもメリットがあります。また、社会的烙印（スティグマ）、差別、孤立を減らし、認知症への誤解を減らす支援にもなるでしょう。

２０１５年国際アルツハイマー病協会報告書が、私たちが仕事を続ける権利、また、私たちが雇用される権利を検討したのは、実に励みになりました。イギリスの組織で２人の募集がツイッター上であり、そのうち１人の採用基準は認知症と診断されたことだというのを見て、私はうれし

くなりました。認知症にやさしい地域社会のイニシアティブやキャンペーンでは、認知症がある人は雇用するのにうってつけです。企業のＩＴ部門にＩＴの専門家を雇用し、先住民にやさしい地域社会や同性愛者にやさしい地域社会に向けて動いているなら、それぞれ先住民や同性愛者を雇用するのと同様です。そうすれば、現在、私たちの場合にそうであるように、「彼ら抜きに彼らのことを」ということには絶対にならないでしょう。

障害支援

認知症がある人の障害は、他の障害者と同じように支援できるかもしれないと覚えておくことは重要です。これには学習やその他の認知障害、同様に視覚、聴覚、可動性その他の身体障害への支援が含まれるかもしれません。認知症のより早期に導入されれば、仕事を続け、補助技術やその他の支援をうまく利用するように、認知症がある人をうまく支援できる見込みがずっと大きいことが研究によって示されています。

以下は、認知障害や認知症によって生じた障害で、ある程度の機能を維持するように支援できるもののリストです。私はこのことを南オーストラリア大学で証明しました。そして再び２０１４年にウーロンゴン大学からの障害支援を受けて証明しました。

- ディスレクシア（読字障害）
- 言葉を見つけることや言葉の理解、あるいは理解力の変化
- 視力低下
- 空間や視野の欠損による可動性への影響
- 聴力低下
- 支援を必要とする学習障害
- 記憶障害、具体的には新しい情報の保持

- 時にモチベーションが低下することがある
- 組織能力と計画能力が低下することがある
- 集中力の持続の低下、活動の開始や維持の困難。疲れている、怠けている、関心がないなどと雇用者が思い込まず、むしろ励まし、支援する
- 判断力と論理的思考の変化
- 洞察力といくつかのソーシャルスキルの喪失

認知障害や認知症の障害を支援する戦略

認知障害や認知症の障害を支援する戦略には、補助技術を含めることができます。補助技術とは、障害がある人の機能を維持または改善するために利用するあらゆる製品または機器の一部です。認知症がある従業員のために補助技術を職場に取り入れることは、認知症による障害を経験している従業員にとって役立つでしょう。認知症があっても使いやすいオフィスや明瞭な標識を含む建物のデザイン同様、他にも簡単にできることがあります。

以下は、補助技術のリストです。支援ソフトやその他の戦略ですが、新しい補助技術が常に開発

されているので、すべてを網羅したものではありません。

- 後天的なディスレクシアの支援。これには簡単なことも含まれる。たとえば、スペリングのための補助ソフトや、会議の録音やワード文書での議事録提供
- 時間管理の支援
- 会議を記録するためのメールやノートの活用。たとえば、何を話し合ったのか、何を要求されたのかを要約をしてフォローしておくと支援になるかもしれない。それをメールで送っておけば、その人も（自分も）会話の記録を保持できる
- 適応技術、ソフトや機器。たとえば以下のようなもの
  - ＵＳＢポートが前面にあって、ヘッドフォンなどの機器を簡単に挿し込める最新のコンピューター
  - さまざまなユーザーに合う配置にできるようスイングアームで調整できる20インチ液晶大画面モニター
  - 紙の資料を電子化して拡大したり画面で読んだりするためのＡ４スキャナー
  - 資料の文字を拡大して印刷できるＡ３／Ａ４プリンタ
  - 音声認識ソフトのドラゴンスピーチ。エッセイやメールを書けるだけでなく、音声でウェブ検索もできる。キーボードやテキストを利用して作業することが困難な人にとても役立つ。関節炎、反復性過労障害や学習障害などがある人にとって貴重な資源となりうる

・ズームテキストは、テキストの拡大と読み上げによって、ユーザーが画面に表示される資料を耳で聞くことができる。視覚障害がある人のために特にデザインされた製品
・読み書きソフトは、学習障害がある人のためにデザインされたスペリングと文法チェック、単語予測や画面読み上げなどの機能をもつ製品
・言葉を見つけることや理解、または理解力の変化は、視覚補助や音声やビデオファイルなどの利用で支援できる
・視覚障害は、画面拡大のソフトで支援できる。聴覚資料も支援となりうる
・空間や視野の欠損によって可動性が影響を受けている場合、手すりや、認知症があっても使いやすい環境デザイン原則に従うことで支援できる

・聴覚障害は、視覚資料によって支援できる
・学習障害や記憶障害は、支援者が職場にいるだけでなく電子リマインダーによっても支援できる
・作業の完了に追加の時間が必要になるかもしれない
・杖などの可動性支援や補助は、空間や奥行き知覚の問題を支援する
・会議中に話し手がマイクを使うなどの聴覚補助
・会議の前や会議中について
・「その考えを忘れずにいる」ことができない場合もあるので、認知症があるスタッフは、待つことなく、思いついた時に質問したり意見を述べたりする必要がある
・ポッドキャストや簡単な話し言葉の議事録など、音声形式での議事録の提供
・資料は会議前に提供する

・資料はすべてにできるだけ事前に送っておく
・資料はわかりやすく、整理され、番号を振った状態で提示すべきである
・メンバーが望めば、会議前に文書でフィードバックを提供できる。このフィードバックは、会議前に検討できるように他のメンバーに配付することもできるし、会議において本人や議長から提示することもできる
・自然な支援は容易に提供できる。つまり、職場での支援には、認知症がある人が他の従業員と同様に働けるようなやりとりのほか、関係性、仲間やメンターの支援がある

言葉と認知症についての教育

認知症がある人を職場で支援するにあたり、2つの重要なステップがあります。あなたの使う言葉が包摂的で敬意あるものにも、排斥的で、相手を貶め、軽蔑的なものにもなりうることを心に留めておくことが大切です。これは認知症にやさしいことの一部であり、従業員全員が最新版のオーストラリア・アルツハイマー病協会の認知症の用語ガイドラインを確実に参照することを含みます。

認知症がある人の職場環境を改善する

より認知症にやさしい職場環境を創るためにできる簡単なことが、いくつかあります。認知症が

あっても使いやすい環境のデザイン原則は重要なツールで、この指針に沿うように建物を改装することは難しいかもしれませんが、すべてのエリアの照明の改善や、手すりの取りつけ、すべての表示を大きく明瞭にすること、白地に黒の文字で書かれていることの確認を含め、職場改善のためにできる簡単な方法は多くあります。ウーロンゴン大学のリチャード・フレミング教授はこの分野の世界的リーダーの一人です。さらなる情報については、認知症があっても使いやすい環境プロジェクトのウェブサイト（www.enablingenvironments.com.au）を参照してください。

敬意とコミュニケーション

敬意、親切、忍耐、常識、そしてよいコミュニケーションスキルを用いることは、認知症の障害とともに生きる人を支援するシンプルな手段です。言語障害や認知障害がある人とのコミュニケーションを学ぶことは、脳卒中やその他の障害によって言葉を失った人とのコミュニケーションを学ぶことと同様に重要です。障害を負ったことはその人の責任ではありません。病気について、そしてどのようにすれば最もコミュニケーションがとれるかを学ぶのは、障害がない人の努力にかかっているのです。

最後に、末期がんのような不治の病と診断された場合と同様に、治療のためのすべての休暇を疾病休暇として支援するべきです。退職しなければならない理由にはなりません。

22 車の運転と認知症

彼女の自立の象徴

彼女は7年ものの小型トラックに座った
枕を3つ運転席に重ねて
運転するのにいい高さにして
この自由の喜び
鼻腔の感じる風か
磯の香りの新鮮な海風のよう
この自立の象徴
彼女が決して終わらないと感じていた……

（ケイト・スワファー　2015年）

車の運転は能力と自立の力強い象徴で、成人の生活の日常的なものです。運転は人権として守られる権利ではありません。

認知症当事者として、運転と認知症についての私の意見には異論が多いのです。まずは認知症を再定義するところから始めさせてください。運転と認知症に関する私の意見について考える際に、定義が重要になるからです。

「認知症は思考、行動、そして日常の活動を行う能力に影響する。通常の社会生活や仕事に支障が出るほど、脳機能は影響を受ける」(オーストラリア・アルツハイマー病協会 2013年)。これは、思考力、集中力、記憶力、判断力などが次第に低下して、通常の日常活動を行う能力に影響を及ぼすと見ることができます。メイヨー・クリニックの定義は、次の通りです。「認知症の場合、記憶障害が一般的に生じるが、記憶障害があるだけで認知症があるとは言えない。認知症は、少なくとも2つの脳機能に問題があることを示している。たとえば記憶障害と、判断力や言語能力の低下である」(2013年)。

運転は危険なものです。警戒心や知覚同様、高い集中力、迅速な反応時間、優れた判断力、そして効率的な問題解決スキルが求められます。この議論の核となるのは、ドライバーの安全と他者の安全です。私たちの大半は16歳で運転を始め、健康上の問題が把握されていない限り、高齢になるまで、安全性や運転適性のために再評価されることはありません。運転免許を与えられたあとは、筆記試験も実技試験も1回もありませんし、事故防止の運転の教習もありません。

認知症がある人は、次第にこれらの能力やスキルを失っていくのですが、残念ながら、たいていは失われた時にはわかりません。あるいは、もし気づいても、自立を失うストレスがあまりに大きいので、自分の運転能力について嘘をつくのです。家族介護者もまた、パートナーの運転能力について、たいがい嘘をつきます。そのうえ、医師も多くの理由から、この問題に直面することを嫌がるのです。運転をしていられれば他の健康上のニーズに注意が向かずに済むという理由も小さくないでしょう（表4）。

車の運転は飛行機の操縦ほど複

表4　認知症が運転能力に影響を与えている可能性のある兆候

- 運転して帰ってくるのが普段より遅い
- 車にくぼみや傷が増えた
- なじみの場所への行き方、帰り方を忘れる
- 車で出かけたのにタクシーで帰宅し、車で出かけたことを忘れている
- 駐車場のような場所で車がわからなくなる
- 迷子になる
- 交通標識を見落とす
- 一方通行の道を逆走する
- 交通上の判断が遅い、または粗末だ
- 反応時間が遅い
- 運転速度が不適切で、遅すぎるか速すぎる
- 速度、距離や方向転換の判断を間違える
- 運転中に怒る、ストレスを感じる、焦る、あるいは混乱する
- 縁石にぶつける
- 駐車の判断を間違える
- 車線変更が下手
- 交差点で方向を間違う
- ブレーキとアクセルのペダルを混同する

雑なものではありませんが、これでは安全とは思えません。パイロットの免許の場合、パイロットは6か月ごとにフライトの見直しと試験、そして全身の医学的検査を受けなければなりませんし、40歳以降はさらに厳しくなります。視覚、聴覚、それに糖尿病の尿検査と心電図を含みます。これらは、過去3か月間飛行していない場合にも行わなければなりません。また、乗客を乗せる前に、少なくとも3回の周囲の離陸と着陸をしなくてはなりません。その一方で、オーストラリアでは16歳で運転免許を取得でき、料金と新しい写真だけで更新できます。それからは70歳で健康評価が始まるまで、運転をしても安全だと見なされます。ただし、オーストラリアの中でも州や地方によって相違はあります。

若年性認知症と診断され、実技評価に落ちたあと、50歳で私は運転免許を取り消されました。神経科医も神経心理学者も私が受かると思っていましたし、私もおそらく受かるだろうと思っていました。ところが、35パーセントというとても低い点数で落ちたのです。医師たちもショックでしたが、私はずっと大きなショックを受けました。このことは私の自立と自尊心、そして当然ながら、活動する能力にも影響を及ぼしました。

これは認知症によって最も感情的に弱体化させられる側面のひとつです。運転免許をあきらめたり、取り消されたりすることの感情的、経済的な影響は重大で、問題の多くは、特に他者には見えにくいものです。

私は運転免許を取り消されたことで、表5のような犠牲を払いました。

移動手段を他者に頼るようになってから気づいたのですが、運転免許のある人の多くは、かつての私より運転が下手なのです！　レビー小体型認知症があった義父の運転が安全ではなかった際、このことを真剣に医師にとりあってもらうまでに1年半かかりましたし、注意を払ってもらうために、「もし事故が起きた場合には医師に責任があると保険会社に伝えますよ」という警告も必要でした。義父は誤って回り

表5　運転免許の取り消しによる犠牲

- 重大な損失と悲嘆―実際、私にとっては死んだように感じました。おそらく認知症の診断よりもひどかったでしょう
- 自立の喪失
- コントロールの喪失
- 自立した「可動性」の喪失
- プライバシーの喪失
- 自尊心の低下
- 無力感
- 社会的平等の喪失
- 社会的烙印（スティグマ）の助長
- 差別の助長
- 孤立の助長
- 孤独感の高まり
- 罪悪感の高まり
- 罪悪感による悲しみの増幅
- 自立、自足できない
- 他者に頼ることによる緊張と不安
- 家庭収入の減少。移動手段を提供するために配偶者の勤務時間が減少
- 認知症がある人が対応するには、バスやタクシーは難しすぎる
- 良い状態の感覚が大きく損傷
- 人の負担になっているという感覚の高まり

道をしたり、危険な高速道路で急停止したり、違う車線を走っていたり（それも孫を車に乗せて）、小さな事故を何度も起こしたりしました。けれども運転免許の取り消しや運転適性の再評価を何度示唆しても、何も変わりませんでした。

医師は義父をかばい、義父の自立を奪いたくないと何度も言いました。義父は、自分は安全に運転できると医師に言っていたのです！　オーデンハイマーの報告によれば、「運転という話題の感情的な性質のために、多くの医師は患者にこの話題を持ち出すのに気が進まないのです」

現在、オーストラリアでは、認知症の診断は運転免許の取り消しに十分な理由にはなりません。認知能力と身体能力は安全運転の唯一の指標ではありません。安全運転行動を可能にする要因モデルにおいて、カーリン・アンスティー教授は、認知症と診断された人を含め、安全運転には次の特徴が必要だと述べています。「運転行動、安全に運転する能力。運転能力、認知、視力と身体機能に関する自己監視と信念」。私はこれに反論して、認知症の診断が安全運転に影響することを提唱します。正確に（そして正直に）自己監視する能力、自分の運転能力に関する信念と少なくとも2つの指標、たとえば認知、集中力や判断力は、臨床的に特定されています。認知症の診断が確定しているということは、そうなっているはずです！

オーストラリアの交通規制当局と道路交通委員会は運転適性評価ガイドラインを2012年に見直しました。これには運転免許のために全国的に合意された医学基準が含まれていますが、これで十分なのでしょうか？　安全性のためにドライバーの試験をするには資源が限られていますし、法律や、安全性のために認知症がある人がどのように試験をされるのかも、州や地方によってばらつきがあります。運転適性評価の費用も高く、すべて自己負担です。適切な訓練を受けた評価者の十分な人数がいまだに確保されていません。州によってばらつきがあることは、安全性を損ないます。ドライバーは州をまたがって運転するからです。

障害者・高齢者・介護者調査（SDAC）の報告によれば、認知症がある人の84パーセントは中心的活動に深刻な制約を受け、9パーセントは重度の制約を受けています。認知症当事者の立場から見て、この報告は、たとえ条件付き免許でも、運転を続ける権利を主張する立場とは対立するようです。「アルツハイマー病と軽度認知障害が運転能力に与える影響」の調査で、フライテリ他が発見した結果は、たとえアルツハイマー病の軽度認知障害でも、運転能力は低下するというさらなる証拠でした。

若く、健康に見える多くの若年性認知症の人に、土地のまわりを運転してもらうという簡単な試験を行った事例証拠があります。また、法律と自己評価に関して多くのドライバーの事例証拠もあります。彼らが言うには、自分が安全ではないことはわかっているけれども、健康に見えることに頼っていて、医師には都合のいいことを言うのだそうです。高齢の夫婦で、危険な運転の間、お互いを支援している人たちを知っています。たとえば、ドライバーがギアをどう入れるかを覚えていないので、相方がそれをやるのです。2人とも、医師には運転は安全だと報告しています。

飲酒運転や薬物を服用しての運転は法律違反だと誰もが知っています。「調子がいい」時は、おそらく私は運転しても安全でしょう。けれども問題は、これがいつ変化するか、いつ認知症の症状が現れるかわからないことです。この意味では飲酒運転と同様ですが、警告がないのです。認知症があるブログ読者は、こう述べています。

> 脳がかつてのように機能しなくなったので、診断後すぐに運転免許をあきらめました。自分が危険で他者に危害を加えるかもしれないとわかっていました。集中力を失い、忘れっぽくなっているので……脳が機能していないというたしかな兆候でしょう？……保険が無効になる可能性とは別に、認知症がある他の人たちに、自分たちがやっていることと、他者に深刻な損傷を生じさせるかもしれないことを、声を大にして訴えます。

私にとっての最大の問題は、他者に対して私が感じる負担と、子どもや高齢の親の送り迎えをしたり、友人に会いに行ったりできないために、当初の罪悪感に代わり、悲しみを感じることです。自分自身で移動ができるという自発性がとても恋しいのです。それでも、認知症の定義に基づいて、時速100キロ以上で走れる平均1.5トンの乗り物を運転するのは、どんな状況においても、認知症がある人には安全ではないと主張します。

認知症がある人には、他者の安全に注意を払う責任が依然としてあります。このことへの洞察をもし失っているのなら、他者が介入すべきですし、そうしなければならないでしょう。私はまた、運転と認知症に関する自分の意見が、いくつかの研究や、たいていの専門家と認知症当事者の運転についての考え方と同調しないことも知っていますが、私の信念は固いのです。

認知症と診断される程度にまで認知能力が低下しているのに、依然として運転しても安全だという考えは、私にとっては常識に反します。しかし、政府が代替策を提供する用意がないか、またはそうするのに気が進まないこともわかっています。

23 家族介護者あるいはバックアップ・ブレイン

認知症ケアが相手にするのは
たいてい
自分に介護が必要なんて思わない人
ケアなんてされたくない人
怒って気分を害するのは当然！

（ケイト・スワファー　2008年）

バックアップ・ブレイン

認知症がある人を支援している家族、パートナーや友人をどう呼ぶかという話題は、危険をはらんでいます。ケアパートナーとして言及することは、彼らからアイデンティティやその他の重要な役割を奪ってしまうだけでなく、彼らに「負担」を負わせ、私たちにも「負担」を負わせるものです。また、彼らを殉教者にしたて、認知症がある人に無力な役割を担わせるものです。家族介護者やケアギバーという表現を好む国もあります。イネイブラーや支援者という表現を好む人もいます。私たちは、バックアップ・ブレイン、またはケアパートナーという表現を使います。

これは重要な話題で、さらに深掘りすることが必要です。認知症がある人のケアが、すべての基本的な権利や力を奪ってしまうとすれば、それは本当のケアではありません。もし、家族介護者や支援者の役割が、それがどんなに大変かといってケアパートナー（家族介護者や有給のケアパートナー）が私たちを責めるのを許すものであれば、それは私たちを貶めるもので、結局は彼らの私たちへの愛をも貶めてしまいます。

２０１２年に私は夫にバックアップ・ブレインというあだ名をつけたのですが、介護者やケアパートナーという表現よりも、この表現のほうがずっと受け容れやすいと感じます。介護者と呼ばれることは、その人の他の役割を奪ってしまう可能性があります。それはまた、認知症がある人への支配を他者に与えるものでもあります。

夫は、私が認知症になるずっと前から世話をしてきたと言って、介護者という肩書、あるいはレッテルに反対します。彼は私の親友で、夫で、時に私を支援しています。時に私が彼を支援します。友人や夫婦とはそういうものです。だからバックアップ・ブレインという表現なのです。彼は私の親友で、夫で、彼を私の「介護者」と呼び始めることは、私たち2人をとても傷つけるのです。

コンピューターのバックアップの使い方を考えてみてください。バックアップ・ブレインも同じように機能します。コンピューターの仕事をバックアップに命じることはありません。バックアップを使うのは、コンピューターが壊れたり、フリーズしたり、再起動が必要になったりした時だけです。私たちは、バックアップ・ブレインをコンピューターのハードディスクと同じように考えています。夫が最近言ったことですが、私のことを「介護する」よりも、私と「一緒に」あるいは「そばに」いるというほうが、力づけられるそうです。微妙な違いですが、大きな違いなのです。

そして愛する夫といることで、認知症の症状とともに十全に生きることを支えてもらっています。私たちは一緒に、認知症とともに生きることを学んできました。私を人として制限することがなく、私たちの愛情を生かしておくのに役立つ方法で。「認知症とともに生きる」ことの一部である、日々の変化やトラウマを超える方法で。夫は、私の尊厳や物事を自分のためにする力を奪うことはしません。代わりに、傍観者の立場から支えてくれて、助けを求めた時にそこにいてくれます。時には私が「つまずいている」のを見て助けを申し出ます。

「申し出る」というのもまた、ここでのキーワードです。夫は自分の意見や助けを強いるのではなく、むしろ私のバックアップ・ブレイン、私のハードディスクとして行動します。私は、衰えているけれども、努力で、そして時には支援によって、うまく機能できるのです。このことはまた、私が自分自身を失敗だと感じることを減らし、起きていることへの罪悪感を減らして、私を力づけました。

多くの本やインターネットの記事やブログを読み、（私に）起きていることが表現されているのを見つけました。本当にその通りだと思えたのは、ほぼすべて、認知症がある人の言葉でした。これは、私たちを愛し、一緒に住んでいる人についても同様だと確信しています。

少なくとも今は、たいていの時間、バックアップ・ブレインは必要ではありませんが、いてくれるとわかっていることは助けになります。それに、今後の人生ではもっと頻繁に必要とするでしょう。物事に対応するためには私にはとてつもない努力が必要ですが、すべての責任や能力を捨て去ってしまうよりも、こうしているほうが幸せなのです。もちろん、多くの人は、この努力を割り引いて見ます。私には何の問題もないと思うのです。その人たちには、私が自分の尊厳と自立を維持するために開発した限りなくたくさんのメモや対応するための工夫が目に入らないのです。

夫のピーターによれば、バックアップ・ブレインは、代わりに物事をやってしまうのをやめ、いつ、どのように行動するかを把握します。簡単そうに聞こえますが、実際はそうではありません。これは各人の担う役割や、状況においてどのように行動するか、対応するかに指針を与えます。そして私から力を奪うこともなければ、夫にすべての支配を与えてしまうこともありません。

夫が私の人生をあまりに支配することなく、計画する必要があります。これは夫婦としての私たちの闘いですが、私の闘いでもあります。そして夫は私を支援し、私ができない時は擁護するためにそこにいます。私の代わりに私の人生を生きるためではありません。そしてより重要なことですが、私が自分自身の人生を生きるのを止めるためでもありません。認知症によって「私たち」という感覚は変わりました。今では夫は以前よりも重要な存在で、私の命綱のようです。私たちはどこに向かっているのかわかりませんが、その行き先にともに向かっています。

認知症と診断されてから私が読んだものは、大半が認知症ではない人によって書かれていました。もちろん、家族介護者もまた、愛する人が認知症になったことで大きな影響を受けますが、「ケアパートナー」になることで、すべての力を家族介護者に与えてしまい、私たちの力を奪ってしまうのです。あまりにも多くの家族介護者が、その役割が自分にとっていかに困難かを公然と発信することに、私は深い懸念を抱き続けています。そしてこれを気分を害するものと受け止め、私の羞恥心、家族や友人の負担になっているという深い感覚、そして罪悪感に否定的で大きな影響を受けています。

24 認知症がある人についてケアパートナーが公然と話すこと

まずは、何百万人もの家族介護者が、愛する人に注いでいる深い愛情、身体介護、そして支援に感謝します。私は一度ならず家族介護者であり、法定後見人だったので、感情的にも身体的にもいかに消耗するものか、自分で介護をすることや休みをとることがいかに大変か、よくわかっています。認知症がある愛する人を支援している何百万もの人たち。この素晴らしい人たちをけなそうと思ったことなど、一度もありません。

認知症は身体介護の必要性が次第に大きくなる病気で、症状が進むなかで、以前の関係性、そもそもの絆を形成してきた、昔からの関係性が失われていってしまいます。

何年も、あるいは何十年も、共通の経験や感情的な結びつきを積み重ねてきた配偶者にとって、あるいは親や成人の子どもにとって、その関係性がゆっくりと失われていくのは、どのような感じがするものでしょうか。ゆっくりと消えつつあり、結局はまったく存在しなくなってしまう関係性を、ケアパートナーは維持しようと努力するため、よけいに複雑になってしまうのです。成人の子どもが、母親や父親が、親しい、あるいは感情的な支援をしてくれるという意味での親の役割をもはや果たせず、親子の役割を交替しなければならないと嘆いているのをよく目にしました。個人的な経験を通して、これは感情的にも身体的にも難しいことだとわかっています。

残念ながら、多くの場合、特に認知症がある親を成人した子どもが介護している場合や、パートナーが夫や妻を介護している場合、危険にさらされているのはその関係性だけではありません。あなたと他者との関係は二の次にされ、家族や友人はいつの間にかいなくなってしまうかもしれません。単に頻繁に会う時間がとれないから、または認知症への恐れと社会的烙印（スティグマ）からです。これは支援が欠けることとなり、ケアパートナーの健康に極めて有害です。実に多くのケアパートナーがブログや本で発言しているのは、このことが一因なのではないかと思っています。ケアパートナーの役割の困難さ、孤立は大変なものです。孤独のせいでもまいってしまうのです。

しかし、認知症ではない人が、認知症がある愛する人について公然と発信することで、認知症がある人にどのような影響があるのか、私は意見を述べる権利があると思いますし、それにはいいタイミングだと思っています。

ここ1年ほど、認知症がある人の発信がインターネット上でかなり増えましたが、ケアパートナーによる、あるいはケアパートナーに向けた書籍やウェブサイトのほうが、依然として圧倒的に多いのです。ケアパートナーや研究者、そして専門家から、私たちが「負担」「問題行動」「苦しんでいる人」としてよく言及されることに私は不満を抱いています。以下に紹介するような意見を目にし続けることがいかに苛立たしく、気分を害するものか、伝えておかなくてはならないでしょう。

本やブログの中には、美しく愛情のこもった賛辞もありますが、多くは決して好ましいものではなく、私の罪悪感と羞恥心をただひどくするだけです。ケアパートナーが認知症がある人よりも勇気があるわけではないのに、まるで英雄のように言われることがよくあります。私たちは皆、英雄です。認知症がある人にとって、自分自身のアイデンティティを失うことは恐ろしく、痛みを伴うものです。これが起きつつあるという洞察があること、そして私たちが愛する人たちに「生じさせている」喪失を把握しているのは、恐ろしいことです。

認知症がある両親を介護している家族介護者が、本の中でこんなことを書いていました。

就寝時に泣き止まないのをどうしたらいいのだろう。母が突然すごく頑固になるのはどうしてなのか。

自分自身についてこんなことを書かれたら、この家族介護者はどう感じるでしょう。それに、「母」は突然すごく頑固になったのではなく、きっとニーズを伝えることができなかったか、あるいは自分の意思に反して何かをさせられていると感じていたのでしょう。それは母親が頑固なのではなく、ケアパートナーが母親のニーズを理解していないのです。

この種の話は私をぞっとさせます。もし夫が私についてこんなことを書いたら、私は絶対に言い返して苛みます。この著者は、こうも書いています。

アルツハイマー病や認知症で苦しんでいる人を介護する時は、これまでに直面したこともないような困難に直面する用意をしておきなさい。

もし、家族介護者が認知症がある人に対して少しでも敬意をもっているなら、その相手について、「愛する人」であるはずの認知症がある家族について、こんな書き方はしないでしょう。

これが私たちに与える「負担」はとても大きく、極めて感情的に無力にさせられ、往々にして気分を害するものです。私たちはすでに、強い罪悪感を覚えています。家族や友人、社会全般に負担になっていると感じています。このような書き方は、それをいっそうひどくさせるものです。それに、多くの認知症がある人たちは長年、「苦しんでいる人」というレッテルを貼らないようにと要求してきました。誰も私たちのことを「痴呆」と呼ばないのと同様にです。私の経験では、ケアパートナーのほうが私たちよりもずっと苦しんでいます。私たちが変化し、死んでいくのを見守らなくてはならないからです。この件について、私のバックアップ・ブレイン、またはケアパートナーでもある夫は、全面的に私に賛成しています。

この話題同様に難しいことですが、認知症がある人を介護する困難を認めないわけではないのだと、まずは言っておく必要があるでしょう。私も家族介護者でしたし、それがどういうものかよく理解しています。けれども、このことについて書くのは悩ましいものです。自分の考えていることを正直に伝えすぎてしまう危険があるからです。

認知症がある、愛する人を介護することについて、家族介護者が公然と発信していることに苛立ちを感じ始めた頃、彼らがケアパートナーであることの精神的苦痛についてあまりに声高に語るので、負担になっていると感じる私の罪悪感がずっと大きくなりました。でも、苛立っているのは、当初は私だけだと思っていました。個人的な経験から、家族介護者は支援を必要とすることを十分に受け容れ、理解しています。けれども、認知症がある人たちが皆、家族介護者の「行動」がどんなに困難か、そして彼らが時にどんなに意地悪で支配的かについて公然と発信し始めたら、どう感じるでしょうか。私たちに「懸念される行動」について公然と非難されたいと思うでしょうか。

いったいどうして自分がなってもいない病気について公然と話すのか、時に不思議に思います。彼らは認知症の障害とともに生きているわけではなく、ケアパートナーのための団体から容易に支援を得られます。自分の罪悪感や、私たちの介護以外の人生の喪失について、その団体の中で愚痴を言ったり分かち合ったりできます。私はそれには何の問題もありません。私が厄介だと思うのは、公開フォーラムです。混乱や記憶障害とともにゆっくりと死んでいくこと、アイデンティティが奪われる恐れがあること、それが面前で起きていると洞察力をもって認識していること。彼らはこういうことに直面していないのです。

パートナーのライフスタイルの変化を生じさせた原因が自分だとわかっていることは、とてもみじめで罪悪感をもたらします。自分に生じた変化、自分との関係に生じた変化を受け容れようと、愛する人が格闘し、努力しているのを見ているのはつらいもので、さらに罪悪感を強めます。けれども、だからと言って、公開フォーラムの場であれば、私たちの面前でそれがどんなに大変かを語る権利を得られるというのでしょうか？　私はそうは思いません。

認知症がある人たちの声が国際的に高まり、自分たちの現実について声を上げるようになってきたので、否定的な発信は私たちを傷つけるのだとケアパートナーがわかってくれることを期待しています。彼らは愛を込めた賛辞のつもりなのでしょうが、私たちにはそんなふうには受け取れないものです。2、3か月前に、あるケアパートナーが投稿したフェイスブック記事を読みました。夫が亡くなった日のことを「自分の人生を取り戻した記念日」だと書かれていました。私は彼女の夫のために泣きました。

本やブログ、フェイスブックで、認知症がある人について書いている家族介護者には、心の用意をしておいてもらうようにお伝えします。認知症がある人はこれまで言い返す権利は滅多にありませんでしたが、今では声を上げ始めているのですから。

家族介護者が時にいかに気分を害することをするか、口をつぐんでいなければならないと以前は考えていたものです。そして家族介護者の気分を害さないかと心配していました。特に、私自身も家族介護者だった経験から、多くの困難に直面することを個人的に知っているからです。

けれども、軽視され、気分を害されるのにはもううんざりです。家族介護者は、「愛する人」（つまり私たち）について、その「介護をすること」がいかに大変かを書きます。自分たちの言葉が私たちを苦しめるのではなどと、考えてもみないようです。たしかに、私たちは家族介護者ほど「苦しんでいる」ようには見えないでしょう。こういうことはもうたくさんです。多くの認知症がある人たちが同じように感じていることを知っています。

家族介護者の、その痛みや、認知症がある人の介護をすることがいかに感情的、身体的に消耗するものかについての言葉を見聞きすることに、当初は共感したいと思いましたが、苦労しました。自分がその原因なのではと考えるのは、私にとってあまりにもつらいことだからです。認知症がある人は愛する家族を苦しめようなどとは決して思っていませんが、苦しめてしまっていると多くが思っているのは明らかです。このようにほとばしる感情は、罪悪感や羞恥心、孤独といった感情を強めてしまいます。

ウェイン・ダイアーが言うように、たとえ痛みや苦しみであっても、自分の反応に自分以外の誰も責任はないのです。認知症がある人も、家族介護者がどう感じるかに責任はありません。それは家族介護者の反応であり、自分たちで責任をとり、私たちを責めるのをやめなくてはなりません。

夫は、私を非難しないことを選びました。時に自分にとってどんなに困難か、公然と話をしないことを選びました。理由は単純で、夫は私の気分を害したり、私の苦悩を深めることをしたくないからです。認知症があるのは私のせいではなく、症状や変化を生じさせているのは私個人ではないのだ、と夫はいつも言います。よいことも悪いことも含めて私と結婚したのだし、認知症があるからといって、悪くなったと私を非難する理由にはならない、と夫は言うのです。

認知症の言葉と同様に、私のことを「痴呆」として言及することがよくないのなら、「私たち」

のせいで家族介護者がどんなに大変かを書き続けることもよくないのです。多くは、認知症がある人にとって事態をよりつらくしてしまいます。けれども、私たちはこのことを公然と声高に訴えるでしょうか……いいえ、私たちはもっと彼らに敬意を払っています。もしかしたら、認知症がある人の中には、声を上げることで愛と支援を取り消されてしまうと恐れて、静かにしている人もいるかもしれません。こういうことがあるのを施設で見てきました。入居者や家族が苦情を言うと、何らかの罰が与えられたり、サービスが取り消されたりするのです。こういうことが地域社会や家庭という私的な場において起きることに疑いをもっていません。私はいつも、受け容れがたいことや好ましくないことについて、オープンに発言してきました。必要であれば物議をかもす用意もありました。エゴや他者の意見よりも、変革こそが私にとっては重要だからです。私が勇敢なのかバカなのかは、今のところはまだわかりません！

断絶処方によって最初にもたらされた、学習された無力感は、家族介護者の苦しみがネガティブにほとばしることによって、ひどくなってしまいます。実際、私たちの多くは、認知症のせいで彼らが言うように「破滅的な、恐ろしい、悲劇的な」人生を生きて苦しんでいるわけではないのです。

家族介護者の感情によって、認知症を乗り越えて生きることをあきらめてしまいがちになります。希望がますます失われてしまいます。すでに圧倒的で深い罪悪感が強まります。羞恥や屈辱という感情、それに社会的烙印、差別や孤立という経験によって、すでに痛みを感じているというのに。家族介護者による否定的な発信がなくなってくれれば私たちは皆助かるのに、と感じます。

25 罪悪感

認知症と私

私の脳は一体どうなってしまったの
認知症と診断された時
私はまだあまりに若すぎた
子どもたちはまだ学校なのに
不治の病が
記憶　思考　認識　判断　言葉
発話にも影響する

だけどそれよりもっと悪いのは

私の人生　家族　友情　自意識
　アイデンティティにも影響すること
バケツ一杯の罪悪感に
トラック何台分もの社会的烙印　差別
孤立　夢の喪失　悲嘆
悲しみ　不信　雇用喪失
それでも擁護と活動という新しい目的がある
変革をもたらすために
老いも若きも　認知症と診断された人たちの
最も基本的な人権の
　あからさまな侵害を止めるために

昔からの友人は減り
　新しく世界中に友人ができる

教育者の役割
学者や介護者に世界中で講義をする
変革を願い　求めながら
他の病気をもつ人たちと同じように
私たちも強制的に拘束されてはならないのだと
専門家にわかってもらうための
　新しい方法を模索しながら

次第に安全な認知症病棟に閉じ込められ
薬を投与されて
　従順にさせられるか身体拘束をされる
私たちの安全のためだと正当化して
施設も病院もケアの義務を遵守できるし
保険金請求を回避できる

刑務所に閉じ込められるよりもっとひどい
認知症がある人は法律違反も
間違ったこともしていないのに
犯罪者ではないのに
退行性の認知障害　不治の病があって
愛と支援を必要としているのに

診断前の活動に関わり続けるための支援
やる気を保つためのカウンセリング
障害アクセスプランと補助技術
障害機器　メンタリング
良い状態という感覚のためのポジティブ心理学
そして何より
一人の人間として尊厳をもって扱われること

（ケイト・スワファー　2014年）

認知症の診断は、診断された本人と、その主たるケアパートナーや支援者の双方に、大きな罪悪感を与えます。罪悪感について章を立てる価値があると考えた理由は、認知症がある人が感じる罪悪感について、これまでほとんど認識されず、話題にもされなかったからです。

本章での状況を設定するために、2014年8月7日に私が書いた「大きな人生、小さなスーツケース」というブログ記事を掲載します。

3月10、11日の『ザ・オーストラリアン』にケイト・レッグが「大きな人生をどうやって小さなスーツケースに詰め込むの？」という記事を書きました。同じ頃に私は『オーストラリア認知症ケアジャーナル』に「居住型高齢者介護施設における人権――消費者の視点」という記事を発表しました。この2つの記事は高齢者ケアをとらえたもので、私の記事は苦悩の物語を伝え、彼女の記事は父親とのよい経験を伝えるものです。前向きな話はとても少なく、とても稀で、どうしてなのかとずっと不思議でした。もしかしたら、彼女のキャリア（ジャーナリスト）のせいで、彼女たちのほうがよい経験をしたのでしょうか？　結局のところ、公に書かれるかもしれないと考えれば、介護事業者にとって、粗末なケアを提供するのはむしろ愚かなことです。

どうやって人生を小さなスーツケースに詰め込んだらいいのでしょう？　昨年亡くなった友人のマイケルの私物と特別な品を、イギリスにいる彼の家族に持っていくためにスーツケースに詰めていた時、この問いに直面しました。彼の57年間からスーツケースに入れる品物を選ぶのは、とてつもなく難しいことでした。彼の家族から頼まれたものがいくつかありましたが、旅行の前に彼の家と持ち物を確認して、売却のために家を空にするなかで、彼の家族の手元に置くべきと思うさまざまな品物が出てきました。空港で計量と旅行の積み荷のために小さなスーツケースを持ち上げると、人生の脆さに衝撃を受けました。そして実に大きな人生が実際のスーツケース一杯に詰まっている様子に、打ちのめされるほど悲しくなりました。

義父の家で荷づくりをして、施設に入るために彼の人生をスーツケースに詰め込んだ時、この先の人生に直面させられ、悲しく、義父は嫌がりました。毎日毎日、刑務所に閉じ込められている気分だと義父は言いました。毎日毎日、私は義父の看守のように感じました。義母は自宅で亡くなりましたが、これは義母への最高の贈り物だったと思います。当時は義父を支援し、義母の看護をすることが自宅でできたからです。義母が自宅を出た時、その顔を葬儀社のスタッフが覆うことを義父は許さず、義母は髪に風を受けながら、夕日に向かって自宅を出たのです。義母の人生を小さなスーツケースに詰め込む必要はありませんでした。刑務所に閉じ込められたような気分に義母が耐える必要もありませんでした。ケイト・レッグが高齢者ケアにおける前向きなよい経験を伝えることができたのをうれしく思いますが、彼女は依然として少数派に違いありません。

2、3年間、この部門で擁護活動をしてきましたが、高齢者と認知症ケアの状況改善のために本当に懸命に働いている多くの友人や仲間ができました。彼らに拍手を送ります。彼らは次のような強い抵抗にもかかわらず働いているのです。低賃金、複雑な財政母体、州や連邦政府の変更、よい食事と興味深いアクティビティの提供という困難、本当に心にかけ、適切な教育を受けた英語が話せるスタッフの提供という困難。同様に、英語を話せない利用者への通訳サービスの提供など。私の州では、動物園で動物の檻の糞を清掃するスタッフのほうが、介護職よりも給料が高いのです！

ケアパートナーであることの罪悪感

義父と、私が法定後見人でもあった、2人のとても親しい家族ぐるみの友人たちが自宅を出なければならなかった時に感じた罪悪感と打撃、怒り、悲嘆と喪失は恐ろしいものでした。自宅で彼らの介護ができないことで私が感じた罪悪感は恐ろしいものでした。それは今も消えてはいません。異なるタイプの認知症ではありましたが、自宅での一人暮らしはできなかった義父と若い友人を施設に入れたあと、彼らが「安全」であることにほっとしました。私はまた、罪悪感でいっぱいにもなっていました。自分たちがしたことは正しかったのだろうか、と一人で泣きました。彼らに会いに行くたびに、家に連れて帰ってくれるように頼まれました。これには胸が張り裂けそうでした。彼らからすべてを取り上げてしまったように感じました。この罪悪感を克服することができるのかどうか、わかりません。

義父を施設に入れたことで、特に最後の5か月間は介護度の高い施設に入れたことで覚える罪悪感について、夫と私は何度も話し合いました。「介護度の高い施設」という言葉は少し変わっています。たいていの施設では一人の人間としてその人を扱うようなケアは通常提供されません。身体を洗ったり服を着せたり、多くの場合はまずくて食べられないような食事を提供したりといった基本的な仕事はしますが、入居者たちを「終の棲家」に住んでいるようには扱いません。これを「ケア」と呼ぶのは、多くの場合は間違った呼び名です。入居者は閉じ込められ、刑務所にいるように感じています。義父がそうでした。高齢者向けの施設にいた若い友人もそうでした。私もそう感じるだろうと思います。

たとえ夫が退職してずっと家にいるようにしていたとしても、とてつもない作業だったろうという理性的な話し合いによって、私たちの罪悪感は往々にして和らげられます。義母を自宅で死なせてあげられたのが私たちからの最高の贈り物だった、と今では理解しています。

義父と私が法定後見人だった他の2人を施設に入れたことの罪悪感は私の心に重く居座り、心の奥に巣食って、決して消え去りません。私たちを悩ませ続け、私たちが「何か間違ったことをしたのだ」とほのめかすのです。

認知症がある人の多くの愛情深いパートナーが、愛する人を施設に入れる以外に選択の余地がなかったことを知っています。大半の人は、たとえ論理的には選択の余地がなく、愛する人の最善の利益にかなうようにされた意思決定だったとはいえ、やはり同じ罪悪感を覚えると言います。

私は、自宅で死にたいと「望む」認知症がある人が皆、自宅で死ねるわけではないと理解しています。多くの場合、「唯一の」家族介護者や支援者はもはや自宅で介護ができないのです。どうしても無理なのです。できないとわかるところまできたら、あるいは自分の健康に深刻な影響が出ているなら、それ以上介護しようとすることは間違っています。

認知症と診断された人が覚える罪悪感

その一方で、この罪悪感に関する課題は調査も検討もされてきませんでした。一般的には考慮、認識されていませんが、認知症当事者として、私はずっと罪悪感を覚え続けてきました。どれだけ合理的に考えてみても、これを払拭することはできません。夫や友人がどれだけ安心させてくれても、なくなることはないのです。

もう運転免許がないので車で連れていってほしいと誰かに頼むたびに、そうです、そのたびに、私は罪悪感を覚えるのです。かまわないと皆は言います。それでも罪悪感を覚え、そのために外出をやめてしまうことも多いのです。これは喪失と私の依存を強調し、私は認知症があるのだと思い出させ、否認を続ける可能性はなくなるのです。認知症からも、罪悪感からも、逃れて休息することはできません。夫が怒ったり悲しくなったりすると、私は罪悪感を覚えます。夫の名前を忘れた時、罪悪感を覚えます。息子たちを間違えてしまった時、友人の名前を思い出せない時、罪悪感を覚えるのです。

電卓を使ったり、ファイルを画像に変換したりするのに手伝いを頼む時、罪悪感を覚えます。ガスを消すことをいつも覚えていられず、外出時につけっぱなしに何度もしてしまったことに、罪悪感を覚えます。こうならないように表示をしてあるのですが、必ずしもそれがうまくいくわけではないのです。そのような表示を見落としてしまう時、より一層の罪悪感を覚えます。複数のリマインダーがあるのに服薬を忘れてしまった時、罪悪感を覚えます。どうしてなのかとよく不思議に思い、夫が私のためにより多くのことを覚えておかなければいけなくなる、バックアップ・プレインとしてもっと活動しなくてはならなくなるからだと気づきました。夫と一緒に映画やパーティーには滅多に行けなくなってしまったことに罪悪感を覚えます。私たちの生活は変わってしまいました。これはすべて私が認知症と診断されたからで、いまいましい症状が以前の生活に割り込んできたからなのです。そして認知症は消えてなくなることはないのです。

物事を覚えていられないことや人がいとも簡単にできることをできないという羞恥心、屈辱、きまりの悪さのうえに、この罪悪感が加わるのです。両親が田舎から訪ねてきてくれた時、空港まで迎えに行くことができず、罪悪感を覚えました。

認知症だということは、自分を負担に感じることを意味します。文献で、そしてブログや書籍で公然と負担として語られています。ケアパートナーによる講演では、認知症がある愛する人がいかに負担だった（負担である）かが語られます。たとえ罪悪感が薄らいだように感じた時でも、こういった彼らの仕返しにあってしまうのです。認知症であることを、私はよく夫に謝ります。その度に夫は謝らなくていいと言いますが、それでも罪悪感を覚え、夫や他者の負担になっていると感じるのです。

それに、強烈な恐れについても話題にする必要があります！

私たちは、将来を、悪化することを恐れています。症状が悪化すると言われていて、実際に知っている多くの人の身にそれが起きているのを見ています。この2年間に、多くの知人が若年性認知症で亡くなりました。そうです、私たちは死も恐れています。けれどもそれより、もっと大きな負担になることを恐れています。経済的に、感情的に、身体的に……あらゆる意味での負担です。症状が悪化すれば、さらに誰かの熱心な「ケア」を必要とすることを恐れます。そうなればさらに罪悪感を覚えることになるでしょう。

罪悪感は実際、無駄な感情です。起こったことは変えられないのですから。けれども、だからといって罪悪感を覚えるのを止めることはできません。私は可能な限り最善の方法で生き、打撃を与えるような罪悪感を克服しようとがんばることを選びました。しかし、これはたしかに大変な仕事です。忙しくしていることも、夫が私が「負担」だと公然と話さないことも役立っています。夫は自分にとって私が「負担」ではないと言いますが、私たちの人生が取り返しがつかないほど変わってしまったことをわかっています。そしてそれは認知症のせいなのです。

私が夫や息子、あるいは友人に向かって何かを言おうとしたり、何かを分かち合おうとして、何を言おうとしたのか急に思い出せなかったり言葉が見つからなかったりする時、羞恥心と同様に罪悪感を覚えます。たいていは、考えていたことをわかってくれる人も、フラストレーションを理解してくれる人も、コーヒーを飲みに連れていってくれる人も、手を取ってくれる人もいないのです。

人生を誰かと分かち合う時、それは自分という存在に浸透します。どのように考えるか、何を考えているか。行ったことのあるレストランや飛行機で見た映画、昨夜の夕食に何を食べたか、子どもたちの人生の出来事などを思い出せない時、悲しみと罪悪感を覚えます。私が人生の一部を思い出せず、物事を理解できないために、私たちの会話は空っぽになっていきます。

「私の機能や能力」の喪失であるだけではなく、「私の人間関係、ライフスタイル、家族の物語の喪失」だから困難で、打ちのめされるのです。「ひとつのことだけではないのです」。毎日、1分ごとに、喪失を思い出させられるのです。すべての瞬間に、毎日、この喪失を思い出させられます。私は「毎日」嘆き、常にではないとしても、よく罪悪感を覚えます。これらの喪失を思い出させるものは決して消え去ることはないのです。

罪悪感と悲しみは時に圧倒的に感じられ、認知症の喪失と罪悪感の重みに溺れてしまう日があります。私と私の人生、夫や息子たち、家族や友人たちとのかつて知っていた人生に絶え間ないお別れをしているのだ、と常に思い出させるものがあるのです。当然のことながら、私は罪悪感を覚えます。

26 誰の「問題行動」？

認知症ではなく、その人を見る
（国際認知症同盟　2014年）

BPSD、「問題行動」「懸念される行動」、あるいは認知症の症状への対応は、認知症に関する会議や公開フォーラムでのお決まりの話題で、私を喚き散らしたい衝動に駆り立てるものです！最近の研究によれば、入居型施設におけるBPSDの割合は高く、78パーセントを超える認知症がある人に見られます。徘徊もまた頻繁に見られ、付き添いもなく施設などから離れて徘徊するのが危険なのは明らかです。徘徊の問題に関して、認知症がない人が「徘徊」と認識することは、パーソンセンタードケアの提供に必ずしも役立ちません。「徘徊」と「歩くこと」をここでは認知症がある人の観点から検討します。

私は同じところを何度も歩き回ります。寝室への階段を上り下りしたり、オフィスやキッチンに戻ったり。どうしてそうしているのかといぶかりながら。私が施設の入居者だったら、ただ何かを探している人やどこかに行こうとしている人と見なされる代わりに、徘徊者というレッテルを貼られてしまうでしょう。探していたものが何だったのかを忘れてしまった、あるいはどこに行こうとしていたのかを忘れてしまったという事実は記録されることはないのでしょう。（スワファー　２０１３年）

アルガス他は、この行動の普遍的理解を支援するために、この目的（目的であると彼らは主張します）に経験に基づく定義を与えました。

頻繁で、反復的な、一時的に混乱した、そして／または空間的に見当識障害の性質をもつ、認知症に関連した移動行動の症候群で、周回する、任意の、そして／または一定の速度での歩行が認められる。なかには脱走、脱走の試み、あるいは付き添いがないと迷子になることもある。

『行動管理――よい実践へのガイド（*Behaviour Management – A Guide to Good Practice*）』の記述によれば、たいていの行動はコミュニケーションの一形態なのです。それなのに、本書を覆うテーマが行動管理であり、認知症と利用者のコミュニケーションのニーズに関するスタッフ教育の改善ではないということに、がっかりさせられています。

キットウッドとブレディンによる造語である「悪性の社会心理」という言葉は、健康な他者が往々にして知らずに、あるいは無邪気に、認知症がある人の個性を奪うような扱いをし、その自尊心を損なうことに言及しています。ケアパートナーや登録看護師、准看護師、介護職の態度や臨床実践ではなく、「問題行動」に焦点があてられている限り、パーソンセンタードケアは官僚主義的な書面以上のものにはならないでしょう。ＢＰＳＤという言葉も否定的な影響を与えていると確信しています。

看護師と臨床実践における医療従事者のための公開フォーラムに2年前に参加した時、半数以上が、認知症がある人の「行動管理」のために向精神薬を投与するのは適切だと信じていることを知りました。彼らが全員、認知症の専門研修を受講しているという事実に照らして考えれば、これは極めて気分を害する心配なことです。

投薬が最良の実践と考えられているわけではないのに、そして（統合失調症や双極性障害のような精神疾患の診断がない限り）「認知症の診断は向精神薬処方の禁忌である」というのに、その会場にいた約１００人のうちの多くの臨床家が、それでも投薬が適切だと答えたのです。

消費者として、教育機関全体が「問題行動」の管理に専念しているのは間違っていると思います。それも、軽蔑的な言葉や表現に満ちたリストや、どのように管理するかのガイドまで用意して。

認知症と診断される前は、散歩をしている時、それは散歩と呼ばれていました。単に新鮮な空気を吸いに出たり、運動のために歩いていたり、退屈なので散歩をしていたり、お店に歩いて行ったり、あるいはただ歩くために歩いていたり。時には歩き回ることもありましたが、今ではそうした行為をすれば徘徊者とレッテルを貼られてしまうのでしょう。そしてそれを管理する方法は、最近の多くの臨床家に従うならば、投薬になるのでしょう。

認知症がある人は、徘徊者でも、逃亡者でも、金切り声を出す人（ええ、この言い方を最近耳にしました）でも、ひどい食べ方をする人でも、攻撃的なのでも、「もはやそこにいない」のでもありません……私たちは「人間」です。悲しいことに、私たちを介護する人たちの多くは、認知症（deMEntia）の中の私（ME）を、つまり私たちが人間であることを忘れているのです。

ニュースサイトNPR.orgの「高齢と過剰服薬」の記事は、こう述べています。

〈介護施設での実際の薬物問題〉
現在、約30万人の介護施設入居者が抗精神病薬を与えられています。通常は、アルツハイマー病とその他の認知症に伴う不安や攻撃性を抑えるためです。

しかし、抗精神病薬は、主として統合失調症や双極性障害などの重度の精神疾患を治療するために承認されたものです。「認知症患者の場合、薬物には警告文があり、心不全や感染症、死亡のリスクを高めると書かれています」

ヘンリー・ブロデイティ教授と研究仲間は、「長期ケアにおける抗精神病薬の使用を中止するプロジェクト」において、問題行動への対応にパーソンセンタードケアのアプローチを用いることで、入居型施設における抗精神病薬の処方を減らすモデルを提唱しています。質の高い薬物利用と同様、この分野における一般の臨床家と施設職員の技術向上のために、的を絞った、エビデンスベースの研修プログラムが開発されています。

第28章で言及したブレデセンの研究は「懸念される行動」にとって重要かもしれません。介護事業者や医療従事者が、診断後すぐに劇的なライフスタイルの変更があった患者に対応するのであれば、改善はもっと当たり前になるかもしれません。この研究では、患者は炭水化物、グルテン、加工食品を避けなくてはならず、新鮮な食事を増やし、ヨガをして、定期的に瞑想しました。また、メラトニンを摂取し、適切な睡眠をとり、ビタミンB-12、ビタミンD-3と新鮮な油を摂取するように指導されました。6か月以内に、10名のうち9名の患者に顕著な記憶力の改善が見られました。これらは簡単な手段ですし、ウォーキングも認知症がある人の日課に簡単に取り入れることができるでしょう。また、他者が問題行動と見なすものの減少にもつながるでしょう。

これには徘徊、それに不安や睡眠不足のような懸念される行動も同様に含まれます。また、筋肉の調子、力やバランスの改善、転倒の減少といった、定期的な運動による身体的なメリットもあるでしょう。ライフスタイルの改善はまた、良い状態と生活の質の改善をもたらします。早期にこれらを導入することで、入所ケアの必要性を大幅に減らすことができるかもしれません。

このＢＰＳＤガイドでは、情報を確認するために役立つ道具として、最初の照会から行動カルテの記入を勧めています。このガイドによれば、数日間の行動カルテの記入によって正確で客観的な情報が得られ、行動の基線測定ができるということです。たいていのＢＰＳＤに典型的には３日間が提案されています。しかし徘徊行動には、間に休憩をはさんだ24時間のセッションが２回と提唱されています。もし実際にパーソンセンタードケアを提供するならば、そしてこのガイドが提唱する方法論から離れるならば、ほとんどの「懸念される行動」は現れないに違いありません。

最後に、ようやくこの話題にたどり着きましたが、認知症の行動心理学的症状（ＢＰＳＤ）という言葉の使用には、私は極めて懐疑的です。そして、徘徊、攻撃的、逃亡者、金切り声を上げる人、ひどい食べ方をする人などに行動を分類することは、パーソンセンタードケアが実現されず、社会的烙印（スティグマ）と差別が継続する可能性を単に高めるだけです。これはまた、ケア環境にある多くの認知症がある人を「彼ら自身の安全のために」閉じ込めたままにしてしまうに違いありません。一人の人間としてのその人たちのニーズに適切なケアで対応できるスタッフが足りないことが、おそらくは本当の理由だというのに。ＢＰＳＤととらえることで、一人の人間としてその人を見るのをやめ、代わりにその人の行動に焦点をあてることになります。認知症の症状ですらなく、コミュニケーションの問題としてではなく。

正式分類のＢＰＳＤは１９９６年にランズダウンで開催された合意会議の結果でした。興味深いことに、この会議の主催はヤンセンファーマ株式会社で、この結果は認知症の研究、介入、そして定義に大きな影響を与えました。介入に関しては、向知性薬のような以前からあった薬が、日常生活動作、行動、そして国際的な成果などの認知と関係のない結果のために試験されるようになりました。この記事からすると、ＢＰＳＤという言葉は製薬会社によって開発されたようです。ますます皮肉を強めている消費者であり学生でもある私の観点からすれば、認知症がある人を、たとえば抗不安薬や鎮静剤などの薬物で管理できるように定義するためだけのものだったのではないかと思えます。

認知症がある人は軽蔑的なレッテルを貼られ、そのために「行動」を修正するための薬を処方することを許してきました。単に製薬業界が認知症（病気）を十分に修正する薬や治療薬を見つけられないからです。製薬業界は、結局のところ何かを販売しなくてはならないのでしょう……。

悲しいことに、問題行動の管理についてさまざまな書籍が刊行されていますが、これらはただ社会的烙印と質の低いケアを助長してしまうだけに違いありません。２０１６年以降の私の主な研究プロジェクトは、すべての研究論文、書籍、ガイドやガイドラインを見直し、今後のためによりよい方法はないかを検討することです。認知症がある人とその人のよいケア（パーソンセンタードであり、関係性を中心にしたケア）への権利を適切に尊重しながらも、その人権を侵害しない方法です。よりよいケアはこの部門への負担を最終的には確実に軽減します。これは単なるその場しのぎではありません。現在のアプローチでは、大半の施設で見られる人手不足になかなか気づくことができません。法令遵守のために入居者全員が薬を大量に服用させられ、多くはほとんど話すこともできず、まして立ち上がって歩くこと（これは徘徊と呼ばれてしまうのでしょうか）などかないません……これが容易な選択肢なのです。

認知症がある人の生活とケアの改善を目的とした、新しいケア方法の案内を毎週受け取りますが、予算と職員数が変わらない限り、これらの大半は大した影響はないのではと思います。トム・キットウッドのパーソンセンタードケアは、何年も前に書かれたものですが、私のいた多くの施設では依然として実践されていませんでした。私たちの行為がいつも問題行動と呼ばれたり、部門全体がそのように話をしたりしている間は、決して変わらないのではないでしょうか。

私には、この話題だけを扱った本があります。個人的には、管理を最も必要とするのは、認知症がある人のケアをしている職員だと思います……もしかしたら、これは博士号の研究対象になるかもしれません。

ウォーキングについて、もうひとつ付け加えておきましょう。ウォーキングは効果的なリハビリ活動であり、可動性の大幅な改善とバランスの改善に効果があることがわかっています。ウォーキングは可動性を高めるだけでなく（これは歩いて動き回る能力以外にも影響するので重要です）、食事、排泄、個人衛生や娯楽活動などの他の領域にも影響します。それなのに、いったいどんな理由があって介護事業者は、認知症がある人が「徘徊する」のを止めるのでしょう？

この話題は別の機会に、もっと研究を重ねてからに譲りますが、以下に詩を掲載しました。私は「海辺を徘徊する」という詩の2、3のバージョンを書いたのですが、これを読んだ人の多くが、認知症がある人の介護をしている人に必読だと言うのです。「認知症がある人をもっと前向きに支援する20の方法」のリストと同様に、支援会議や職場で配るために許可を求める人も多くいました。職場や自宅での使用に、私のホームページからご自由に印刷してください。

海辺を徘徊する

認知症と診断される前は　歩いていると
たとえそれが楽しみのための
ショッピングセンターの「徘徊」でも
歩いているのだと言われた
足指の間に砂をつけて　海辺を徘徊していても
歩いていると思われた
歩きにいく時は　たとえ迷っても
私は徘徊者ではない……
私は人間だ
人は時に歩きたくなる

認知症がある人だってそうだ
人は時に迷子になる
認知症がある人だってそうだ
人は時に何かを探して歩く
認知症がある人だってそうだ
人は時に退屈だから歩く
認知症がある人だってそうだ
人は時に「脱出」しようとして
歩くのかもしれない
あるいは施設に暮らす
退屈を「管理」しようとして
刑務所にいる気分なのかもしれない……

犯罪者でもないのに閉じ込められて……
人は時に運動のために歩く
認知症がある人だってそうだ
施設に入る前は　いつだって
習慣的に歩いていた
水を一杯取りに台所に歩いていく
寝室に歩いていく
納屋に歩いていく
物干し用ロープに歩いていく
店に歩いていく……
施設で暮らしているからといって
認知症がある人は
歩くのをやめようとは思わない
奇妙なことに　認知症の診断の前は
健康になるように医師は言ったのに
歩くことが最もいい運動だと言ったのに……
さらに奇妙なことに　認知症になると

歩くことをやめなければならない
歩くことは徘徊と言われるようになる
管理が必要な問題行動だと
認知症がある人は依然として「本物の」人だ
認知症というレッテルを貼られる前と
同じように自分の人生を生きている
認知症がある人は徘徊者ではない
ひどい食べ方をする人でも
攻撃的でも　ぼけた苦しんでいる人でもない
認知症がある人は
よく生きたいと今も望んでいる
だけど良い状態や生活の質の改善のための
他者からの支援はひどく限られる
歩くことを含めて
歩くことは私たちのためになる楽しいこと……
問題行動ではないのだ

27 認知症と常識

私はよく常識について考えます。認知症ケアにおいてだけではなく、いたるところで、現在ではもう常識はなくなったのかしらと思うのです。これは私の中にいる農場に住む女の子の思いかもしれませんが、常識は失われた芸術のようになっていて、特に認知症ケアにおいて、取り戻さなくてはならないと思うのです。

認知症がある人のためにケアを改善し、よりよいケアを提供しようという願いと意図は、認知症ケア部門において、特に介護事業者と研究者の間で強く、そのことは本当に喜ばしく思っています。しかし、エビデンスベースの実践はたしかに必要ですが、核となるプランには昔ながらの常識も必要なのです。これは間違いなく欠落しています。私たちに情報を与える「教育」やエビデンスベースの研究は揃っているのに、認知症ケアにおいては常識がほとんど使われていないのです。2、3の例を挙げてみましょう。

気分やビタミンD不足のような健康問題に私たちは皆、日光がプラスの影響を与えることを知っています。施設の入居者はどうして不幸で、認知症の症状も悪化するのかを考えると、当然ながら、次のように考えるのが論理的でしょう。日の当たるところにまったく出かけないために気分が落ち込んで幸福感が低下し、体内のビタミンＤも低下し、これらの双方が認知症の症状にマイナスの影響を与えている可能性がある、と。

私たちは皆、毎日の運動のプラスの効果を知っていますが、施設の入居者はたいてい、浴室や食堂に歩いていく（それすらも往々にして時間節約のために支援されて）以外に何か運動ができれば幸運なほうです。運動しないことで、転倒リスクなど、身体と感情の健康にマイナスの影響があることはわかっています。だからこれも、認知症がある人にマイナスの影響を与えるのです。

私たちは皆、健康で栄養のある食事のプラスの効果を知っています。新鮮な農作物でつくられ、食欲をそそる魅力的な方法で盛りつけられ、いい匂いがして「おいしい」食事です。つまらない、どろどろの食べ物や嫌いな物を食べなくてはいけない時にどんな気分になるかも、私たちは知っています。提供された食事を食べたくないこともまた、その人と認知症に影響します。

私たちは皆、自分でコントロールできるという感覚が好きです。自分の人生をいくらかコントロールする力があることは、前向きな見通しや自尊心など、多くのものを高めます。それなのに、施設の入居者からは、すべてのコントロールが奪われてしまうのです。施設が「あなたの新しい家」として美しく売り込まれているという事実にもかかわらず。実際、新しい家では、外出はできず（鍵をもらえません）、どのように生活するか、いつ、何を食べるか、どんな音楽を聴くか、どんな活動ができるのかについて、ほとんど口出しできないのです。認知症がある人は、すでに自分の機能や能力のコントロールを失いつつあるので、施設に入る時にさらにコントロールを奪うことは、単に悲しませ、不幸にさせ、不安にさせるだけです。そうです、それに怒らせもします。このさらなるコントロールの喪失が、多くの人が身体拘束や薬物による拘束をされる理由となる「懸念される行動」と何らかの関係があるのかもしれません。

私たちは皆、有意義な活動のプラスの効果を知っています。ガーデニングや音楽など、趣味や楽しめる活動に携わることです。それなのに、私が施設のアクティビティルームやデイサービスでよく目にするのは、そこに一杯に集まった人たちが退屈そうに、ビンゴなどの意味のないグループ活動をしている光景です。これは人手が少なくて済みますし、計画も楽でしょうが、決してパーソンセンタードではありません。

私たちは皆、通常の社会的な交流や地域社会のイベントに出かけることのプラスの効果を知っています。それなのに、施設の入居者がコンサートなどのイベントに連れていってもらったという話は滅多に聞きません。代わりに室内のアクティビティが入居者には用意され、全員が「デイルーム」や「アクティビティルーム」に座っていることになるのです。当然ながら、劇場や映画に「出かける」ほうがはるかに楽しいし、そうしないことは、認知症がある人にもマイナスの影響を与えます。

私たちは、認知症と診断されると、多くの家族や友人がいつの間にか立ち去ってしまうことを知っています。そして施設に入ると、面会に来る人はさらに減ってしまうのです。調査ははっきりとこれを裏づけます。施設の入居者が通常の方法で社会的な交流ができるように支援することは、パーソンセンタードであるだけでなく、入居者にとってよいことです。コントロールを取り戻した感覚を与えるのと同様に、（認識されるかどうかわかりませんが）気分や幸福感、良い状態を改善するのは、たしかによいことでしょう？

私たちは、認知症以外のすべての病気にとって、ライフスタイルを変えることが回復の見込みを高め、病気の影響を減らすことを知っています。運動やリハビリを増やし、栄養状態を改善し、日光を浴び、頭をしっかり働かせることは、いずれも前向きな介入で、たとえ治療ではないとしても、認知症がある人の良い状態を改善します。

認知症がある人への支援として他の病気と同様の支援を提供することは理にかなっています。単に運動によってセロトニンが増えたことで幸福感が高まったり、定期的な抵抗運動とバランス運動で転倒が減ったりすれば、実際によいことでしょうし、認知症による衰えを遅らせることになるかもしれません。「問題行動」すら減るかもしれません。

古きよき常識を、特に認知症ケア部門に取り戻しましょう。

28 認知症への介入

しばらく前に、「認知症はともに生きるには居心地が悪い」と書きました。この表現の中で、今の私の目を引くのは「ともに生きる」という箇所です。これが前向きでいられるための重要な鍵だと思うからです。最初に診断された時、「仕事を辞め、勉強をやめ、残された時間を生きるように」と言われました。これは役に立たず、非倫理的で、不健全です。私はこれを断絶処方と名づけました。

私がこのアドバイスを取り入れて、価値のある、有意義な関わりのある人生を生きることをやめていたら、認知症の症状が進んでいたのではないか、私の経験はこんなに前向きなものではなかったのではないか、私にとって真に意味のある物事を達成する能力は衰えるかなくなっていたのではないか、とよく考えます。もちろん、推測に過ぎませんが、そうなっていただろうと信じています。

ブルース・リプトン博士は、その著書『信念の生物学（*The Biology of Belief*）』（２０１１年）において、健康上の結果を変える能力に信念が果たす役割を支持しています。彼のウェブサイトにある同書の概要には、こう記されています。

この研究の示唆するところは、私たちの人生への理解を劇的に変えてしまう。遺伝子やＤＮＡが私たちの生態を支配するのではない、私たちの前向きな思考や否定的な思考から発せられるエネルギーのメッセージを含め、細胞の外からの信号によってＤＮＡが支配されていることが示されている。リプトン博士による、深遠で希望に満ちた、細胞生物学と量子物理学における最新かつ最高の研究の統合は、思考を再訓練することで身体を変えられることを示す主要な突破口として支持されている。

私は絶えず、自分の思考を見直し、思考を再訓練しています。自分の細胞を変えられるという信念からです。脳に新しい経路を創るという信念から、神経可塑性訓練プログラムにも引き続き取り組んでいます。希望的観測だと言う人もいます。私はただ、「やってみれば？　私にはある程度実際に効果があるみたいよ」と言います。とはいえ、ここ数週間は認知症の症状に変化があり、浮かび続けるためにより一層懸命に水掻きをしなくてはならないのですが。

格闘するプロセスの中で、私はよく自分を責め、まだできることよりも自分の欠陥に焦点をあてることにあまりに多くの時間を費やしました。認知症がある人を介護する人に対して、やらないようにと伝えている、まさにそのことを自分がやっていたのです！　明日は、自分がまだできることは何かを書き出してみて、やってみるかもしれません！

認知症は依然としてともに生きるには居心地が悪いものですが、できるだけ長く、依然として残された資源とともに、認知症を乗り越えて生きることは、私がしなくてはならないことです。「自分の資源を使いつくして働いて、決してあきらめない人によいことがやってくる!」と私はずっと信じてきました。

次に、どうやって私がそうしているのかを説明します。現在、オーストラリア・アルツハイマー病協会などの団体も、「あなたの脳は大切——健康な心と精神へのガイド30」というウェブサイトで予防としての脳の健康を支援しています。けれどもこれでは十分ではありません。現在、診断後に提供されているよりもずっと多くのものを国際的に私たちは必要としているのです。

非薬物的で前向きな心理社会的介入

非薬物的介入とは、運動や身体リハビリなど、薬を使わないあらゆる介入です。薬を使わない治療にも言及します。心理社会的介入とは、人が困難を克服し、精神的な健康を維持するのを支えるさまざまな方法を説明する広範な言葉で、ここでも薬は用いられません。

認知症予防に環境要因が絶対に重要だということが、おそらく初めて、研究によって示されました。昨年末、イギリスの健康慈善団体エイジUKが学術研究とデータを見直し、認知力低下の76パーセントは教育レベルなどの要因を含むライフスタイルに依存することを発見しました。『切断された心(*The Disconnected Mind*)』と呼ばれる報告書は、アルツハイマー病などの認知症の発現を予防する5つの手段を導いています。

健康的な食事や、喫煙をしないこと、飲酒は適度にすることと同様に、定期的な運動が最も重要な要因です。糖尿病や高血圧、肥満の回避や治療も重要です。

30年以上にわたって行われたイギリス人を対象とする研究の結果、45歳～59歳の男性でライフスタイルの項目のうち4項目か5項目にチェックを入れられる人は、そうでない人に比べて認知症になる可能性が36パーセント低いということです。

「認知症には依然として治療法や回復法はありませんが、そもそも発現するリスクを軽減する簡単で効果的な方法があることをこの証拠が示しています」。認知症の発現を許してしまう脳の弱点が発見された余波で、この展開も注目を集めています。認知能力の低下と闘う武器は増え続けているようです。

（キャロライン・エイブラハムス　エイジUK）

「切断された心」の研究プロジェクトについてもっと読んでみてください。私たちの思考力が年齢とともにどう変化し、人生の後半において認知の健康を守るために何ができるかを発見することを目的にしたもので、エイジUKが資金提供をしています。

デール・ブレデセンは「認知能力低下の反転：新しい治療的プログラム」という研究をロスアンゼルスのカリフォルニア大学で行いました。記憶障害のある10名の患者（そのなかにはアルツハイマー病のパターンが脳のスキャンで確認された人がいます）が「神経変性のための代謝増強」という小さな治験に参加しました。10名のうち9名に、3か月～6か月以内に認知能力に、主観的または客観的な改善が見られました。唯一改善が見られなかったのは、末期のアルツハイマー病の患者でした。

研究発表当時、6名の患者は仕事を中断しているか苦戦しているかでしたが、全員が仕事に復帰、または能力を改善して仕事を続けることができました。そして、その改善は維持され、現在、最も長期にフォローアップしている患者は最初の治療から2年半経過していますが、顕著な改善は維持されています。これらの結果によって、この治療プログラムのより大規模で、より広範な治験が正当化されるでしょう。この結果はまた、少なくとも経過の初期には、認知能力の低下の主要因は代謝プロセスかもしれないことを示唆しています。

認知症の良い状態と生活の質を改善する

ホリスティックな選択肢や食事改善、心理的介入や心理社会的介入などの非薬物的介入は、認知機能を改善する可能性があり、そのために生活の質も改善する可能性があります。これらはまた、ケアパートナーの緊張と精神疾患を軽減するのと同様に施設への入所を遅らせることができ、それによって健康と余命を助長できます。認知症の早期における、認知症がある人やその家族の固有のニーズは最小限の注意しか払われてきませんでした。アメリカでは、ニーズアセスメントが実施され、参加者は、具体的な情報、財政上と法律上の相談、感情的支援の必要性を訴えるとともに、この病気の臨床治験も含めた研究への関心を示しました。

神経理学療法の価値に関する研究はほとんどなされてきませんでしたが、このメリットを支持する証拠が徐々に増えてきています。神経理学療法のメリットと、脳に新しい経路を創るその能力を支持する証拠は増えており、ノーマン・ドイジ（２０１２年）は、神経可塑性訓練のみに基づいた治癒の例を挙げています。ブルース・リプトン博士は、『信念の生物学（*The Biology of Belief*）』において、うつ状態を治療し、認知を向上するために使われた経頭蓋磁気刺激について検討しています。彼はまた、脳を使うこと、そして脳が身体の細胞の行動を支配していることを考察しています。彼は、こう述べています。「処方薬を乱用すると、個人の責任から逃れるようになってしまいます」。ロス・ウォーカー博士（心臓病専門医）は、最新の著作『健康の５段階（*The Five Stages of Health*）』において、健康維持に関してメディアから入ってくる混乱したメッセージにいかに分け入っていくかを検討しています。

単なる医学的なことや身体的なことよりも、幸福、安らぎ、愛情のほうが全般的な健康にとってはるかに重要で、私たちが考えているよりも関係が深いのです。５段階のうち３つの段階では、医学的な健康にとどまらないものを扱います。第２段階は環境衛生、第４段階は感情的健康、そして第５段階は精神の健康を考察し、サプリメントの利用や身体（チャクラ）を通るエネルギーの浄化などの本当の価値を含め、非薬物的介入を重視しています。12か月の治療の後にアルツハイマー病が縮小したMRIを示した研究も掲載されています。医師、神経理学療法士、科学者による、非薬物的介入を支持する臨床証拠が徐々に増えています。南オーストラリア州政府は、著名な心理学者であるマーティン・セリグマン博士に資金提供をしています。彼はポジティブ心理学とライフスタイルの選択に基づく健康という観念を支持するだけでなく、これを普及する活動をしています。

ノーマン・ドイジの著作『脳は奇跡を起こす』は、神経可塑性と、それが機能改善のために脳に経路を創るのに果たす役割を事例によって示しています。そして神経可塑性に関する2冊目の著作『脳はいかに治癒をもたらすか』では確たる証拠をもってそれを証明しています。これらの著作をぜひ読んでみてください。視力の変化のために、誰かに読んでもらわなければいけないとしても。

個人的な経験に基づいて、もし医学界と認知症ケアの介護事業者がこれらの介入を早く採用しないなら、それは利用者に対して深刻な害を与えるだけではありません。この種の介入によって違いがもたらされる見込みのあった認知症の早期における機会損失は、認知症による経済的影響を世界中で大きくすることにもなるのです。

興味深いことに、たとえ無宗教の人でも、もし患者が治癒すれば「神の奇跡」を信じるのに、医学界では、非薬物的介入や前向きな心理社会的介入によって患者が治癒したとか改善したということを信じる人がとても少ないのです。

認知症への薬物的介入は治癒ではありませんが、進行を遅らせるかもしれません。認知症と診断された人の最低50パーセントは薬物療法の対象外ですが、最近まで、研究者、介護業界、医学界は、私たちのように薬物療法が利用できない人たちに「何も」提供しませんでした。ありがたいことに、潮目が変わってきていて、私たちが積極的に自分自身をケアすることを支持する人たちもいます。

神経可塑性訓練、超越瞑想、自己催眠、食事改善、サプリメント、運動、大学教育、ボランティア活動、カウンセリング、創造的な作文、詩、音楽療法と笑いは、関わりと楽しみ、そして意味によってたしかに私を良い状態にしてくれました。前向きでい続けるためには、しなやかさも必須です。この病気への現象学的アプローチも、前向きさのもうひとつの鍵です。

49歳での認知能力の低下の原因が脳卒中であれば、脳損傷病棟で適切なリハビリを受け、仕事に復帰していた可能性もあるでしょう。修士号取得の勉強中に『リハビリと認知症に関する視点(*Perspectives on Rehabilitation and Dementia*)』を読んでとても懸念をもちました。これは、9年前に開催されたリハビリの重要性と認知症に関する会議と、その後の大学のインターネット掲示板の学生とのコミュニケーションから生まれた本です。学生たちはリハビリ病棟で働く登録看護師でもあり、認知症と高齢者の患者を世話しているのですが、これらの患者にリハビリによる介入は一度も検討したことがないと認めているのです。他の病気と同じレベルのケアが認知症がある私たちに提供されないことを、深く懸念しています。「できる限りよく生きる道」よりも「死への道」のほうが依然として標準とされているのです。これには変革が必要です。

高齢者と認知症がある人にとって、リハビリは価値があるものです。これを裏づけるエビデンスベースの研究の量にかかわらず、価値があるのです。単純に、認知症がある人のケアにおいては、研究よりも生活の質や常識のほうが重要な時があり、これには喜びや良い状態といった単純なものも含まれるのです。

健康はすべて、身体活動によって影響を受けます。ウォーキングは、時間以外に費用が一切かからない運動です。介護事業者の意図と善意が必要ですが、入居者の状態改善という意味でのメリットは大きいものです。他の高額な介入が減らせるだけでなく、自分の日々のニーズに対応でき動ける利用者がいることは全員にとってメリットがあります。経営層にとっての経費削減もここに含まれます。

私が利用している認知症への非薬物的で前向きな心理社会的介入

私が自分で処方した介入は、今では神経理学療法士の支援を受け、私の時間のかなりを占めています。私はこれを「私の人生のオリンピックトレーニング」と考えていて、これまでのところ、効果があるようです。

〈権利擁護と活動〉
人前で話すこと
勉強

現象学
オートエスノグラフィー
脳と身体の神経可塑性トレーニング

- 神経理学療法
- 週6日の運動—ウォーキング、バランスエクササイズとストレッチ
- 適切な脳損傷リハビリ
- 水治療法
- ピラティス
- 言語病理学（どうしてこれが認知症がある人のケアプランにないのでしょう？　私たちは皆、発話、言葉を見つけること、言語の障害があるのに）
- 作業療法
- ブログ執筆

- 創造的な作文
- 詩作
- 健康的な栄養—特に加工糖を避ける
- サプリメント
- 音楽
- マインドマッピング
- ボランティア
- 笑いとたくさんのユーモア
- スピリチュアルな人生の探求
- 愛
- 読書

その他には、芸術、合唱団で歌うこと、ダンス、釣りなどのあらゆるレクリエーションや社会活動が挙げられます。診断前と同じように人生を生きることが望みなら、そうすることが、すべての認知症にとって最高の介入なのかもしれません！　私の場合、もしこれをやらされたら、絶対に「問題行動」を示すというものがあります。それはビンゴゲームです！

この病気への現象学的アプローチは、私の前向きさの重要な鍵です。つまり、物事の性質をありのままに学び、自分のあらゆる意識的な経験を調査、説明するのです。経験したことが客観的に事実かどうかは問いません。私はブログを書くことでこれをすることができました。自分の経験について考えるだけでなく、それを明確に、他者にとって意味のある方法で表現しようとし、それによって経験を分かち合い、経験から学ぶのです。症状を自分が死んでいくかのように管理するよりも障害支援をし、感情の変化に薬物を用いるよりもグリーフカウンセリングと前向きな関わりで対応することは、私の良い状態と寿命にとって最重要になりました。

もし私が脳損傷病棟に照会されていたら（早期では、認知症とさほど相違はありません）、自分の「損傷」とともにできる限り最高の人生を生きるように積極的に「治療され」ていたでしょう。有意義な人生との関わりを断ち、他者が私のためになるだろうと見なす活動を勧めることは、非論理的であるだけでなく、屈辱的で非倫理的です。当初はそういった活動に参加すべきように思えました。限られた資金と人材の中で、人々が一生懸命に提供しようとしているサービスに感謝すべきなのだと思いました。けれども、関心のないことに関わっても、まったく楽しくないと気づいたのです（本当に、ちっとも！）。

今でも不思議に思うのですが、たいていの医療従事者や介護事業者は、ただ私たちが死ぬのを計画する代わりに、私たちの寿命を長くしたり、本当に意味のある方法で私たちの生活を改善したりする方法をどうしてもっと積極的に探さないのでしょうか？　私たちが楽しむだろうとか意味を見つけるだろうと他者が思う活動をやらせて、アクティビティルームにただ閉じ込めるのはやめてください。私たちが何をしたいのか、どんな人間だったのかを尋ねてください。それから、私たちのためにではなく、私たちと一緒に協力してやりましょう。引き続き生産的で意味のある人生を生きられるように。そして常に、心疾患や糖尿病であれば言われるように、健康に注意を払うように促すのです。

ロンドン大学ユニバーシティ・カレッジのプライマリーケアと公衆衛生研究部門の高齢者プライマリーケア担当教授であるスティーヴ・アイリフは、2013年のニュージーランドアルツハイマー病隔年会議の基調講演者の一人でした。「認知症の予防、健康増進と早期介入」についての講演をしました。私もこの会議では何度か講演をしました。もしそれを見たいのならば、ポール・ヘンリー・ショーでの私のインタビューを見ることができます！

スティーヴに話を戻しましょう……私が認知症の症状を障害として扱うこと、認知症を病気と見なすことについて彼は検討し、障害として対応する私の見方が、患者にとってよりよい結果をもたらすには好ましいと結論づけたのです。彼は、一次予防によって、患者の心疾患スタチンを減らし、血圧を管理し、糖尿病を予防し、禁煙を促し、習慣的な運動を増やし、教育によって貧困を減らせると信じています。彼がいくらか皮肉を込めて言ったのは、認知症の診断の前は、医師は患者に運動するように、ウォーキングは最もいい運動のひとつだと言うのに、認知症の診断後は、ウォーキング（徘徊）をやめなければいけないということです。当然ながら、これは私の心に響きました！

これらの要因はすべて、健康的なライフスタイルと、認知症への多くの非薬物的介入と関連しています。彼はまとめとして、次のように述べています。①認知症の予防はすでに（別名で）進行している、②予防活動（と有益な社会的風潮）はすでに行われているかもしれない、③肥満と糖尿病は予防計画にとって困難であり、④川下への介入はさらに研究が必要だが、すでに見込みのある介入がなされている。

非薬物的で前向きな心理社会的介入とその価値をさらに解明するには、おそらくもう一冊本を執筆することになるでしょうが、それはまたの機会に譲りましょう。シブリー・ラーマン博士の2冊の著書、『認知症とともによく生きる──一人の人間としてのその人の重要性と良い状態のための環境（*Living Well with Dementia: The Importance of the Person and the Environment for Wellbeing*）』と『認知症とともによりよく生きる──よい実践と将来のためのイノベーション（*Living Better with Dementia: Good Practice and Innovation for the Future*）』はいずれも、認知症を乗り越えて生きることの詳細を豊富に語っています。シブリーは、現在も続く認知症の医学化の傾向に正しく異を唱えています。認知症がある人が認知症を乗り越えて生きるのをよりよく支援できるように、その介護者に正しく情報提供できるように、医師や臨床家を含む医療従事者が認知症がある人のその人らしさと良い状態にもっと関心をもつように、そして私たちを一人の人間として見るように。ありがたいことです！

29 認知症への介入としてのブログと書くこと

素晴らしい新世界

マニア　オタク　ブロガー　そして私
プラグイン ウィジェット タグ アキスメット
驚くべき新世界
刺激を与え　教育し　そして関わる
抜かりない講演者たち
サンシャイン　ダンス　それにビール

新しい夢のさざ波
押し寄せるモチベーション
この素晴らしい新世界
記憶を創り
記憶を維持する
ブログが私には効果がある

（ケイト・スワファー　2011年）

ブログを書くことは、進行中の自伝のようです。アクティブなブログがあること、ツイッターやフェイスブックのフォロワーや友人がいることで、たくさんの素晴らしい「新しい友人」、あるいはペンパルがいるのと同様に、ナラティヴセラピストの一団がいるようにも感じます。ブログと書くことは私の世界と私の心を開いてくれましたし、間違いなく自分自身への理解を深め、自分をもっと愛せるようにしてくれました。ブログ、書くこと、それに詩も、認知症への非薬物的介入であると同様に前向きな心理社会的介入だと感じます。

私はブログを書くことで、夢見ることを取り戻し、「抜け殻」から脱する手助けとなりました。しかし、ブログについて不安がありました。ブログは世界中の人が見ることができ、危険をはらんでいるかもしれないと気づかされたからです。個人のセキュリティという危険、自分の考えと対立する人たちや創造的な作品を好まない人たちがいるという危険です。そして特に私の場合は、一般的に認知症の人が苦手とされている方法で、自分に認知症があることを公に分かち合っているので、私が認知症だと信じない人たちが出てくるリスクがあります。私があまりにも公然とブログで書いているので、自分の正当性を証明する責任があると示唆されました。

このことを思い出すのはトラウマになっています。不安を高めるのは、私のことを一方的に知っている人たちが、私に認知症があると信じないと言っていることです。私と面識がない人たちです。代わりに私の背後で自分たちの疑いについて話すのです。これには悪意や中傷の意図があるわけではないのだと思うように言われましたが、役立つよりもむしろ傷つきます。この振舞いは、善意によるものなのかもしれませんが、ただ私の不安を強め、この厄介な病気とともに前向きに生きる私の能力を損ないます。また、私と同様、私の家族の気分をも大いに害します。

ブログ……生きた葬儀

私の好きな本に、『モリー先生との火曜日』があります。ミッチ・アルボムが語る、モリー・シュワルツの物語です。モリーは、ルー・ゲーリック病とも呼ばれる筋萎縮性側索硬化症（ＡＬＳ）という運動ニューロン疾患の一種のために、死につつあります。モリーは前向きな人生観をもつ勇敢な男性で、人はいかに死ぬかを知らずにいかに生きるかを学ぶことはできない、と信じています。ミッチは普通のジャーナリストですが、自分が大好きなこの大学教授についての物語を記します。死につつあり、生きる理由と大切にするべきことをミッチに示すことで、その人生を変えた教授についての物語です。

彼は何マイルも旅をして、火曜日にモリーに会いに行きます。そしてミッチは気づくのです。モリーと過ごした時間のおかげで、自分の人生がいかに素晴らしいものになったか。そして究極的には、以前よりもはるかに素晴らしい人間になるのです。この物語で、モリーが自分の生前に「葬儀」をどのように行ったかをミッチは伝えています。そうすれば、人々が自分について語るのを聞くことができるからです。そして、ひいてはモリーに応える機会を与え、彼自身の愛と、愛する人たちが彼の人生について尋ねたかったことへの答えを分かち合えるのです。私も、葬儀に参列して、知っていると思っていた相手についてとても多くのことを発見したり、永久に答えてもらうことのない、多くの質問が湧いてくることがたくさんありました。モリーの家族や友人たちへの「贈り物」は深遠なもので、彼の死をはるかに意味のあるものにしました。

ブログは、私の記憶になるということを別にしても、私の日記になっています。21世紀の日記です。ただし、普通の日記と違い、ブログ読者は私が死ぬ前に、日記を読むことができるのです！かっこいいでしょう⁉　まあ、私にとってはですが。私が死ぬのを待たずとも、読者は私の考えを分かち合い、私の心と魂を覗き込むことができるのです。こうすることで、読者にとっても、そして私自身にとっても、もっと正直に、オープンに分かち合うことができると確信しています。

私の死後に誰かが私の日記を見つけて、私という人間や私の意図とは違う解釈をされるよりも、ブログはそこにあって、誰もが読めるのです。公の記録として存在し、誰でも反応でき、気になることがあれば質問し、あるいは無視したければ無視するのです。この「公のブログというもの」は私に大きな影響を与えました。

ブログと書くことで見つけた内なる強さ

クライエントの物語を語ることは、治療プロセスの重要な要素です。どのようなアプローチを使うにせよ、私たちの物語は私たちが取り組む対象となり、その物語、あるいはナラティヴへの洗練された問いかけは有益です。

ナラティヴセラピーでは、その人の人生や関係性についての物語を治療プロセスの核心に据えます。そこには主な前提があります。導かれた問いかけによって経験を語ることや再び語ることで、視点を変えてより現実的なものにすることができること。そして、治療に持ち込まれた問題との関係において、自分をより適した位置におきたい人に可能性を開くということです。

日記やブログ、詩、手紙を送ることですら、ナラティヴを書くことは、私たちが自分自身で、あるいは支援を受けてできることで、物語を分かち合うことによって、「セラピスト」、つまり家族や友人の経験がもたらされます。認知症の文脈においては、自分自身の人生のナラティヴに基づいてライフストーリーや詩を書くことは、今の私たちにとって価値があるだけでなく、施設に入る場合に詳細な自分史を提供できる可能性もあります。

詩や書くことが家族介護者の感情の安定に役立つという証拠があります。認知症がある人にとって書くことは治療的かもしれないというのは妥当なようです。

若年性認知症とともに生きる私の経験では、詩を書くことやブログ、自分のライフストーリーについて書くことが、認知症がある人の実に多くが経験する、うつ状態と無気力という「黒い犬」を近寄らせないための鍵だったと信じています。自分自身の経験について書くことで、人間性や自己評価を促すだけでなく、親密な分かち合いをも促すような支援を探求することができます。

ライフストーリーや詩を書くことで、認知症の生きた経験を表現することで、リラックスして自分自身の行動を探求することができ、私にとっては人生において極めてプラスに働きました。私は真剣にこれをお勧めします。私のような公のブログという意味ではありませんが、書くことによって定期的に自己探求するのです。日記や、個人の、あるいは公のブログ、詩やナラティヴセラピーは、自分自身のゆっくりと消えつつある世界のカタログをつくるだけでなく、それを理解するのにもとても効果的な方法です。

困難を乗り越える力を見つけることは、いつだって最大の課題です。多くの人にとって、前に進むのを阻む最大の困難は不安です。ブログやその他の書くことで、私は多くの不安を乗り越えることができました。

ブログと創造的作文によって、批判される不安を乗り越えることができ、もっとオープンに正直になって、自分自身を深く掘り下げ、感情の重荷を含めた「内にあるもの」を整理するよう、励まされました。それはまるで大掃除のようで、以前には容易に得ることのできなかったオープンさで、自分自身を見ることができるようになりました。賞賛するようなコメントをする人もいれば、実に気分を害するようなコメントをする人もいて、物事には違う見方や感じ方があると理解できるようになるのです。誰もが見ることができるように書くことには、特にカタルシス効果もあります。

ブログと他のものを書くことで思考や人生経験、他者とのやりとりの記憶をつくることができ、活気のあるコミュニケーション・チャネルとなっています。

ブログを書くことは、分かち合い、ケアをする方法のひとつです。たとえば、私のブログ読者には認知症がある人の介護者が多くいますが、自分が支援する相手がどう感じているのか理解するのにとても役立ったと伝えてくれます。また、読者には認知症がある人もいますが、役に立つと言ってくれます。彼らが自分たちの人生を私と分かち合ってくれることを光栄に思います。他者と分かち合うことも、認知症の症状の猛攻撃の不安を克服する支えとなりました。

ブログは専門的すぎると心配なら、公の観客のいる日記や記録と考えてみてください。実際、感じていることや、していることをただ書けばいいだけなのです。

私の親しい、ある若い友人は、脳血管性認知症を含む深刻な健康問題が多くあり、55歳で施設に入所しました。最初の数週間は、その日に会っていたというのに、何週間も誰にも会っていないと彼は言いました。会っていなかったからではなく、忘れてしまっていたからです。

そこで日記を導入し、面会に来た人とどんな話をしたか、あるいはコーヒーを飲みに行ったり映画を見に行ったりしたかなど、数行を書き込むようにしました。彼はもう容易に書けなくなっていましたので、面会者のほうで書かなくてはなりませんでした。一人の時は、彼はこの日記を読んで、何をしていたのか、誰が面会に来たのかを思い出していたようです。これは紙でのブログのようなもので、彼の人生について、彼自身と面会者に情報を与えてくれました。もし、たとえ一般に公開されないプライベートなブログでも書くのが怖いなら、ノートを用意して口述するか書いてみてください。単なるコミュニケーションの手段ではなく、感情的な治癒にとても役立つのです。

記憶をとらえるためのブログと書くこと

私のブログは、私の人生、思考や活動の記録になり、将来の子どもたちのためだけでなく、今の私にとって、記憶の保持を確実にしてくれました。フェイスブックやツイッターといった他のソーシャルメディアも重要になりました。社会的つながりや、私の世界を記録する方法を提供してくれるからです。これらはすべて、人々や出来事、活動の写真もあるので、私の世界を思い出すための方法を提供してくれます。電話で話していて相手の顔が思い出せない日には、すぐにこれらのサイトのどれかを見るようにしています。たいていの人はその中にバッチリ写っているからです！

私の能力は永久に損なわれ、正確な記憶は死んで埋められてしまいました！　読んでは忘れ……読んでは忘れ……読んで、メモをとっても、忘れ……だけどブログを書けば、それはいつもそこにあるのです。コンピューターとブログは、私の親友になりました。いつも私の注意を引き、私のために編集し、そしてもしかするともっと重要なことですが、接続するたびに、私の脳が懸命に働くように強いるのです。

ソウル・アリンスキーはこう書いています。

人々の尊厳を尊重するなら、彼ら自身の問題への解決策に十分に参加する基本的な権利を拒むことはできない、と私たちは学びます。自尊心が生じるのは、自分自身の危機を解決するのに積極的な役割を担う人たちからだけで、無力で受け身で操り人形のような、民間や公的サービスの受益者ではないのです。
人々を支援して、その一方で行動における重要な役割を担うことを拒むなら、その人たち個人の成長に何ら寄与しません。最も深い意味において、それは与えているのではなく奪っているのです――彼らの尊厳を。参加の機会を拒むことは、人間の尊厳と民主主義の否定です。

若い友人であるサムＢがこの引用文を、以下のコメントとともに私に送ってくれました。

これはとても力強い文章だと思いました。もしまだ読んだことがなければ、認知症当事者を力づけ、彼らに影響する問題やサービス、支援などについてのあらゆる話し合いに確実に参加できることの重要性について、あなたが書く際に役立つかもしれません。

認知症当事者は、自分たちについての話し合いやイベントの多くから依然として取り残されたままです。これは変わりつつありますが、ゆっくりと変わっていっているだけで、私からすれば、あまりに遅すぎるのです。多くの認知症ではない人たちが、私たちにとって認知症はどういうものなのか、何が私たちにとって最善なのか、どのように私たちを含めることができないか、他者や私たちに語ってきました。私たちに他者と同じ能力がないというのが往々にしてその理由でしたが、単に自分たちの権力がある立場を手放すのがいやなのでしょう。

このことはもちろん、私が声を上げていることに大いに関係しています。社会的烙印（スティグマ）、差別、孤立やその他の認知症とともに生きることのマイナスの経験に光をあてるためです。同様に、私たちは認知症を乗り越えて生きることはできないという最大の神話を含め、神話を崩壊させようとしているのです。

困難を抱えた人たちが立ち上がり、公にそのことについて話し、困難に立ち向かっていく、その姿を目にすることは人々にとって素晴らしいお手本になるのです。これは、私が認知症についてだけでなく、人生における自分自身の経験についてとても率直に書く理由のひとつでもあります。そしてそれが誰かを救うことがあるなら、たとえそれがたった一人でも、それはどんなに思いがけない贈り物でしょう！

始める直前が、いつだっていちばん怖いんだ。
（スティーヴン・キング）

楽観主義者は、いつだって始める方法を見つけます。悲観主義者は、いつだって延期する方法を見つけます。私は生まれついての楽観主義者ですので、どんな状況やどんな人の中にもよいものを見つけます。自分の身に降りかかることすべてについて、それがよいことであれ悪いことであれ、すぐに前向きな解決策をいつも見つけます。私の独自の格言のひとつは、(問題に直面した時に)自分にこう尋ねるのです。「誰かが死んだの?」と。そうでないなら、それ(「それ」が何であれ)、は実際には問題ではないのです。

私が多くの理不尽な経験をしたこともおそらく真実ですが、私はまた、楽観主義を学び、実践したのです。楽観主義者であることも、ブログや書くことを続けてきた理由のひとつでしょう。私のブログ記事「読むことと書くこと」は実に多様なコメントをもらいましたし、さまざまな意見があることは私たちの人生の重要な一部です。コメントは私に書き続ける刺激を与えてくれますが、その一方で地に足をつけさせてくれます。これまで、どんな反応もブログを書くのをやめることにはつながっていませんが、どの否定的なコメントがその開始ボタン(というより停止ボタンでしょうか)になるかはわかりません。たとえば、以下に紹介する記事についたコメントです。

ブログを始めて、詩集を出版してから、私は読者のいる作家のように感じています。私の言葉や物語を楽しんでくれる人たちがいるのは、なんという光栄なことでしょう。自分が読者としていつも感じていたささやかな喜びを、私が誰かに与えているかもしれないと考えると素晴らしいですし、まったく予期しなかった興奮を覚えます。

というのはおもに、私は作者の視点から考えてみたことがなかったからです。誰かが読むものを提供する、強制されて読むのではないものを提供するというのはとても充実感を覚えるものですが、ものすごく怖いことでもあります。私が時に誰かがその人自身の世界を超えて考えるようにインスピレーションを与えている、他者が読んで泣いたり笑ったりするものを私が書いていると考えるのは、作家としてこの上なく力を与えられることであり、素晴らしい名誉です。

これに対して、2人のブログ読者からこんなメールが届きました。

ケイト、お笑い草だよ！　太ってきたと思ってるんだって？　それに、君の正直なブログのおかしさったら。今日の言葉にはマジで共感したよ、まだ笑いが止まんない。

別のメールにはこうありました。

ケイト、あんたは本物の作家じゃないよ。目を覚ませよ、シェイクスピアでもワーズワースでもないんだ。あんたは結局、ただのブロガーなんだよ!!　さよなら。

これらの意見が、他者も読めるものを書く時に直面することを典型的に表していると思うのです。私たちが書くものを好きな人もいれば、嫌いな人もいます。気にかけない人もいます。私たちが自分自身を愛する限り、大丈夫だと思うのです。

認知症がある人たちのブログによって、私たちが依然として声を上げることができるうちに、何が「私たちにとって正しい」ことで、何が「他の認知症がある人たちにとって正しい」と期待されていることなのかについて、世界中の多くの認知症当事者が声を上げていることを強化できると信じています。

私たちの好き嫌いや好きな活動について施設の職員にアドバイスするために、家族に手伝ってもらって1、2ページの資料をつくるのは、それほど役に立たないように思えます。そして多くの場合、施設に入る時には、私たちが自分自身の望みを伝えられず、この情報を自分自身で提供することができないと思われているので、こういうことをするのです。ブログを書くことで、これが変わります。能力を失うずっと前に、自分自身の望みを書いておくことができるのです。

私はこれからも楽観主義者で、ブログと書くことを続けます。心の中の言葉が空っぽになるまで。反応をもらうのが好きだからです。それがどんなものであっても、どこから送られたものであっても。意見の対比は刺激的ですし、否定的な意見ほど、より正直に考えさせられます。反対されることで、より考え、もっと問いかけるようにもなります。もちろん、賞賛されることも好きです。誰だってそうでしょう？　ブログと書くことは、心の糧と、読み手と書き手によって慎重に結ばれ、私たちは皆、手を携えて自分自身の人生と愛を歩んでいきます。

30 認知症への介入としての権利擁護

あなた自身であることだ。他の人は皆、その人に取られてしまっているのだから。

（オスカー・ワイルド）

権利擁護とは、自分の人生を所有すること、あるいは他者が自分の人生を取り戻すのを支援することです。非薬物的で前向きな心理社会的介入として、認知症への介入としての権利擁護は、多くのレベルで機能します。自己擁護者として、「灰色の脳細胞」を働かせてくれますし、神経可塑性の発達に取り組んで、脳に新しい経路を創るのに役立ちます。

認知症について発言するということは、それについて研究しなければならないということです。自分自身の診断を研究し、ノートをとり、スピーチ原稿を書き、スピーチを練習し、公の場で披露するのです。自分の尊厳を保つために、一貫性をもって話す方法を見つけるように駆り立てられます。これは、言語療法士を利用している理由のひとつです。新しい集団に入ることも後押しされ、新しい知人や友人ができ、「仲間」との交流が増えて、孤独感が大きく減りました。

マーティン・セリグマン教授のPERMA原則に従って、前向きな感情（Positive emotions）、関わり（Engagement）、関係性（Relationships）、意味と達成（Meaning and Achievement）を提供されることで良い状態が高められ、それによって前向きな心理社会的価値が提供されます。これらは認知症の症状以外のもので自分自身を定義するのにも役立ちます。そうすることで、私は、忘れっぽい人、奇妙な行動をする人、徘徊者、仕事に就いていなくてそのために過小評価される人、そういうもの以上の存在になれるのです。権利擁護は、私に毎朝起きて、長大な介入リストに取り組む理由を与えてくれるのです。

自分自身や他の認知症当事者のための権利擁護で、何らかの変革をもたらす手助けができたと感じる時、大きな達成感を覚えます。もし私が認知症があることに焦点をあててばかりいたら、こういうことは味わえなかったでしょう。地域社会や介護事業者、看護や医学界に存在する社会的烙印（スティグマ）や無知を破壊することも、認知症当事者を支援することと同様に、私の人生に意味を与えてくれます。権利擁護は、身体的、感情的に多大な努力と、意図、そして多くの新しい学びを必要とします。それはまた、私たちの「仕事」ともなるもので、有給の仕事を失った喪失感にとって替わるものです。これは、私たちにとってよいことに決まっています！

障害部門では、障害がある人は、自分たちをどう擁護するかを学ぶことで大いに恩恵を受けることが一般的に合意されています。世界各地で私が会った、自分自身や他者のための擁護活動をしている認知症当事者は、皆、自分自身の診断について心穏やかでいるように見受けられました。それはその診断について喜んでいるということではなく、何か前向きなことをしようと積極的で、認知症のコミュニティに貢献をしているのです。それは私たち全員を団結させるとともに、国際的な声を与え、個々の努力をより力強くするものです。

権利擁護にはさまざまな定義や目的があり、以下のものに私は共感を覚えます。私は当事者活動を続けることで、自分自身の権利擁護をより明確にしてきました。

高齢者の権利に関するウェブサイト、オーストラリア家族擁護・リーダーシップ開発機構は、権利擁護を以下のように定義しています。

> 不利な条件におかれた個人の傍らに立ち、その人の最善の利益を代弁する方法で、その人の代わりに声を上げること。

自分たちの権利を確実に守るために権利を行使するのに、支援や奨励を必要とする個人や集団を代弁することや、ともに働くことも権利擁護には含まれます。個人や集団を代表して話をすること、行動すること、書くことも含まれるかもしれませんが、仲裁や交渉とは違います。これらのプロセスは当事者間で互いに受け容れられる結果に至ることを目指しているからです。また、所定の、明確に決まった方法はありません。何が権利擁護を構成するかは状況によって、そして個人や集団のスキルやニーズによって異なり、確立された価値や構造、習慣に反対することも含まれるかもしれません。そのために、サービス提供者や権威から独立している必要があるのです。

擁護者は、完全に他者または自己の視点から、そしてその利益のために働くので、公平ではありません。その役割は、他者またはその望みを代弁することによっての支援なのです。

権利擁護の共通の目的は表6の通りです。

1994年にクイーンズランド・アドボカシー社は、以下のように権利擁護を定義しました。

表6　権利擁護の共通の目的

- 物やサービスへの本人の支配を強化する
- 機会を制限する障壁を克服する
- 社会とサービス提供者が適切に対応することを確実にする
- 人権を守る
- よりよい生活の質を確保する
- 個々のニーズや望みに対応し、強調する
- 高齢者への結果を志向する
- 不利な立場におかれた個人や集団への権限付与を目指す
- 固定観念と社会的烙印に挑戦する

権利擁護には多くの定義があり、どれを用いるのが最も適切なのかについて、多くの議論があります。権利擁護の定義があることは、参照し、それに照らして確認し、自分たちがしていることについての議論を奨励するために必要です。アクション・フォー・アドボカシー・ディベロップメントは、

ヴォルフ・ヴォルフェンスベルガー博士の研究に基づく、以下の定義を用いています。オーストラリアの権利擁護団体は、1994年6月にシドニーで開催された全国権利擁護ワークショップでこの定義を検討しました。これらの大半の要素は合意を得ています。

権利擁護とは、不利な立場におかれた個人や集団の利益と真摯に見なされるものを代弁して、その福祉と正義を促進、保護、防衛するために、最小限の利害衝突によって話し、行動し、書くことである。これには、以下の手段が含まれる。

・その人たちだけの味方になる
・その基本的なニーズにおもに関わる
・断固として精力的な方法で、あるいはおそらく擁護者や擁護団体にとって犠牲の大きい方法で、その人たちに忠実であり続け、責任をもち続ける。

彼らは5つの権利擁護を説明しています。個人としての権利擁護、市民としての権利擁護、制度上の権利擁護、親擁護、そして自己擁護（セルフアドボカシー）です。

権利擁護の仕事を辞めると口にする日が多くあります。違いをもたらしていないと感じるから、あるいは変革をもたらすのはあまりに困難に思えるからです。そんな時には、愛する夫がうるさく言って私に続けさせるか、あるいは誰か、または何かに再び刺激を得て続けています。多くの場合、それは講演後やブログへのコメントです。大半が私を触発し、再び活力を与えてくれるのです。

2年前の会議での私の発言は、認知症当事者の声が欠けていることについて厳しすぎるように聞こえたかもしれません。けれども、当事者の声がなければ、認知症当事者に発言を与えると主張している会議は、単に私たちの社会的孤立と不公平を助長するだけになってしまいます。これによって高まった不安が、変革の大きな波となって、オーストラリア中の認知症当事者の歴史に刻まれると信じています。引き返すことはありませんし、私たちは声をもちます。

この会議の最終日に、オーストラリア・アルツハイマー病協会によって設立された、新しい認知症擁護団体について話をするように依頼されました。当事者のための、当事者が運営する団体で、オーストラリア・アルツハイマー病協会の支援を受けています。ホテルの部屋に戻る途中で、私が所属している研究グループの新しいメンバーに会いました。彼女は私の講演を3日間のうちで最高だと賞賛し、それから目に涙を浮かべて、若年性認知症で亡くなったパートナーを追悼して擁護活動を続けていく力を得られたと伝えてくれました。私は深く感動し、敬虔な思いになりました。多くの人たちが同様に私に力を与えてくれたので、彼女がどう感じているかはよくわかります。

そして、権利擁護は実際に効果があるようです！

認知症当事者は立ち上がり、お互いと自分たち自身の擁護者になる必要があるというのは、私のとても単純な信念です。自分たちの大義、よりよい認知症ケア、認知症当事者にとって何が最善なのかを論争するために。そうしなければ、私たちがどう感じ、何が私たちにとって最善なのかを、引き続き他者が決めていってしまうでしょう。

31 認知症への介入としてのボランティア活動

自分の時間、エネルギー、そして才能をボランティア活動に使うことは、その対象となる相手にとってだけでなく、私たち自身にとっても、価値あるサービスとなります。ボランティア活動に関連する経済的、そして時間的費用と、ボランティア活動によって生じた人的、組織的、クライアントそして地域社会の利益は重大であることが研究によって示されています。しかし、全体としては、ボランティア活動の主たる受益者はボランティア自身なのです。私は人生の大半でボランティア活動をしてきましたが、これは真実だといつも感じていました。

認知症への介入として、ボランティア活動は私たち自身が豊かな地域社会で暮らしていくための前向きな方法ととらえることができます。もはや有給の仕事ができなくなった時でも、他者のために何かをすることによって私たちは依然として前向きな貢献ができ、自分自身を再定義し、目的意識を高めることができるのです。権利擁護もまたボランティア活動の一形態で、世界中の多くのアルツハイマー病の団体が、認知症当事者の参加を促しています。

認知症への介入として、ボランティア活動は認知症がある人に多くの前向きな結果をもたらし、多くの否定的な結果を減らします。以下は私のリストです。

有給の仕事の前向きな代替案／身体的にも精神的にも関わりを感じ、それを維持するのに役立つ／他者への感情的、身体的負担の軽減／依然として価値があると感じられる／自尊心の向上／インクルージョン（社会的包摂）と関わりの助長／社会的烙印（スティグマ）の減少／社会的孤立の減少／スキルの維持に役立つ／ボランティア活動によっては、健康維持に役立つ／新しい友人関係の奨励／認知機能の改善／生活の質の改善／介護事業者から必要とする支援の減少／施設への入所を遅らせる可能性／ケアパートナーのストレス軽減／うつ病などの精神疾患の減少、それによって健康増進と寿命が延びる見込み

認知症がある人たちよりもさらに疎外された集団のためにボランティアとして働くことは、自分の人生を正しくとらえるのに役立ちました。自分を憐れんでしまう日や「かわいそうな私」病の日には、ホームレスの友人たちのことを考えている自分に気づきます。なかには橋の下に住んでいる友人もいます。そして自分は、きれいな家でくつろいでいて、素晴らしい夫と子どもたちがいるのです……すると、自分を憐れんでいるのが時間の無駄に思えてきます！

32 認知症にやさしく、アクセシブルな地域社会

認知症は、認知症がある人の社会福祉に大きな影響を及ぼします。認知症にやさしい（認知症フレンドリー）地域社会のイニシアティブは、何十万人という認知症がある人たちの生活の質を変え、自立を支援し、医療制度や社会制度への圧力を軽減する可能性があります。

世界中の政府、アルツハイマー関連の協会や団体が認知症にやさしい地域社会や認知症チャンピオン（認知症擁護者）を促進しようという決意は、依然として大半が「彼ら抜きに彼らのことを」という立場を支持するものです。これは、認知症がある人への社会的烙印（スティグマ）を助長する可能性があります。何が地域社会や組織を認知症にやさしいものにするのかについての話し合いや計画、意思決定に、今日までほんの2、3人の認知症当事者しか含まれてきませんでした。

オーストラリアも他国に倣い、イギリスを含む他の多くの諸国とともに、認知症にやさしくなることに焦点をあててきました。もちろん、これは高貴な追及です。

認知症にやさしい地域社会とは、認知症がある人たちが、意味、目的、そして価値のある質の

高い生活ができるよう、支援される場所です。認知症にやさしい地域社会には、認知症当事者がすべてのステップに含まれなければなりません。そのため、認知症にやさしいことを目指すすべての地域社会や団体に、認知症当事者による小規模な認知症諮問グループを設立することが重要です。そうすることで、地元の、あるいは国の認知症同盟に対して、どの団体や医療従事者が参加できるかを情報提供し、指導することができます。標識、騒音レベルや場所を含む環境は認知症があっても使いやすいものでなければなりません。他のいかなる障害がある人の場合と同様に、認知症がある人への障害支援が提供されなければなりません。そして使われる言葉は敬意のあるものでなければなりません。

まずは「認知症にやさしい」という言葉の意味するところを検討し、この国際的な運動またはキャンペーンにとって重要な2、3の言葉を定義することから始めましょう。

はじめに、認知症にやさしいというのは、単にやさしいという以上のことを意味します。認知症当事者の視点からすれば、やさしさということよりも重視されるのは、認知症とは何かということへの認識、そして私たちがどのように扱われ、支援されるかです。専門家や関心のある（認知症ではない）他者が「私たちの」地域社会をよりやさしくアクセスしやすいものにしようと協力しているよりもはるかに多くのことです。

より重視されるのは以下のことです。

敬意／人権／差別をしない／完全なインクルージョン（社会的包摂）／市民権／自律／平等／公平／アクセス／認知症があっても使いやすい環境／障害支援

障害支援と認知症にやさしくなること

会議で話している認知症当事者に対して、想定外の話者を入れたことを調整するために、急にスピーチを短くするように頼むのは、認知症にやさしくありません。聴衆に対して参加者の10パーセントは認知症当事者だと告げ、誰かわかるか会場を眺め回してもらうのは敬意があり、認知症にやさしい行為です。

しかし、同じことを伝えるためだけに、認知症当事者を立たせて標本のように眺めることは気分を害するものです。屈辱的なことですが、これは2015年の国際会議で実際にあったことなのです。もし私が自分の講演会で、エイズ、がんや統合失調症の人に拍手をするから立ってくださいと頼んだら、大半は出ていってしまうに違いありません！

認知症にやさしいということは、また、より倫理的な診断後の支援経路を提供することも意味します。できるようにすることを促し、「リハビリを含むもの」です。高齢者ケアと死へと導くような、無力化するものではありません。

雇用を確保することを私たちが選ぶなら、それを支援することを意味します。

また、敬意のある言葉を使うことも意味します。それはつまり、認知症ではない人たちではなく、私たちが敬意があると思う言葉です。もし私たちのうち少数でも、「苦しんでいる人」というような言葉に気分を害するのなら、誰もその言葉を公に使う権利はないのです。その言葉を使うということは、認知症にやさしくないし、敬意がないということになります。

また、ケアの尊厳の10原則を受け容れることも意味します。これはイギリスのバーミンガムでまず発展し、現在ではオーストラリアのケアの尊厳運動の一部になっています。

認知症がある人は皆、記憶障害があるという神話は間違っていますし、多くの活動で「メモリー（記憶）」という言葉が用いられることで悪化しています。メモリーハブにメモリーウォーク、リメンバーミーなどです。すべての擁護団体がアルツハイマー病から始まっているため、私たちが皆アルツハイマー病であるかのように示唆

表7　ケアの尊厳の10原則

1　いかなる形態の虐待も一切許さない
2　自分自身や家族に対して求めるのと同じだけの敬意をもって人々を支援する
3　個別化されたサービスを提供することで、各人を個人として扱う
4　人々が可能な限り最大限の自立、選択とコントロールを維持できるようにする
5　人々がそのニーズや要望を表明するのに耳を傾け、支援する
6　人々のプライバシーを尊重する
7　人々が報復の不安なく苦情を確実に訴えられるようにする
8　家族やケアパートナーと、自分自身もケアパートナーとして関わる
9　自信と前向きな自尊心を維持できるように人々を支援する
10　人々の孤独や孤立を軽減するように行動する

していることもまた役立たないと感じています。メモリーハブの名称はブレインヘルスハブと変更してほしいです。

認知症で亡くなった人たちを覚えておくためのウォークとして始まったというメモリーウォークも、たとえばブレインヘルスウォークなどに名称変更してもらえたらと思います。これらの言葉は、権利擁護団体が現在促進しているブレインヘルス・イニシアティブともうまくいくでしょう。

認知症当事者とそのケアパートナーを擁護している協会や団体は、テーブルを囲んで座り、ゲストスピーカーを招待し、市民にその組織や地域社会をどのようにして認知症にやさしいものにするか啓発をしています。そして認知症にやさしい地域社会にするという考えを真剣に受け止めているようです。

認知症にやさしい地域社会に向けてなされている作業の中で、2つ欠けているパズルのピースがあります。ひとつは必要な内部監査です。自分たち自身の組織が認知症にやさしいという言葉と指針の下で運営しているのかを確認するためです。そして2つ目は、認知症がある人の完全なインクルージョンです。今のところ、真に認知症にやさしい擁護団体はひとつもありません。これらの団体は全般的に認知症当事者を十分に包摂しておらず、認知症当事者が理事会にいることは稀で、消費者の声を提供するために設立された消費者委員会は、認知症当事者ではなく、ケアパートナーで占められているのです。

ありがたいことに、これは変わりつつあります。認知症当事者だけで構成されたスコットランド、ヨーロッパ、そしてオーストラリアの認知症ワーキンググループが時代の風潮を決めたからです。スコットランドの2002年の活動をモデルに、アイルランドと日本の認知症グループも立ち上げられました。スコットランドのグループは画期的で、何ができるか、何をすべきかの範を示しました。これらのグループ以外では、認知症当事者のニーズについての会議で、本人たちが一人もいません。このように会話に含まれていないことは、認知症にやさしくはありません。

もちろん、認知症当事者はこれらの団体が提供するサービスを利用しますが、それがその不利益になってはいけません。往々にして私たちは、当事者を参加させていると言い訳するために、父権主義的な方法で、あるいは形ばかりの平等主義のために「利用され」ます。私たちは資金集めに利用され、同情を引き出して研究資金を取りつけるために、「苦しんでいる人」や「犠牲者」として報じられるのです。研究の大半は、依然として治療方法を見つけることを目指しています。けれども研究者の中には正直に、公然と、10年前から治療方法探しは進展していないことを認めている人もいます!

さらに、文献は認知症にやさしいようには読めません。依然として大半は「認知症当事者抜きに当事者のことを」であり、使われている言葉はいまだに不正確で気分を害するもので、現行の国際ガイドラインに沿わないものです。認知症は精神疾患ではありませんし、ムカダムとリビングストンがその記事「私たちは依然として同じ人間：認識を高め、社会的烙印に挑戦するマスメディアキャンペーン」（2012年）で述べたように、病理学的疾患、あるいは神経学的疾患です。第二に、使われている言葉は社会的烙印を押すような、否定的で、力を奪うものです。これらの点はさらに検討する価値があります。社会的烙印を減らす支援を目的にした研究文献が、不正確にもかかわらず同僚のレビュープロセスを通過してしまう。そしてそこでは不適切で社会的烙印を押すような、力を奪うような言葉が使われている。これでは、進歩や変革の希望はほとんどなさそうだからです。

認知症にやさしい地域社会の目的は、認知症がある人に毎日の生活に参加してもらうことで、明らかに賞賛に値するものです。けれども、がんのように、認知症もひとつの存在ではなく、人の機能にあらゆる影響を及ぼすことが見込まれます。たとえば記憶、言葉や空間把握です。認知症の診断は、社会的不平等、社会的烙印、孤立、アイデンティティの喪失、差別といった問題を助長してしまいます。また、認知症がある人を犠牲者や「苦しんでいる人」という立場におき、家族介護者を殉教者にしてしまう可能性があります。

これは認知症がある人とその家族、そして社会にとって大いに否定的な感情的、財政的、社会的負担と影響を与えます。力を奪い、価値を貶め、存在を貶め、自尊心を低下させ、良い状態と生活の質に否定的な影響を及ぼします。認知症フレンドリープロジェクトに認知症当事者に参加してもらうということは、当事者を雇用することも意味します。そして認知症にやさしい地域社会を提供するということは、認知症がある人たちができる限り長く診断前の人生を生きられるよう力づけられ、支援され、可能性を与えられ、診断時の断絶処方を無視できるようにすることを意味します。

しかし、私は「認知症にやさしい地域社会」というのが正しい表現なのか、確信がもてずにいます。インクルージョン（社会的包摂）よりも、むしろ分断を助長するのではないかという懸念があるからです。そのため、アルツハイマーソサエティやその他の協会は、認知症にやさしい地域社会のプロジェクトが、単に認知症当事者を包摂しているという形だけの平等主義を奨励するのではなく、認知症当事者のために確実に機能させることがとても重要です。彼らは認知症にやさしい地域社会に懸命に取り組んでおり、なかには認知症当事者による、その地域社会や組織が認知症にやさしいかどうかの監査を含めるものもあります。しかし、認知症にやさしいという念仏を唱えるのを支援するなかで、すべてのアルツハイマーソサエティとその他の協会は、自分たちやケアパートナーではなく認知症当事者による監査を受け、自分たち自身が認知症にやさしくなくてはなりません。これらの監査、そして何が認知症にやさしくて何がそうではないのかを決める、認知症当事者の本物の声が、認知症にやさしい地域社会というパズルに欠けているピースです。これらなくして、誰も認知症にやさしいと主張することはできないでしょう。

認知症についての研究と認知症当事者の支援団体に欠けている重大な部分は、当事者の本物の声です。社会的烙印は文献にはびこり、認知症当事者の擁護団体内に依然として存在する社会的烙印と差別は、当事者について使われる言葉によって助長されます。明らかなのは、地域社会、研究者、医療従事者、そして私たちを擁護・支援する協会に依然として社会的烙印が広く行きわたっていることです。人間性を奪うような言葉を用いること、研究対象における認知症当事者の割合が極めて低いことは、社会的烙印を助長し、どの地域社会も認知症にやさしくなることはできないと意味する可能性があります。社会的烙印に大きく寄与しているのは、認知症がある人たちについての、アルツハイマー関連団体による、認知症フレンドリープロジェクトなど重要な話題の話し合いに、当事者がとても少ないことです。

もし、認知症当事者が、資金集めやマーケティング、メディア露出の機会のために「利用される」だけであれば、事態はほとんど変わらないでしょう。この種のインクルージョンは形だけのもので、父権主義的です。認知症当事者の十分な社会的包摂と本物の声がなければ、(大学、アルツハイマーソサエティや介護事業者など)この社会的に疎外され、社会的烙印を押された集団を支援すると主張するいかなる部門や機関の価値も、当事者について当事者抜きで行われる研究やプロジェクトの価値も、欠陥があるものです。認知症は単なる医学的問題ではなく、社会的問題であることを念頭におくことが重要です。

認知症がある人を支援し、研究者や介護事業者が私たちに社会的烙印を押すのをやめさせるには、まだやらなければならないことが多くあります。つまり、ソーシャルアクションが必要なのです。より広い地域社会が認知症を理解し、認知症がある人への社会的孤立や差別、社会的烙印が減ることを確実にするためです。私たちは、誰もが期待する権利をもつように、サービスを利用し、地域社会に参加したいのです。そして私たちの障害を受容、支援、力づけることで尊重してほしいのです。

変化の気配はあります。現在では認知症当事者の権利擁護団体であり声である国際認知症同盟を含め、2、3の団体の仕事を通して、認知症当事者の声がより強く、大きくなり、団結してきました。私たちは翼を広げ、声を活かして、私たちの基本的人権と障害者の権利が確実に守られるようにするでしょう。認知症にやさしくなるには、私たちがそのプロセスに含まれなければなりません。私たちを支援する団体は、認知症にやさしいとは何かを主張し、他者に説く前に、内部監査（自分たちによる監査ではなく、認知症当事者によって承認された監査）によって自らの襟を正さなくてはなりません！

オーストラリア・アルツハイマー病協会で就いたさまざまな地位（消費者擁護者、認知症諮問委員会会長、2015年2月に就任期限が終わる半年間のコンサルタント）から私が学んだ教訓のひとつは、認知症がある人たちは小規模な集団で、認知症があっても使いやすい環境であれば、そして障害支援があれば、よりよく機能できるということです。そのため、擁護団体にとって重要なのは、ローカル認知症諮問委員会やグループを設立すること、サービス提供、情報、支援、教育と認知症にやさしい地域社会に関連して、認知症当事者のニーズや優先順位を擁護するのに、当事者が声をもてるように適切に支援することです。

いかなる組織や事業も、ローカル認知症諮問委員会を世界中の認知症ワーキンググループの例に基づいて設立することができます。そこでは会員が政策や擁護の仕事、ローカルプログラムについてアドバイスを提供し、認知症がある人たちの社会的ニーズやケアのニーズへのよりよい理解を促進することを目的に、認知症当事者と介護事業者の対話を促進しています。

各ローカル認知症諮問委員会は、その特定の地域社会にいる認知症当事者に声を与え、認知症にやさしい地域社会のイニシアティブに関して、特に国や地元、あるいは地方のアルツハイマー病協会オフィスとローカル認知症同盟委員会と取り組むことを目指すべきでしょう。当然ながら、地元のニーズに基づき、各地域社会は異なります。

オーストラリアのキアマの認知症にやさしい地域社会のイニシアティブは、世界で初めて世界保健機関に認められたものです。

全国の認知症ワーキンググループや委員会のように、もし会員が認知症当事者だけなら最もうまく機能するのですが、小規模な地域社会では、これは不可能かもしれません。キアマ南部認知症作業部会では、会員はキアマと周辺の地域社会から集まり、認知症当事者とそのケアパートナーが含まれます。認知症当事者が自分たちのやり方で自分たちの時間をかけて、話したりコミュニケーションをしたりすること。そのために絶対的に必要なのでない限り、代わって話をすることのないようにケアパートナーや認知症当事者を支援する友人たちに「説明」しています。

以下はオーストラリア・アルツハイマー認知症諮問グループの対面ミーティングのあとでのいくつかの意見です。

私も就任ミーティングは本当に価値あるものだと思いましたし、同じ状況にある人たち（認知症当事者とその擁護者）と、私たちに影響する意思決定にどのように希望をもって今から本当に参加していくのか、話ができたのがとてもよかったです。

（認知症当事者）

これは、認知症当事者としての私たちの声を結集するのに大きな役割を果たすと確信しています！

（認知症当事者）

この新しいグループは時間とお金の無駄なのではないかと思いましたが、認知症当事者が依然としてこんなに声を上げられること、そしていかにこのグループが生産的なものだったかに興奮しています。

（ケアパートナー）

以下は、過去2年間で私が関わった認知症諮問グループについてのフィードバックの中で、最も興奮したものです。

このミーティングまで、私は5年以上、自分のために話をしていなかったように感じます！

（認知症当事者）

昨日のミーティングには力づけられました。私たちは2人とも、同様の状況の人たちが他にもいること、そして地域社会に前向きに貢献できることがあるのだと感じながら帰路につきました。

（ケアパートナーと一緒に参加した認知症当事者）

オーストラリアで私が関わってきたイニシアティブと世界中で見てきたことに基づき、表8のものが認知症にやさしく、アクセシブルになるための主要なステップです。

シブリー・ラーマン博士も、認知症にやさしいという言葉はむしろ断絶を生むのではないかという考えと、認知症当事者がどのようにこれらのイニシアティブに参加するのが最善かについて、私と同様の意見を述べています。「認知症とともによく生きている人たちが発言機会を得るには思考の多様性が必要」と題する、ごく最近のブログ記事で、彼はこう述べています。

表8　認知症にやさしく、アクセシブルになるための主要なステップ

1　認知症当事者のローカル認知症諮問グループまたは委員会を設立する。
2　地域社会を認知症にやさしくするために、ともに取り組むローカル認知症同盟を設立する。これはローカル認知症諮問グループの指導を受ける。
3　認知症当事者の生活に大きな影響を与える小さな変更をすることを通して、地元の組織や事業が認知症にやさしくなることを支援する。
4　組織や諮問委員会が環境監査を受けることを奨励する。
5　教育と啓発キャンペーンを通じて認知症への意識を向上させる。
6　認知症当事者のためのボランティア活動、雇用やその他の有意義な関わりの機会を促進するように組織と取り組む。
7「私たち抜きに私たちのことを決めない」という合い言葉をいつも心に留めておく。

たとえば住宅デザインなどの生活状態を改善するためにどのように地域社会を改善できるかの政策を形成するのに、認知症当事者からの洞察は不可欠だと感じます。そのような意思決定は、これまでの情報先端研究プロジェクト活動（ＩＡＲＰＡ）の研究と調和し、品質もずっと高水準になるでしょう。

これは単に一連の意見の中から最善のものを期待するだけでなく、優位に立つ意見があることを期待しています。会議で最初の発言者が往々にして、それに続く意見に影響を与えることは知られています。これと同じ影響が生じるかもしれません。たとえば、規制当局や認知症の慈善団体のＣＥＯが特別なイベントや国際会議での発表者の順番で最初に発言するようになっていて、認知症当事者はプログラムの後半（あるいは最後ですらあるかもしれません）になっている場合です。

あるいは、もし部屋に10人いて、そのうちの1人の意見が異なる場合、共同の意思決定の性質として、9人はその1人を集団の意見に合わせようとします。この現象は、法律での陪審員の意思決定の研究からよく知られています。

これとまったく同じ問題が「認知症にやさしい地域社会」の政策形成においても発生しています。この政策はおそらく気づかずに、真の統合とインクルージョンよりも分断を生じさせていて、かなり問題がありますが、現在国内そして国際的にもあるものの中では最善かもしれません。変革は往々にして内部からのほうがはるかに容易なのです。マヤ・アンジェロウがそう言ったことで有名なように。


この件で私は彼に賛成です。世界中の認知症フレンドリーイニシアティブが開始当初から私たちを含めない限り、そして私たち自身のために擁護するのに、私たちの多様な障害に適切な支援を提供しない限り、認知症にやさしくなれる見込みはないと思います。

これは難解なことではありません。認知症フレンズメッセージやキャンペーンを促進している団体は、言動を一致させるために、内部から始める必要があります。何かに「契約する」必要はないのです。ただ始めればいいのです。

小さなことから始めましょう。高価なものではありませんし、実際、多くはまったく費用がかかりませんが、認知症当事者の生きた経験にとても大きな違いをもたらします。

これらのキャンペーンやイニシアティブが、単にその団体の資金集めのキャンペーンの新しい方法として利用されてしまうことがあまりに多いのです。

表9はすべての個人、組織や地域社会にとって検討すべき主要な第一歩です。

表9　組織や地域社会にとって検討すべき主要な第一歩

- 常に敬意を表する。
- 認知症の言葉のガイドラインを利用する。入手可能な最高のものはオーストラリア・アルツハイマー病協会のもの。
- メディアが必ず認知症の言葉のガイドラインを参照するようにする。
- 認知症にやさしくなることを目指して取り組むすべての地域社会にローカル認知症諮問グループやワーキンググループを設立する。キアマ南部認知症ワーキンググループは私が世界で知る唯一のこのような地元の団体である。ITの課題にIT専門家を雇用するのと同様に、この仕事に、そしてこれらのキャンペーンに認知症当事者を雇用する。
- 私たちの欠陥ではなく、私たちがあなたたちのキャンペーンで何ができるのかに焦点をあてる。
- 車いす用のスロープやヒアリンググループのように、他の障害がある人たちにすでに行っていて、法律によって求められるのと同様に、私たちの障害への支援を提供する。

認知症にやさしいとは、私たちを含めることを意味する

私たちを含めないことによって、社会的烙印、差別、認知症の神話、そして孤立が継続します。それも往々にして、私たちを擁護している と主張するまさにその団体や介護事業者によってこの事態が生じるのです。私たちを1人か2人含めるのではなく、大勢です。その理由は表10の通りです。

擁護団体などが運営する認知症フレンズキャンペーンは、単に意識を向上させるだけでなく、教育する必要があります。認知症当事者に敬意を表し、力づける必要があります。これはとても重要なことですが、敬意のある、力づけるような言葉を奨励し、実際に使う必要があります。

メディアと関わるのであれば、そして認知症当事者にメディアと関わることを依頼するならば、使われる言葉が最新の認知症の言葉のガイドラインに沿うように主張しなくてはなりません。この指針を用いることなくして、メディアも、団体も、決して認知症にやさ

表10　認知症当事者を含める理由

- 認知症ではない人は、認知症とともに生きるとはどういうことか本当には知りえない。私たちは生きた経験の専門家である。
- 認知症当事者は、認知症ではない人たちに対して、認知症にやさしいとは実際に（私たちにとって）何を意味するのかを情報提供できる。
- そうすることで、もはや「私たち抜きに私たちのことを」ではなくなる。これは、パーソンセンタードケアがケアプランには見られるものの行動に反映されていないのと同様に、団体にとってのお題目になっている。

しくなることはないからです。

認知症フレンズキャンペーンは決して私たちの欠陥に焦点をあててはいけません。私たちの欠陥に焦点をあてるのであれば、「認知症にやさしいことについて国がどう考え、行動し、話をし、向かっていくかを変えることはできないでしょう」

新しいことに取り組もうとするいかなる組織も、専門家と契約をするか、雇用をするかします。認知症当事者は生きた経験の専門家です。この取り組みに大きな、そして前向きな影響を与えるでしょう（し、そうすべきです）。

実際、特に早期の段階では、認知症がある人は単に障害とともに生きていて、その障害は病気の早期の段階では支援できるものです。たしかに不治の病で、必ずしも楽しい経験ではありませんが、現在見込まれ、認識されているよりもはるかによく、はるかに長く生きることができるのです。

私たちは依然として社会に、そして私たち自身の人生に貢献できることがたくさんあります。自分たち自身の認知症フレンズキャンペーンに取り組んでいる集団が多くあり、どんなことを達成できるか、認知症当事者とその家族の生活をどんなふうに改善できるかとワクワクしています。そして私たちが認知症を乗り越えて生き、地域社会でもっと長く生活するための支援方法を話し合っています。

誰もがこの取り組みに私たちを含めることを始めなくてはなりません。私たちを含めないということは、この目的を達成する見込みが低くなることを意味します。「私たち抜きに私たちのことを」

になってしまうなら、少しも認知症にやさしくありません。

そして、意識向上は教育やトレーニングではありません。ある民間の介護事業者が、職員全員に30分間の認知症の意識向上セッションをしているので、今では認知症にやさしい組織になったというのです。私はこう言いました。「じゃあ、あなたのところの職員は、認知症がある人の介護をしているというのに、まだ認知症のトレーニングを受けていなかったのですか？」

彼らがやっていること、自分たちが認知症にやさしいと宣伝するために利用していることは、専門的な認知症サービスを提供する一環として、実際にはすでに職員に提供されているはずのことだったのです。認知症の介護事業者が、職員に自動的に認知症のトレーニングを提供しておらず、30分間の意識向上セッションで自分たちを認知症にやさしいと名乗る資格があると考えているなんて、実に落胆させられます。キャンペーンの先はまだ長そうです。

認知症フレンズキャンペーンに何が欠けているのか？

認知症にやさしい地域社会の取り組みやキャンペーンに現在欠けている主なものは表11の通りです。

国際的な認知症フレンズ運動に参加する

国際的な認知症フレンズ運動への参加をすべての人にお願いします。自分の地元、地方、市や国で認知症フレンズキャンペーンを開始して、認知症がある人たちを支援してください。ただし、この取り組みに私たちを十分に含めることをどうぞお忘れなく。

そして、最後に、これは団体が自分自身を売り込むためのマーケティングツールになってしまってはいけません。パーソンセンタードケアがすぐさまそうなってしまったように。

この取り組みの中心に認知症当事者が確実にいるようにしなければ、社会的烙印、差別、孤立、そして私たちの最も基本的な人権の喪失が続くのです。

表11　認知症フレンズキャンペーンに欠けているもの

- 認知症にやさしくなるために取り組んでいる各国、各都市、各地域社会は、ローカル／地域／市／国の認知症ワーキンググループ／諮問グループを設立しなければばならない。これはどの地域社会も異なるからであり、現在のように認知症ではない人たちではなく、認知症当事者が取り組みを主導しなければならないからである。
- 認知症フレンズキャンペーンに取り組むにあたり、自らが認知症にやさしくなるために、擁護団体は認知症当事者を雇用または契約するか、国際認知症同盟などの団体と契約することを始めなくてはならない。認知症当事者は他のコンサルタントと同等の敬意をもって扱われ、その専門知識に対する支払いを受けるべきである。
- 彼らはまた、彼らの認知症フレンドリーガイドライン（私たちのであるべき）に沿って運営しているか監査を受けるべきである。認知症当事者による監査からまず始めるべきである。

また、認知症当事者が専門家としてこの取り組みに雇用される時が来ています。障害者や先住民が自分たちが最もよく知っていることで、自分たちに関することについて雇用されるのと同じように。認知症ではないたいていの人は、認知症とともに生きることが何を意味するのか、本当に知ることはできません。私たちを完全に含めることで、認知症にやさしくなるとは何を意味するのか、私たちは情報提供できます。そうすれば「私たち抜きに私たちのことを」という状態を止められます。私たちは教育し、意識を向上させることができます。このことは、他の認知症当事者を力づけ、自分のためにまた声を上げさせるのです。

最後に、認知症にやさしい地域社会に関して、認知症がある人たち専用のレジのあるスーパーをつくるのは、ひどく不快で差別的だと思います。このアイデアを考えた人は、考え直す必要があります。これを奨励している人も、考え直す必要があります。精神疾患専用レジ、がん専用レジ、ＨＩＶ・エイズ専用レジ、性感染症専用レジ、糖尿病専用レジ、アボリジニー専用レジをつくろうと思うでしょうか？　病気や状態によってレッテルを貼られるのは、気分を害するものです。私見では、これは黒人が白人と同じ場所に行くことができなかったアパルトヘイトと変わりません。

33 認知症と高齢者ケアにおける人権

私たちは愛する人の安全を求めるが、自分自身には自律を求める。
(ケレン・ブラウン・ウィルソン)

2014年当時、私の年齢にふさわしい居住型介護施設のベッドはオーストラリアに12床しかありませんでした。

私はこの問題のパンドラの箱をさらに開け、全当事者間の対話を促し、発展させたかったのです。そして、意思に反して拘束されることのない人たち、つまり(犯罪者をのぞいて)認知症ではない人たちに、私たちが直面させられている問題への理解を深めてもらいたかったのです。世界中のどこでも、若年性認知症がある人のための年齢にふさわしい施設はほとんど聞いたことがありません。認知症や多発性硬化症などの障害がある、比較的若い人たちを高齢者ケアの対象とするのは人権侵害であるだけでなく、少なくともオーストラリアでは多くの公認基準に違反します。

簡単な話題のように思われるかもしれませんが、認知症がある人たちのケアにおいて私たちの人権が十分に守られていないという事実に照らして、ここで定義しておくべきだと感じました。オーストラリア人権委員会が定義した（２０１３年）人権とは、以下のものです。

その人の背景や、居住地、外見、思想や信条にかかわらず、各人が生まれながらにもつ価値を認識すること。人権は、文化、宗教、そして哲学を超えて共有されている尊厳、平等、そして相互尊重の原則に基づく。人権は公正に扱われること、他者を公正に扱うこと、そして日々の生活において本物の選択をする能力を有することに関わるものである。人権の尊重は、誰もが貢献でき、参加していると感じられる、強力な地域社会の礎である。

重要なことですが、患者や利用者を粗末に扱おうと意図して仕事に行く人は誰もいないし、高齢者ケア部門（地域社会、レスパイト、そして居住型ケア）のかなりの割合は正しいことをしようとしていて、大半は実際にそうしていることを、私はよくわかっています。けれども、どうして身体的に、または薬物によって強制的に拘束されているのかについて、問わなくてはなりません。

これは精神疾患部門で必要とされるのと同様の厳格な制裁のガイドラインなしに行われていま

す。この部門の拘束ガイドラインが高齢者・認知症ケア部門で用いられているというのに、しかも、認知症は精神疾患ではないというのにです。

オーストラリア人も世界中の大半の人々も、憲法で定められ、保障された市民の自由にかなりの誇りをもっているにもかかわらず、政府も多くの機関も、特定の種類の人々のこととなると、これらの権利を往々にして制限するか、あるいは完全に無視するのです。人権が頻繁に無視されてきた人たちには、認知症当事者と高齢者ケア施設の入居者がいます。

世界人権宣言によって、すべてのオーストラリア人は守られなくてはなりません。海外諸国の家畜、囚人、亡命者、難民、精神疾患や障害がある人たち、その他多くの権利の欠如について私たちは声を上げますが、身体の弱い高齢者や認知症当事者の人権については、最近まで声を上げることはありませんでした。この宣言は医療や高齢者ケアの制度にはあてはまらないかのようです。慢性疾患があったり高齢だったり、認知症と診断されたりしたら、人権が守られるべき人に該当しないかのようです。

社会として、厳格なガイドラインを遵守することなしに、玄関や認知症病棟のドアにキーパッド型の鍵を取り付けることを許されるべきではありません。それなのに、基本的人権に何の考慮もせずに、人々を室内に閉じ込めているのです。

大半の施設では、入居者は自分の自由意思で外出することができません。介護度の低い人のいる施設であっても、たいていはそうです。消費者として、これは人権のあからさまな侵害に見受けられます。面会に行くたびに義父に、こう尋ねられました。「どうして私は刑務所に閉じ込められているんだ？」。そして介護度の低い人向けの施設にいた時ですら、逃げ出そうとして玄関に立っていたものです。能力にかかわらず、私たちが自分自身の主人でいられるのは、施設に入所する時までのようです。

玄関のキーパッド型の鍵で施設内に閉じ込められるということ以外に、基本的人権に反すると思われる拘束形態には表12のものがあります。

これらはすべてぞっとするような拘束の形態で、往々にして、認知症がある人のニーズにまず対応しようとすることなく行われます。多くの場合、最後の手段としてではなく、困難な状況への「初期設定された」対応として用いられます。そしてまた、大概は同意なしに行われるのです。

高齢者ケアにおける「行動」に対応する方法としての抗精神病薬と身体拘束の乱用は、メディアで最近何

表12　基本的人権に反する拘束形態

- 抗精神病薬と向精神薬の投与
- 暴行
- 薬物での拘束
- その人の所有物を使わせない
- その人の金銭を使わせない
- その人を特定の空間に閉じ込める
  - ・家や部屋に閉じ込める
  - ・椅子に座らせておくためにトレイテーブルを用いる
  - ・自力で立ち上がれないように特定の種類の椅子を用いる
  - ・ベッドから出られないように特定の種類のマットレスを用いる
- 身体拘束

度も注目されてきました。そして施設入居者へのぞっとするような虐待の事例を示してきました。もちろん、優れたケアの事例は多くありますが、大概はメディアで放映されることはありません。そして私の経験では、優れたケアは依然として例外で、標準ではないのです。私の住む州では、認知症はもはや健康上の優先事項ではないと宣言されました。高齢化する人口と診断の国際的割合を考えれば、落胆したどころではありません。

認知症と診断され、パーソンセンタードケアなどを実現しようとする認知症当事者やその他の人たちによる国際的な運動に参加し、認知症当事者にとっての最も基本的な人権は何かを擁護するようになって以来、これを達成するのにまだまだ先が長いということに心をとらえられています。いつも不思議に思うのですが、どうして認知症当事者は、一人の人間、個人として扱われるために、こんなに一生懸命闘わなくてはならないのでしょうか。「文明化された」西洋社会では事実上すべての他の集団は人間らしい扱いをされているというのに。

この件でとても興味深いのは、病気や身体の弱い人を看護することに完全に焦点をあててきた産業部門によって、認知症がある人たちがいつも、「介護されて」きたことです！

彼らは「看護する」ように訓練されていますが、多くは私たちの人間性を尊重するようなケアを提供していません。優れたパーソンセンタードケアは例外であり、標準ではありません。認知症と高齢者ケアは地味な仕事ですし、一人の人間としてケアをするよりも作業をするほうが簡単で安上がりなのです。この産業部門は一人の人間に対するよりも病気の症状に対応するように大半は訓練されているのです。

施設や急性期病院のあらゆる強制的な拘束を、疑いもなく単純に、「最善の利益のため」と考えている人は、強制的な拘束が、実際にはより好ましくない対応につながっていないか問うてみるべきです。個人の主観的経験、そして個人の人権の中心となる基本的権利や自由に関しては、当然ながらそうなっています。認知症がある人へのこの対応は、往々にして、深刻で、衰弱させ、社会的烙印（スティグマ）を押すような副作用があります。

強制的な拘束に関して理解しておかなくてはならないことは、コミュニケーションや認知に関する障害によって表現や意思決定をする能力がないのとは対照的に、通常は、その対応への強く感じられる、表明された抵抗があるということです。

その表明はたいてい、「行動」として現れます。自律への制限を別にしても、その人が抵抗を示す時には、正当な理由があることが多いのです。

閉じ込められたり拘束されたりする側にとっては、拘束はいつでも強制的なものだということは、認識するべきです。

（「安全な認知症病棟」に閉じ込められ、従順になるように薬を投与され、あるいは椅子やベッドに固定されるなど身体拘束による）拘束は、それが私たちの最善の利益にかなうものとして正当化されます。そして私たちのまわりの人たちの最善の利益にもかかない、高齢者ケアや病院がケアの義務を遵守するのに役立つ（保険金請求を回避する！）とされます。私の考えでは、拘束がなされるのは、職員と資金が限られたなかで「ケア」を提供するのに、それが最も迅速で、安価で、容易な方法だからです。ただ、十分な資金がなく、十分な数の職員がおらず、そして時に、認知症の症状にもっと人間的な方法で対応しようという意欲がないのです。

多くの場合、刑務所に閉じ込められるよりも残酷です。認知症がある人は、法律に違反したわけでも、何か過ちを犯したわけでもありません。ただ、退行性の認知障害があるだけです。

高齢者ケア事業者は自分たちの施設を「もうひとつの我が家」として宣伝していますが、実態はほど遠いものです。孤児や亡命者を強制的に施設に入れることは虐待にさらすことになると現在ではわかっていますが、それなのに虐待や人権の欠如につながる「想定される」結果を十分に考慮することなく、高齢者を施設に入所させているのです。だとすれば、私は高齢者向けの施設に入ることをどう感じるでしょうか？　もし私が居住型ケアを必要とする場合、高齢者向けの施設が現在、私がオーストラリアで利用できる唯一の場所です。家族や友人から遠く離れて、シドニー南部にある、比較的若い人たち向けの12床の施設にベッドを見つけられない限り！　高齢者向けの施設は自分にはふさわしくないと感じると言うことで、私は年齢差別主義者だと非難されてきました。これらの施設は暮らすのに素晴らしいところで、我が家のようで、時が来れば私のケアパートナーの負担を減らすのに必要になるだろう、と多くの人から「言われて」きました。当然ながら、この人たちは実際にそこで暮らしたことはありません。

高齢者ケア部門（地域社会、レスパイト、施設）のかなりの割合は、正しいことをしようとしていると言っていいでしょう。けれども最終的には、どうして人々が強制的に拘束されているのかを問わなくてはなりません。これは精神疾患部門に必要なのと同様の厳格な制裁のガイドラインなしに行われているのです。同じ拘束のガイドラインが高齢者・認知症ケア部門で利用されているにもかかわらず。変革をもたらすために、消費者が土俵に上がり、声を上げ、志を同じくする人たちとともに取り組んでいく時が来たのです。私たちの祖父母や親（そしてやがて私たち）が地域社会やレスパイトや施設の高齢者ケアを必要とする時に、衰弱するのではなく健康になっていくように、高齢者の文化に抜本的な変革が必要なのは明らかです。

壊れているのは制度であって、人ではありません。高齢者・認知症ケアの仕事をしている人たちで、私がよく知っている人たちは、世界で最も思いやりのある人たちです。

思いやりのある介護職が、単にワークショップに行ったりそれについて話をしたりするだけでなく、実際に本物のパーソンセンタードケアを提供できるように、制度を修正する必要があります。

新しい人が必要なのではなく、高齢者ケア制度を抜本的に変革する必要があるのです。そして施設を暮らしたいような場所に、本当に働きたいような場所に変える必要があるのです。現在のように例外としてではなく、基準として。認知症ケアにおける尊厳と、どのようにして制度を改革するかに、耳を傾ける人に対して、多くの人たちが今、誓いをたてています。私も自分のやり方で参加しています。ともに、大きな前向きな変革の波をつくりだせると期待しています。研究者や医療従事者の中には耳を傾け、消費者と協力し合って参加してくれる人たちが出てきているので、私たちは変革を成し遂げられると自信をもっています。

認知症がある人たちは、犯罪者ではありませんし、何も過ちを犯していませんし、法律に違反してもいません。認知症と診断されただけです。不治の病の、神経疾患です。

最後に、ＨＡＬＴ研究（２０１３年）が明確に述べているのは、「懸念される行動」に対応するために抗精神病薬を用いるのは、認知症ケアにおける最善の実践でないばかりか、たいていの場合、このような薬物にとって認知症は禁忌だということです。

本章を次の言葉で終えられることをうれしく思います。高齢者・認知症ケア業界、そして認知症部門全般にとても大きな、前向きな変革を本当に感じています。本物の、現実的な、前向きな変革が、実際に進行中だからです。この部門は消費者である私たちに実際に耳を傾けていますし、十分に私たちと関わり、自分たちの組織に前向きで、人生を変えるような、私たちを肯定するような、そして持続可能な変革を起こすことを本当に望んでいます。私は彼らに心から拍手を送ります。

34 認知症にからむ大金

これが、認知症へのもうひとつの反応です！　2014年半ばに、人生で初めて認知症擁護者として、そして発表者として、会議で話をするのはうれしいことではありませんでした。その後、感情的に回復し、公の場で話ができるようになるまでにはしばらくかかりました。この会議の初日の最後のセッションは、認知症がある人の性に関するパネルディスカッションでした。このような全体会議で、こんなにデリケートで個人的な話題が、認知症ではない人たちによって公然と、認知症当事者を含めずに話し合われている。このことに気分を害し、心を痛めたと、質問の際に私は声を上げました。

しかし、私が組織内の人にフィードバックをすると、悲しいことに、これがよく受け取られなかったばかりか、公に私への個人攻撃になってしまったのです。私はいじめられ、指をさされ、強く脅すように「私の会議を乗っとるな」と言われました。多くの目撃者の前でです。私はまた、診断を証明するようにと公の場で要求されました。極めて無知で、気分を害する要求です。

高齢者・認知症ケア部門の多くの人たちは、実際、パーソンセンタードケアではなく「パース（財布）センタードケア」で、トップの人たちの中には、認知症についてまったくわかっていない人もいるように見受けられます。高齢者・認知症ケアのトップにいる人たちが、自分たちがケアをしていると主張する相手からの批評を受け止められないなら、この脆弱な集団のケアを最前線で改善することに期待はもてません。

幸せそうな入居者が素敵な庭を歩いている、もっともらしいたくさんの写真で、自分たちの施設への入所をケアパートナーにうながすマーケティングや宣伝の道具にむしろ見えるような年間報告書で、高齢者ケア事業者は株主に対して多額の資産と配当があることが多いのです。このような施設でのケアは最適とは言い難いことが大概で、まったくパーソンセンタードではありません。ケアの医療モデルに基づく、施設内のものです。結局のところ、認知症には大金が絡むのです。

多くの高齢者ケア事業者は成功しているようですから、そのような「成功の」方式をどうして変えようなどとするでしょうか。

また、今では多くの民間事業が、多数の商品を販売しています。コミュニケーションや関わりのツール、ケアチャートに薬取り出し容器から奇跡の薬まで……なかにはインターネット上で私たちをつかまえてカモにするものもあります。認知症がある人たちはとても力を奪われてきて、孤立しているので、最初は無害に見えるアプローチを受け、新しい友人ができることに興奮してしまいます。それがある日、利用されていたことが明らかになるのです。「奇跡の薬」のような商品を販売するため、あるいはコミュニケーションツールやその他の製品を宣伝するため、時には単につき合いを通して。

認知症向けの商品やサービスを宣伝する民間事業者は、認知症がある人たちを自分たちの信憑性のために利用しています。研究者もそうですし、擁護団体の理事会や組織もそうです。自分たちが販売する商品が「私たちに役立つ」とか研究がより正当性があるというだけでなく、私たちを含めているのだからその研究や商品はこんなに素晴らしいのだと証明するために、言い訳のように一人の認知症がある人をすべてのマーケティング資料に利用するのです。一人の人が４７５０万人を代表できるでしょうか。私はそうは思いません！

ソーシャルメディアサイトで認知症がある人を検索ツールで探して「友達申請」を送ってくる詐欺師までいます。私たちの多くが引っかかっています。友人の友人か、あるいは忘れてしまった誰かなのかもしれないと思って「友達申請」を受理したあとで、相手が奇跡の薬を売り込んでいるとわかるのです……。私たちは脆弱な集団で、標的にされやすいのです。そのうえ、インターネットができる前は、私たちの多くは社会的にとても孤立していましたが、今ではソーシャルメディアがあり、認知症の診断後に私たちの人生から消えてしまった人たちを埋め合わせているのです。

マーティン・ルーサー・キング・ジュニアがかつて言いました。「大切だと思うことについて沈黙するようになってしまった日から、私たちの人生は終わり始めるのだ」

私も同感です。私の人生は大切です。私が知っているすべての人の人生も、あなたが知っている人たちの人生も、大切です。世界中の認知症がある人たちの人生も大切ですし、私たち皆にとって大切なことについて声を上げ続けることは重要です。私たちは、集団として、利用され、虐待されてきたと思います。インターネットによってそれが容易なために、現在ははびこっています。特に奇跡の薬のようなものを私たちに売りつけようとする詐欺師です。

先に言及した会議での経験のように、倒されるたびに立ち上がることが重要です。あの会議で、2日目に私が登場して発表をするのが重要だったように。私の発言は重要ですし、他の認知症がある人たちの発言も重要です。お互いにとってだけでなく、私たちにサービスとケアを提供するために働いている人たちにとっても、重要なのです。

その会議で私が会った人たちの大半は、私のように認知症がある人たちがいるからこそ、仕事があるのです。

認知症会議で受理されている研究発表の多くが、研究者やこの部門で働く人たちのためのキャリアの発射台か、商品の発射台のように、そして自己宣伝のほうが重視されているように感じることも、あまりに多いのです。発表者の大半は会議の主催者の従業員や仲間で、利益相反があるようですし、参加者に対して偏見のない研究発表を行うのに最適ではありません。

自己宣伝は生きていくうえで必要ですし、認知症・高齢者ケアのお金をめぐってこれほど競争が熾烈な市場にいる組織にとっては特にそうなのでしょう。けれどもこれは通常の広告宣伝で行われるべきものであって、会議の隠れ蓑や、パーソンセンタードケアを提供するという隠れ蓑、あるいはインターネット上などで認知症がある人と「友達になる」ことを通して行われるべきではありません。

認知症当事者が自分のために声を上げることに人々はまだ慣れていませんが、だからと言って、私たちが声を上げた時に、認知症ケアの分野でリーダーだと主張するその団体や人々から攻撃されるリスクがあるというのは、許しがたいことです。そしてさらに許しがたいのは、高齢者ケア部門も含め、商業的な既得権のある人たちが、こんな脆弱な集団からお金を儲けるのにこれほど熱心になっていることです。

35
私たち抜きに私たちのことを決めないで……

少数の思慮深く熱心な市民たちが世界を変えられると決して疑わないことだ。
――実際、ただそれこそが世界を変えてきたのだ。
（マーガレット・ミード）

認知症の話し合いに誰が欠けている？

おかしな質問だと思うかもしれませんが、認知症がある人についての話し合いにおいて、認知症当事者が欠けていることが依然としてとても多いのです。会議や公開フォーラム、アルツハイマー協会やアルツハイマーソサエティに1人、時には2人いることもありますが、全般的にその社会的包摂は父権主義的で形だけの平等主義で、社会的烙印（スティグマ）と差別をさらに助長するものです。世界認知症審議会では、何か月も、認知症当事者が一人もいませんでした。認知症当事者の擁護団体の大半は、理事会に認知症当事者が一人もいません。私たちのためのはずのサービスの計画に、私たちを十分に、あるいはまったく含めていないのです。「私たち抜きに私たちのことを」という状況が依然としてあまりにも頻繁にあるのです。

私たち抜きに私たちのことを決めないで

「私たち抜きに私たちのことを決めないで」という言葉は、私の知る限り、もともとは障害者の自立生活運動において30年ほど前に使われた言葉です。それから、認知症当事者が15年ほど前に使い始めました。認知症の当事者活動で最初に使った団体は認知症権利擁護・支援ネットワーク（DASNI＝ダスニ）だと思います。スコットランド認知症ワーキンググループがそれに続きました。私が診断された時、この言葉をよく耳にしましたが、実際に目にすることは稀でした。依然としてこれが現実で、多くの場合、認知症当事者は、自分たちにまさに影響を及ぼす、認知症についての委員会や審議会、会議や公開フォーラムから取り残されているのです。それなのに、認知症ではない人たちは、実際には私たちのことを含めていないのにもかかわらず、私たちの存在を団体や地域社会に信用を与えるために利用しているのです。これでは本来の意味を失ってしまっています。

認知症ワーキンググループ

①国際認知症同盟（DAI）

国際認知症同盟は、認知症当事者による、認知症当事者のための、初の国際団体で、会員は認知症当事者に限られます。ダスニ（DASNI）は、認知症当事者によって認知症当事者のために設立された初の団体ですが、その会員は認知症当事者に限られてはいませんでした。国際認知症同盟は認知症当事者の声とニーズを擁護し、自分たち自身の公開フォーラムを提供しています。このような団体を設立する夢やビジョンをもつ人たちが多くおり、ダスニ（DASNI）の会員の3分の2は家族介護者で、認知症当事者はわずか3分の1になってしまっていたことから、多くの認知症当事者が自分たち自身の声が必要だと感じていました。誰がこのアイデアを思いついたのかはわかりませんが、私の診断以来、多くの人が種をまき、私たちの集団のひとつが、ただ設立を決めたのです。私は自分がその背後で後押ししたと主張するつもりなどありません。また、私が「オリジナルの」アイデアを思いついたのでは決してありませんが、これを実現した団体の一員であることに興奮しています。

国際認知症同盟は、社会的烙印と差別を根絶し、認知症当事者の生活の質を改善するために、認知症についての教育を促進し、意識を向上させようと、2014年1月1日に設立されました。最近では国際アルツハイマー病協会と協力し、認知症当事者のための国際的な権利擁護団体となりました。私は共同設立者であり、現在は共同議長の一人であり、編集者です。

私たちのビジョンは、認知症がある人が引き続き十分に価値を認められる世界です。

私たちのミッションは、包摂的に協力する、認知症当事者の国際的なコミュニティの創設です。

次頁表13のことを目標としています。

国際認知症同盟は、世界中で他者を代弁し、支援し、教育している認知症当事者によって構成される団体であり、個人の自律を達成することを目標に、力と権利擁護と支援に統一された声を提供します。私たちのウェブサイトには翻訳オプションがあり、たいていの言語でかなり妥当な翻訳をしてくれます。

国際認知症同盟は、認知症当事者による認知症当事者の支援に専念しています。

私たちは、認知症と診断され、それとともに生きる、実在の人間です。私たちの日々の生活に影響を与える意思決定プロセスや会議に、認知症当事者が欠けたままであるのを、もはや容認するつもりはありません。

国際認知症同盟は、認知症当事者の、認知症当事者による、認知症当事者のための団体で、認知症当事者に声を与えることに専念しています。

今こそ、「私たち抜きに私たちのことを決めないで」が現実になる時です。

認知症当事者は仲間外れにされ、取り残されてきましたが、私たち自身のケアと治療において、今こそ他者と同等のパートナーになりたいと望んでいます。変革と進展のいずれにとっても、他の部門においては完全なインクルージョン（社会的包摂）が標準となっている世界で、認知症当事者のセルフアドボカシーが欠けているのは、受け容れがたいことです。認知症当事者の人間としての可能性を育成するのは重要なことで、そのために国際認知症同盟は公開フォーラムを提供するつもりです。

認知症当事者が、自分たちのことを「恐ろしい」病気の「犠牲者」や「苦しんでいる人」としてとらえるのをやめ、代わりに自分たちの資源や能力に焦点をあてられるよう、力づけることが重要です。国際的なコミュニティとして、他の認知症当事者に手を差し伸べ、私たちの基本的人権のために声を上げ、擁護するのは、私たちにかかっています。一人ではできないことも、協力すればできるのです。

目標は、認知症当事者で構成されたコミュニティをひとつの強力な声にまとめ、私たちの懸念に耳を傾け、この喫緊の世界的危機に対応するための行動をとるよう、政府や民間部門、医療従事者に要請することです。協力することで、国際的コミュニティとともに実施のための具体的行動を特定することができます。そのプロセスにおいて、私たちの人権が十分に守れるようにできると確信しています。

表13　国際認知症同盟の目標

- 認知症とともによく生きるための支援と励ましを認知症当事者に提供する。
- 認知症とともによく生き、目的をもって生きるとはどういうことか、他の認知症当事者や、より広範な地域社会に範を示す。
- 認知症当事者を擁護し、彼らが自分たち自身、そして同じ病気とともに生きる他者のために擁護できる能力を育成する。
- 認知症への社会的烙印、孤立、差別を減らし、世界中の認知症当事者の人権を行使する。

私たちは毎月、オンラインカフェ（Café Le Brain）を2つの異なる時間帯（現在はアメリカとオーストラリア）で開催しているほか、多くの時間帯で毎週オンラインの支援グループがあります。また、「心のミーティング」と呼ばれる教育的なオンラインセミナーを毎月開催し、認知症に特有の話題を扱い、ゲストスピーカーを迎えることもあります。2014年の認知症啓発月間には毎週マスタークラスを開催しましたが、すべて私たちのYouTubeチャンネルで見ることができます。

私たちのオンラインイベントや支援サービスはすべてウェブサイト上にありますし、認知症と診断された人であれば、会員になることができます。

それ以外の人は毎週更新されるブログに読者登録もできますし、ニュースレターを申し込むこともできます。

国際認知症同盟は、国連の障害者の権利に関する条約の下で認知症がある人たちが認識されるように、国際アルツハイマー病協会と協力して国際的に取り組んでいます。まだ先は長いのですが、2015年にジュネーヴで私がこの件を国際舞台に上げたことで、十分な話し合いがされるようになっただけでなく、行動を促しました。常にそうであるように、言葉は、それに行動が伴わなければ、たいていは役に立たないのです！

②認知症権利擁護・支援ネットワーク（DASNI＝ダスニ）

ダスニ（DASNI）は、早期の認知症当事者とそのケアパートナーのために、ロレイン・スミスによって2000年11月8日にヤフーのホームページに開設されました。彼女はモンタナでこれをNPOとして登録しました。イギリスのピーター・アシュリーが、認知症によって死ぬのではなく、認知症とともに生きることについて、勇気を与える講演をしました。私見では、私の診断時には認知症当事者への真の変革はまだほとんどもたらされていませんでしたが、この画期的な仕事が、たしかに道を開いたのです。

③スコットランド認知症ワーキンググループ

スコットランド認知症ワーキンググループ（SDWG）は全国的な運動団体で、認知症当事者が運営しています。このワーキンググループは、認知症当事者へのサービスと態度を改善するために運動しています。アルツハイマー・スコットランド内の、認知症当事者の独立した声であり、アルツハイマー・スコットランドとスコットランド政府が資金提供をしています。認知症当事者は会員になることができます。

2012年にロンドンで開催された国際アルツハイマー病協会の会議で、彼らは10周年を祝いました。夫も私もこの国際会議に初めて参加しましたが、会員の多くと会い、ともに祝うことができました。彼らには特に勇気を与えられています。

以下に紹介する記事の中で強調されているのは、よりよいサービス提供と理解を求め、なぜ私たちが意識向上の道を歩み続けなければならないかという理由です。私たち（認知症当事者）についてではなく、私たちが書き、話す、物語や政策です。私たち（認知症当事者）は、彼らを見習い、政治家や専門家とともに物事の中心にいなければなりません。会員数も多く支援も厚いダスニ（DASNI）とはとても違う意味で、スコットランドのグループは、認知症当事者のための擁護の先駆者でした。自分たち自身に影響する問題に声をもてないことにうんざりして、認知症がある活動家の団体が権力者に自分たちの話を聞かせているのです。メアリー・オハラは2008年2月6日の「ギャップを埋める」という記事でこう報告しました。

6年前、ジェームズ・マキロップは、スコットランドのケアパートナーの会議主催者に、自分が参加して話をしてもいいかと尋ねました。この要求が断られた時、彼はカメラマンのふりをして入場し、いずれにしても自分の意見を述べることができたのです。マキロップは自分の大胆さを今は笑いますが、これが型破りな活動家としてのキャリアの始まりとなり、認知症当事者の新しいタイプの擁護者として彼を運命づけたのです。

「私が認知症があるから、彼らは（会議に）参加させようとしなかったのです」と彼は述懐します。「それで動き出したんです。診断を受けると、孤立してしまいます。ドアから外に出されて、そこに取り残されるのです。医師も看護師も自分たちの組合がありますし、ケアパートナーも自分たちの団体があります。だけど認知症当事者のための（利用者）団体はひとつもなかったのです。私はこう思いました。『これは完全に間違っている』

参加を拒否されて1年後、マキロップは、そのケアパートナーの会議にゲスト兼公式スピーカーとして参加しました。この1年間で、彼は同じ志をもつ認知症当事者を募集して、運動団体であるスコットランド認知症ワーキンググループの設立を支援したのです。署名した60名ほどの認知症当事者とともに、彼は認知症と診断された人の声がスコットランドに確実に届くようにしました。

義憤にかられ、マキロップが言うには「思いつく限りすべての人に」、この団体は手紙を書きました。アルツハイマー病の早期診断については、イギリスがヨーロッパの下支えをしているとわかると、彼は医療従事者や政治家に、それは「容認できない」と訴え始めました。

全文はこのＵＲＬ（www.guardian.co.uk/society/2008/feb/06/longtermcare.socialcare）からご覧ください。読む価値があります。

ダスニ（ＤＡＳＮＩ）とスコットランド認知症ワーキンググループによって土台ができていたとはいえ、私が診断された時は、オーストラリアでも、世界的にも、認知症当事者に声があるとも与えられているとも感じませんでした。ダスニ（ＤＡＳＮＩ）とスコットランド認知症ワーキンググループの画期的な仕事を考えると、他者が追随するのにさらに10年かかっていること、それに、認知症当事者の声に耳を傾けてもらうだけでなく、私が見たほんの小さな一歩ではなく大幅な変革を確実に行うには、まだまだ多くの意味で先は長いことに驚き、ショックを受けてすらいます。世界認知症審議会のような重要な団体に（これを書いている時点で）認知症当事者が一人もいないという事実が、すべてを物語っています。

他者と同様、私も高齢者・認知症ケアのために声を上げ、権利擁護を続けていきます。変革を成し遂げるのに最も影響力があるのは、自分自身の物語をもつ人たちだと信じています。それが認知症という分野全体に、文書や報告書の言葉を超えた現実味を与えるのです。

④その他の認知症ワーキンググループ

スコットランド認知症ワーキンググループの範に倣い、ヨーロッパ認知症ワーキンググループが2012年にヨーロッパ・アルツハイマー病協会の支援を受けて設立されました。それにすぐ続いてオーストラリアでも2013年に設立されました。アイルランド認知症ワーキンググループも2013年に設立され、2014年の認知症啓発月間に日本認知症ワーキンググループが設立され、就任会議が開催されました。現在ではオンタリオ認知症ワーキンググループが存在し、カナダと2、3の諸国で全国的な認知症ワーキンググループが計画されていると聞いています。

世界認知症審議会

2012年3月に、イギリス首相が「認知症への挑戦」を発表し、2015年までに認知症ケアと研究に主要な改善を達成するためのいくつかの主なコミットメントを打ち出しました。このコミットメントと取り組みの結果、現在と将来の認知症に焦点をあてた世界認知症審議会が２０１４年に設立されました。

本書の執筆時点で、デニス・ギリングス博士が世界認知症大使として、２０１４年2月にイギリス首相から任命されています。この役割の創設は２０１３年12月のＧ８認知症サミットで合意されました。ギリングス博士は製薬会社のコンサルタントで、クインタイルズの創設者です。大使の役割には、新たに創設された世界認知症審議会と国際的な専門家と協力して改革を促進し、新しい資金源獲得のための国際的努力を調整し、民間や慈善事業の基金獲得の可能性を探求することが含まれます。彼はまた、認知症の予防、治療、ケアへの経済的、規制上、そして社会的障壁に対応する国際的リーダーシップを引き受けるため、政府やステークホルダーとともに取り組みます。

２０１４年にオーストラリアで開催された公の講義に私も招待されましたが、彼は冒頭でこう言いました。「同性愛者のコミュニティが30年前にそうしたように、認知症がある人たちは、もしかしたら街頭でデモをする必要があるのかもしれません」。認知症と闘うにはこの熱意が必要だと示唆したのです。彼がもっとソーシャルメディアで活動的であれば、すでに私たちの声を聞いていたはずです。私たちは国会議事堂の前でプラカードを掲げてデモ行進はしませんが、オンラインやイベントで、集団で大きく声を上げているのです。

講義においてギリングス博士は国際的な統計とオーストラリアの統計を再検討し、それから、以下に概要を示したような世界認知症審議会の５つの優先事項を説明しました。私のメモは完璧ではありませんが、このレクチャーの内容がどんなものかはわかるはずです。

①優先事項1：研究

第1は研究です。「効果的な治療ができるだけ早く利用できるようにならなければなりません」と彼は述べています。そして「早期研究からより迅速な処方までのより迅速な経路」が必要で、効果的に「市場に薬が出る時間を早める」ということです。市場により多くの薬が出ることを認可し、それを優先事項とするよう依頼するために、ギリングス博士はオーストラリア保健省薬品・医療品行政局の担当者に会うことまでしました。

②優先事項2：財政

ギリングス博士が言うには、認知症への投資額はがんの5分の1に過ぎず、治験を加速するには資金が必要だということです。投資規模が成功の鍵です。最も見込みのある薬を特定し、試験することが目標です。そして最後に、彼が言うには、「今、研究に投資する政治的意志を見出せば、私たちは成功します。認知症は他の病気と同等の支援を受けなくてはなりません」。研究と資金をめぐっては、かなりの話し合いがありました。政府が研究投資増加のために税制上の優遇措置やR&Dクレジットを提供していることについても、彼はふれました。認知症の研究への投資を続けたいと思うためには「製薬会社は、製品が認可されると信じられなくてはなりません」

③優先事項3：オープンサイエンス

オープンな研究とビッグデータ、そして国際的にすべてのデータへの容易なワンステップアクセスの構造の必要性が検討されました。これには、失敗した研究も含まれます。他の研究者が同じ轍を踏まないようにするためです。研究者のコミュニティ間ではデータ共有も透明性の確保も十分ではありません。質疑応答の時間にクリスティーン・ブライデンが彼に尋ねたのは、新しい研究を共有するよう、どのようにして研究者たちを奨励するつもりなのかということです。研究者にとっては自分のキャリア形成や独自の「発見」のほうに関心が高い場合が多いからです。いい質問です。研究者のコミュニティにおける最大の課題のひとつであることに彼も同意しました。彼も実際には答えを持ち合わせていないのです。

④優先事項4：リスク軽減

ギリングス博士は、もしかしたらこれが研究者の間でもっとも論争が多いかもしれないと言いました。また、夕食の際にも再度、これが自分にとっての最大の課題のひとつだと言いました。裏づけとなるデータが（まだ）ないために、多くの研究者が無関心だからです。しかし、リスク軽減には健康やライフスタイル要因の改善も含まれると言い、「常識が通用しなければならないのです」。他の分野ではこのアプローチの裏づけとなるデータが出ているのですから、認知症だって例外ではないはずでしょう。彼はまた、「『薬』が利用可能になるまでの短期間の期待だ」とも言いました！

⑤優先事項5：ケア

世界認知症審議会の第5の優先事項は認知症がある人へのケアで、これには技術と新しいケアモデルが含まれる必要があります。実際に利用されている映像を見せながら、彼はロボットの価値について語りました。服薬を思い出させたり、転倒後に起き上がるのを助けたり、シャワーの手伝いまでするのです。「技術とロボットはケアの支援はできますが、対面でのケアにとって替わるものではありません」と彼は言いました。認知症がある人と高齢者のケアでは、ロボットがとって替わりつつあると私は思っています。多くの諸国ではこれを担える若年層がいないからです。選択の余地がなく、ケアがされないよりはロボットのケアを選ばざるをえない時が来るでしょう。

ギリングス博士が最後に述べたことの中には、治療薬または病態修飾薬の目標を2025年に定めることも含まれます。彼はまた、「権利擁護と意識向上が進展の鍵だ」と言いました。この最後の言葉には強く同意します。

今こそ、認知症がある人たちが世界中の人々に自分たちの存在を、そして私たちは知的な存在なのだと、訴えていく時なのです！

もしかしたら、ギリングス博士が提案したように、人々の注意を喚起するために、プラカードを用意して国会議事堂の前でデモをしないといけなくなるかもしれません。

36 愛、贈り物、認知症と死

ジュリー・パウエルの『ジュリー&ジュリア』という本に、輝くほど美しい2つの文章があります。ジュリーは女友だちと結婚について語っていて、いかに誰もが「彼女にふさわしくない――彼女に釣り合うほど賢くない、やさしくない、彼女の伝染するような笑いや、知らない人たちのいる部屋中にシャンパンの泡を振りかけることができるような彼女の声に釣り合うほどの資質をもっていない」かを語っているのです。それから、両親の離婚と再婚について、こう語っています。「いずれにしても、両親は一緒にいることになったの。『結婚するようなタイプ』だったからじゃなくて、死に物狂いで努力して、『お互いを傷つけるよりも、お互いのことを愛した』から」。なんて素晴らしい洞察でしょう。そして友人や親について語るのに、なんて美しい言葉でしょう。これらは私たちが皆考え、目指すものであり、他者の魂を覗き込むもので、ありふれた日常を超えた知恵を備えています。知らない人たちのいる部屋中にシャンパンの泡を振りかけることができるような声をもつ女性……そんなふうになりたいと願わない人がいるでしょうか⁉　お互いを傷つけるよりも、お互いのことを愛するという考え方は、とても力強いものです。

このことについてこうして書いているということは、私は人生の豊かさと読書の楽しみを維持できているということです。そして先に行くために、認知症の症状に引き続き対応していくために必要な楽観主義を備えているということです。本を読んで、それから読んだことについて書くという努力は、それがブログであれ、書き込みのある付箋を本のあちこちに貼りつけることであれ、今でも有意義で価値あることです。こういったことは、私にグラスにはまだ半分水が残っているのだと、そんな見方を忘れてしまった時に思い出させてくれるのです。これらの言葉から受け取るメッセージは、愛と笑いがいつも私にとっては何より重要だということです。

人生のすべてはいかに儚いか、私はわかっています。そして、快適さによって何かや誰かを当たり前だと思ってしまいがちなこともわかっています。私は自分の能力、記憶、知性、共感や同情をできる能力にとても慰めを見出しました。愛する夫は、無条件の支援と私への信頼をもって、私が困難を乗り越えるのを支えてくれます。そして変わり続ける「ケイト」を受け容れてくれています。私が転ぶたびにいつでも夫がそこにいるとわかっているから、一つひとつの携帯メール、電話、メール、質問や宣言に対応していけるのです。私はそこに大きな喜びを見出し、夫の私への変わらぬ信頼と愛を思い、その考えで自分を包むのです。

死について考えることで、私は一層哲学的になり、人生全般について多く考えるようになりました。2012年に下の息子チャールズが、私のことを自分が知っているなかでいちばん幸せな人だと言いました。そして私が自分の病気について公にした悲しみや悲嘆が明らかな今でも、これは変わらないのです。2、3年前に、ある大学講師が、私がこんなに「元気そう」なのは初めて見たと言いました。身体的にではなく、全体的にという意味です。

おそらく、これが病気と死の本当の贈り物なのでしょう。不治の病と診断されてから、残された人生に望むものに焦点をあてて時間を過ごすことは重要だと思います。そうすることで、人生を客観視できます。小さなことに煩わされなくなります。今日は暑すぎるとか雨が降っているとか、カフェで出てきたコーヒーが完璧だったかどうかといったことに煩わされなくなるのです。明日はもうそこでコーヒーを楽しむことができないかもしれないとしたら、誰がそんなことを本当に気にするでしょうか。私の場合、コーヒーを飲んだかどうかすら覚えていないかもしれないのですから！

愛、笑い、そして愛する人たちと時間を過ごすことが大切なことのすべてのようです。そして、病気と死からの贈り物によって、自分自身に正直になる自由を与えられました。

このことと、それがもたらす心の平安が、もしかしたら本当の贈り物なのかもしれません。あなたも私も、誰もが死ぬまでは生き続けるのです。

37 最後に、しなやかさと記憶について

子どもは家で学んだように村で振る舞う
（スウェーデンの諺）

傷つくこと……指示すること
（ベンジャミン・フランクリン）

過去……すべて置いていっても、いつも一緒についてくる
（レリーン・ボイル）

何をするにしても、誰にもその楽しみを奪われてはならない……
たとえそれが「認知症さん」であっても
（ケイト・スワファー）

最後に、しなやかさと記憶について書いておきたいと思います。しなやかさとは、変化やストレスを生じさせる出来事に、健康的で建設的な方法でうまく適応する個人の能力です。感情的な問題や精神衛生上の問題を減らすために能力とスキルを強化したいならば、しなやかさを育てることが重要です。そしてこれは私たち認知症がある人にとっても、介護者にとっても重要です。これは育てる価値のあるスキルです。過去の障害を乗り越える能力を与え、健康、キャリア、あるいは人間関係上の挫折から回復して潜在能力を発揮するのを支えてくれるからです。そして困難な「贈り物」に対応するのを支えてくれます。

私たちは皆、個人の責任を促し、問うことの代わりにもっと受け容れる必要があります。自分自身と自分の過去を受け容れるのです。自分の将来を受け容れるのです。あなたが、あるいはあなたの愛する人に認知症があるなら、受け容れることを学ばなければ力を奪われてしまいます。

もっと成熟するのです。親を許しなさい。別れた夫や妻を許しなさい。情熱と理性をもって生きることを選ぶのです。可能であれば毎日、少なくとも誰か一人の人生に違いをもたらすことを選ぶのです。そして、毎日をその日がまさに最後の日であるかのように生きるのです。

もっとしなやかになることを選ぶなんて本当に可能なのかと疑問に思うかもしれません。私は可能だと信じています。人生は一連の経験に過ぎません。よい経験もあれば、悪い経験もあります。それにどう反応するかは選ぶことができる、と私は心から信じています。落ち込んでいれば、今日は仕事に行かないという選択をするかもしれません。あるいは友人や仲間の誘いを断るかもしれません。けれども、もし外国から親友があなたの家の玄関にやってきて20年ぶりに一緒にいられるとなれば、自分を引っ張り出してくるでしょう。悲劇に浸るのをやめて、一緒の時間を楽しむでしょう。鏡を真剣に覗き込んでみれば、このことがわかってくると私は本当に信じています。もし最初は心の奥を覗き込むのがあまりにつらいなら、親友から始めてみましょう。あるいは静かに匿名で、あなたとそりが合わない人の行動を分析してみましょう。正直なところ、他人のあら探しをするほうが、最初は楽なのです！　そして慣れてきたら、自分自身についてやってみましょう。

機会があったら、小さい子が自転車から落ちて膝を擦りむいた時の反応を見てみてください。母親がそこにいなければ、そして特に友人がいれば、泣いたり悲しそうに痛みを訴えたりしないものです。友人がいなくなって母親がそばに来た時の反応も見てください。そうです、子どもは母親の注意を引くために、ちゃんと自分の痛みに気づいてもらうために泣くのです。息子たちは幼い頃、宿題や家事が大変で疲れたとよく文句を言っていました。あるいは目が冴えていたり忙しかったりして寝たくないと……。けれども海や映画に行くことを提案すると、エネルギーとやる気をいつも取り戻し、最終的にはやり遂げるのです！　彼らのおかげで私はこのゲームをしなくなり、彼らはたしかに選択をするという教訓を学びました。彼らは自分の行動だけでなく、自分の反応や感情的反応にも個人的な責任をとることを学んだのです。

新しい問題に直面した時、標準的な対応として、私はこう自問します。「これは1年後も問題かしら？」。もしそうであれば、問題について嘆くことに時間を費やすよりも、修正するための解決策に取り組みます。1年後には問題ではなさそうなら、ただ忘れるようにします。問題について嘆いたり心配したりするのに時間を費やさなければ、その日の夜には思い出すこともなくなるし、まして翌日にはなおさらだと保証します。だから「かわいそうな私」病はやめましょう。否定的な考えにとらわれる時間が増え、前向きで建設的な考えができなくなります。生きることです。もっと愛して、笑って、そして心配することを減らしましょう。

子どもの頃に父に何度もアドバイスされたのは、「大人ぶるのは本当に必要な時だけでいい」ということでした。父のアドバイスに従おうと長年試みましたが、自分自身や深刻になることにあまりにとらわれていて、本当に理解することができませんでした。純朴さと新鮮さをもつ、「成熟した」子どものように振る舞うことをお勧めします。単純なことを愛し、よいことをし、率直に愛し、自分以外のことを考えるのにもっと時間を費やすのです。私たちが解釈する出来事（私たちの記憶）はたいていの場合、真実というよりもむしろ、真実であってくれたらと願うものです。自分の振舞いを正当化し、過去を手放さずにいる方法かもしれません。悩みを手放し、他者から受けたと信じている過去の不正を手放し、すべての状況に知恵と教訓を探しましょう。許して前に進む方法を見つけ、そうするなかで自分自身と愛する人がしなやかさを育てるのを支えましょう。

私はまた、記憶を失うことが認知症がある人にどのように影響するのだろうかと不思議に思っていました。もし愛する人のことを思い出せないとしたら、あるいは、愛を感じ、表現したことを思い出せないとしたら？　安全な認知症病棟で看護師をしていた当時、多くの家族が、愛する人が自分のことを思い出してくれなくてひどく悲しいと言っていました。たいていは家族の顔や名前を思い出せず、知っている人なのかすら思い出せない場合もありました。そして認知症がある人よりも、決まって家族のほうがはるかに悲しそうだったのです。今では私は認知症がある人の立場になったので、それほど確信がもてませんが……。

私はブログが好きなので、この訓練の最大の贈り物は、その日に書いたものを読む習慣です。これは内省と自己認識の素晴らしい手段であり、それに記憶であるだけでなく、私たちの記憶が「決してオリジナルの正確な複製ではなく、継続的な創造行為」であること、そして私たちの時間認識はいかに欠陥が多いかを示しています。1年前に起きたことのほとんどすべてが、ずっと昔に起こったことか、あるいはごく最近起こったことのように思えます。個人的な欠陥というよりも、むしろ人間の心の作用を定義する特徴だとわかっています。この科学には最初は落ち着かない気分にさせられますが、それから奇妙な安らぎを感じ、そしてとても魅力的に思えてくるのです。

まさにこのことを、高く評価されているBBCキャスターで心理作家のクラウディア・ハモンドが『脳の中の時間旅行——なぜ時間はワープするのか』で探求しています。私たちの時間の経験は自分自身の心によって積極的につくられているという考え方と、神経科学者や心理学者が「頭の中の時間」と呼ぶ感覚がどのようにつくられているのかについての、魅力的な冒険です。この考え方は方向感覚を失わせるものですが、人生の無慈悲な独裁者とまさに思われていた現象が、私たちが形創り、利益を得られるものかもしれないと考えることは、奇妙に勇気が湧くものです。また、記憶が重要なのかと問う時にも考えてみるのは興味深いと思います。ハモンドはこう書いています。

私たちは時間の経験を心の中で構築します。ということは、厄介だと思う要素を変更できるということです。過去にさかのぼる時間を止めたり、列が進まない時に時間を早めたり、もっと今を生きようとしたり、旧友に最後に会ったのがどれだけ前だったかを考え出したり。時間は友だちにもなりますが、敵にもなります。肝心なのは、利用することです。自宅でも、仕事でも、社会政策でも、私たちの時間の観念に添うようにするのです。時間認識が重要なのは、私たちの精神的現実に根づいているのが時間の経験だからです。時間は私たちがどう生活を組み立てるかの核心にあるだけでなく、どう人生を経験するかの核心にもあるのです。（ハモンド　2012年）

けれども記憶となると考えることがたくさんありますし、もしかしたら、結局のところ、私たちがそう思いたいほどに重要ではないのかもしれません。アン・バスティングの本のタイトルにあるように、もしかしたら私たちは皆、ただ「記憶を忘れる」べきなのかもしれません！

最後になりますが、ありがとうございます。ここまで読んでくれた人は、メダルに値します！

［参考資料］

国際認知症同盟　Dementia Alliance International（DAI）

もしあなたが認知症なら、国際認知症同盟への参加をお勧めします（www.dementiaallianceinternational.org/）。私は創設メンバーの一人で、２０１６年現在、共同議長であるとともに編集者を続けています。

国際認知症同盟では毎週オンラインの支援グループとCafé Le Brainを毎月複数の時間帯で開催しているほか、興味深い話題についての教育的なオンラインセミナーなど、多くのサービスを提供しています。毎週更新するブログと毎月のニュースレターがあります。多くの国に会員がおり、ウェブサイトには翻訳ボタンがついています。ブログやニュースレターは誰でも申し込むことができますが、会員は認知症がある人に限られます。

私たちのビジョンはシンプルです。つまり、認知症がある人が引き続き十分に価値を認められ、仲間に含められる世界です。

日本における認知症当事者と家族支援の団体

・日本認知症ワーキンググループ
www.jdwg.org
・公益社団法人 認知症の人と家族の会
http://www.alzheimer.or.jp/
・若年認知症家族会・彩星の会
http://star2003.mdn.ne.jp/

References

ABS (2010) in Australian Institute of Health and Welfare (2012) *Dementia in Australia.* Cat. no. AGE 70. Canberra, ACT: AIHW.

Albom, M. (1997) *Tuesdays with Morrie.* New York, NY: Doubleday.

Algase, D., Moore, D., Vandeweerd, C, Gavin-Dreschnack, D. and IWC (2007) 'Mapping the maze of terms and definitions in dementia-related wandering.' *Aging and Mental Health 11*, 6, 686–698.

Alinsky, S.D. (1971) *Rules for Radicals: A Pragmatic Primer for Realistic Radicals.* New York, NY: Vintage.

Alzheimer's Australia (2012) *Exploring Dementia and Stigma Beliefs: A Pilot Study of Australian Adults Aged 40 to 65 Years.* Available at https://fightdementia.org.au/sites/default/files/20120712_US_28_Stigma_Report.pdf, accessed on 24 November 2015.

Alzheimer's Australia (2013) *What is Dementia?* Available at www.fightdementia.org.au/understanding-dementia/what-is-dementia.aspx, acessed on 11 October 2015.

Alzheimer's Disease International (2011) *World Alzheimer's Report 2011: The Benefits of Early Diagnosis and Intervention – Executive Summary.*

Alzheimer's Disease International (2013) *Dementia Statistics.* Available at www.alz.co.uk/research/statistics, accessed on 9 December 2014.

Alzheimer's Society of Ireland (2008) *Media Guidelines to Dementia Language: Dementia-friendly Language.* Available at www.alzheimer.ie/about-us/news-and-media/media-guidelines-to-dementia-language.aspx, accessed on 21 April 2014.

Anonymous (2009) *Poetry Aims to Help Cut Dementia Problem.* Darlington (UK): Newsquest (North East) Ltd.

Anstey, K., Wood, J., Lord, S. *et al.* (2005) 'Cognitive, sensory and physical factors enabling driving safety in older adults.' *Clinical Psychology Review 25*, 1, 45–65.

Australian Broadcasting Corporation (ABC), reporter Steve Cannane (2013) 'Nursing home residents are being sedated.' *Lateline.* Transcript: www.abc.net.au/lateline/content/2013/s3808604.htm.

Australian Broadcasting Corporation (ABC), reporter Margot O'Neill (2013) 'Assaults in nursing homes go unreported.' *Lateline.* Transcript: www.abc.net.au/lateline/content/2013/s3735328.htm.

Australian Government (1992) Disability Discrimination Act. Available online at www.comlaw.gov.au/Details/C2005C00204, accessed 16 September 2015.

Australian Human Rights Commission (2013) *What are Human Rights?* Available at www.humanrights.gov.au/about/what-are-human-rights, accessed on 1 December 2013.

Austroads (2012) *Assessing Fitness to Drive.* Available at www.austroads.com.au/drivers-vehicles/assessing-fitness-to-drive.

Barca, M.L., Thorsen, K., Engedal, K., Haugen, P.K. and Johannessen, A. (2014) 'Nobody asked me how I felt: Experiences of adult children of persons with younger onset dementia.' *International Psychogeriatrics 26*, 12, 1–10.

Bartlett, R. (2014) 'The emergent modes of dementia activism.' *Ageing and Society 34*, 623–644.

Basting, A. (2009) *Forget Memory.* Baltimore, MD: The John Hopkins University Press.

Batsch, N., Mittelman, M. and Alzheimer's Disease International (2012) *World Alzheimer's Report 2012: Overcoming the Stigma of Dementia.* London: Alzheimer's Disease International.

Belardi, L. (2013a) 'Buttrose decries aged care standards.' *Australian Ageing Agenda.* Available at www.australianageingagenda.com.au/2013/05/01/buttrose-decries-aged-care-standards, accessed on 11 October 2015.

Belardi, L. (2013b) 'Call to entrench human rights in aged care.' *Australian Ageing Agenda.* Available at www.australianageingagenda.com.au/2013/06/14/article/Call-to-entrench-human-rights-in-aged-care/APIAVMJXVT.html, accessed on 11 October 2015.

Benbow, S. and Jolley, D. (2012) 'Dementia: Stigma and its effects.' *Neurodegenerative Disease Management 2*, 2, 165–172.

Bier, N., Macoir, J., Gagnon, L., Van, d. L., Louveaux, S. and Desrosiers, J. (2009) 'Known, lost, and recovered: Efficacy of formal-semantic therapy and spaced retrieval method in a case of semantic dementia.' *Aphasiology 23*, 2, 210–235.

Bredesen, D. (2014) 'Reversal of cognitive decline: A novel therapeutic program.' *Aging 6*, 9, 707.

Bright, P., Moss, H.E., Stamatakis, E.A. and Tyler, L.K. (2008) 'Longitudinal studies of semantic dementia: The relationship between structural and functional changes over time.' *Neuropsychology 46*, 8, 2177–2188.

Bryden, C. (2006) *Dancing with Dementia: My Story of Living Positively with Dementia.* London: Jessica Kingsley Publishers.

Burack-Weiss, A. and Ebrary (2006) *The Caregiver's Tale: Loss and Renewal in Memoirs of Family Life.* New York, NY: Columbia University Press.

Burgener, S. and Berger, B. (2008) 'Measuring perceived stigma in persons with progressive neurological disease: Alzheimer's dementia and Parkinson's disease.' *Dementia 7*, 1, 31–53.

Burns, K., Jayasinha, R., Tsang, R., Brodaty, H. (2012) *Behaviour Management – A Guide to Good Practice.* Dementia Collaborative Research Centre, University of South Wales. Available online at www.dementiaresearch.org.au/images/dcrc/output-files/328-2012_dbmas_bpsd_guidelines_guide.pdf, accessed on 15 September 2015.

Carel, H. (2008) *Illness: The Cry of the Flesh.* Stocksfield, UK: Acumen.

Cartwright, R.D. (2010) *The 24 Hour Mind.* Oxford: Oxford University Press.

Civil Aviation Safety Authority (2013) *Pilot's Exams and Licenses.* Available at www.casa.gov.au/scripts/nc.dll?WCMS:STANDARD::pc=PC_90004, accessed on 11 October 2015.

Clark, S. (2013) 'Review: Learning life from illness stories'. *Australian Family Physician 42*, 4, 252.

Clasper, K. (2014) 'Time to raise awareness of dementia again.' Blog post, *Living well with Lewy Body Dementia*, 20 April. Available at http://ken-kenc2.blogspot.com.au/2014/04/time-to-raise-awareness-of-dementia.html, accessed on 21 April 2014.

Cole-Whittaker, T. (1988) *What You Think of Me is None of My Business.* New York, NY: Jove Publishing.

Collins, C. (2009) 'A Dying Mind: the profound losses of early onset dementia.' *Link Disability Magazine 18*, 3, 22–24.

Croot, K. (2009) 'Progressive language impairments: Definitions, diagnoses, and prognoses.' *Aphasiology 23*, 2, 302–326.

Dean, E. (2011a) 'Stigma and dementia care.' *Nursing Older People 23*, 5, 12.

Dean, E. (2011b) 'Workloads and staff levels hamper dementia care.' *Nursing Older People 23*, 5, 6.

Dementia Awareness Month (2014) 'Media Release: Diagnosis of younger onset dementia has life changing impact on families.' Available at http://sydney.edu.au/medicine/cdpc/documents/media-releases/media-release-yod-workshop-3-Sept-14.pdf, accessed on 13 October 2015.

Devlin, E., MacAskill, S. and Stead, M. (2007) '"We're still the same people": Developing a mass media campaign to raise awareness and challenge the stigma of dementia.' *International Journal of Nonprofit and Voluntary Sector Marketing 12*, 1, 47–58.

Dictionary.com (undated) 'Myth.' Available online at http://dictionary.reference.com/browse/myth, accessed on 15 September 2015.

Doidge, N. (2012) *The Brain That Changes Itself.* Melbourne, Vic: Scribe Publications.

Doidge, N. (2015). *The Brain's Way of Healing: Stories of Remarkable Recoveries and Discoveries.* London: Allen Lane.

Elias, N. (2001) *The Loneliness of the Dying.* New York, NY: Continuum Publishing.

Etymonline.com, Online Etymology Dictionary (undated) 'Myth.' Available online at http://www.etymonline.com/index.php?term=myth, accessed on 15 September 2015.

Fossum, K. (2003) *Don't Look Back.* London: Vintage Imprints.

Frankl, V. (2006) *Man's Search for Meaning.* Boston, MA: Beacon Press.

Frittelli, C., Borghetti, D., Iudice, G. *et al.* (2009) 'Effects of Alzheimer's disease and mild cognitive impairment on driving ability: A controlled clinical study by simulated driving test.' *International Journal of Geriatric Psychiatry 24*, 232–238.

Garand, L., Lingler, J., Conner, K., and Dew, M. (2009) 'Diagnostic labels, stigma, and participation in research related to dementia and mild cognitive impairment.' *Research in Gerontological Nursing 2*, 2, 112–121.

Gaukroger, M. (2014) 'Update: The emotion involved in caring for a parent with Younger Onset Dementia.' *Dementia News.* Available at http://dementiaresearchfoundation.org.au/blog/update-emotion-involved-caring-parent-younger-onset-dementia, accessed on 13 October 2015.

Goffman, E. (1963) *Stigma: Notes on the Management of Spoiled Identity.* Englewood Cliffs, NJ: Prentice Hall.

Hagens, C., Beaman, A. and Ryan, E. (2003) 'Reminiscing, poetry writing, and remembering boxes: Personhood-centered communication with cognitively impaired older adults.' *Activities, Adaptation & Aging 27*, 3/4, 97–112, CINAHL Plus with Full Text, EBSCO*host*, accessed on 18 June 2014.

Hammond, C. (2012) *Time Warped: Unlocking the Mysteries of Time Perception.* London: Canongate Books Ltd.

Heredia, C.G., Sage, K., Ralph, M.A L. and Berthier, M.L. (2009) 'Relearning and retention of verbal labels in a case of semantic dementia.' *Aphasiology 23*, 2, 192–209.

Hodkinson, B. (2011) 'Taking the stigma out of dementia.' *Nursing Older People 23*, 10, 8.

Hughes, J., Louw, S. and Sabat, S. (2006) 'Seeing the whole.' In J. Hughes, S. Louw and S. Sabat (eds) *Dementia: Mind, Meaning, and the Person.* e-Kindle. New York: Oxford University Press.

Innes, A. (2009) *Dementia Studies* (London edn). London: SAGE Publications Ltd.

Jaffe, I. and Benincasa, R. (2014) 'Old and Overmedicated: The Real Drug Problem in Nursing Homes.' *National Public Radio.* Available online at www.npr.org/sections/health-shots/2014/12/08/368524824/old-and-overmedicated-the-real-drug-problem-in-nursing-homes, accessed on 15 September 2015.

Jeon, Y., Govett, J., Low, L., Chenoweth, L., Fethney, J., Brodaty, H. and O'Connor, D. (2014) 'Assessment of behavioural and psychological symptoms of dementia in the era of the aged care funding instrument.' *The Internet Journal of Psychiatry 3*, 1.

Kar-Purkayastha, I. (2010) 'An epidemic of loneliness.' *The Lancet 376*, 9758, 2114–2115. Available online at www.thelancet.com/pdfs/journals/lancet/PIIS0140673610621903.pdf, accessed on 16 September 2015.

Kidd, L. (2009) *The Effect of a Poetry Writing Intervention on Self-Transcendence, Resilience, Depressive Symptoms, and Subjective Burden in Family Caregivers of Older Adults with Dementia.* ProQuest, UMI Dissertations Publishing.

Kidd, L., Zauszniewski, J. and Morris, D. (2011) 'Benefits of a poetry writing intervention for family caregivers of elders with dementia.' *Issues in Mental Health Nursing 32*, 9, 598.

King, Jr, M.L. (1963) *Letter from a Birmingham Jail.* Letter, 16 April.

Kitwood, T. (1997) *Dementia Reconsidered: The Person Comes First.* Bristol, PA: Open University Press.

Kitwood, T. and Bredin, K. (1992) 'Towards a theory of dementia care: Personhood and well-being.' *Ageing and Society 12*, 92, 269–287.

Kubler-Ross, E. (1969) *On Death and Dying.* New York, NY: Scribner.

Link, B. and Phelan, J. (2001) 'Conceptualizing stigma.' *Annual Review of Sociology 27*, 363–385.

Lipton, B. (2011) *The Biology of Belief: Unleashing the Power of Consciousness, Matter and Miracles.* London: Hay House.

Mackenzie, J. (2006) 'Stigma and dementia: East European and South Asian family carers negotiating stigma in the UK.' *Dementia 5*, 2, 233–247.

Magarey, J. (2009) *Exposure: A Journey.* Mile End, SA: Wakefield Press Pty, Limited.

Márquez, G.G. (2003) *Love in the Time of Cholera.* New York, NY: Vintage International.

Marshall, M. (2005) *Perspectives on Rehabilitation and Dementia.* London: Jessica Kingsley Publishers.

Mascher, J. (2002) 'Narrative therapy.' *Women & Therapy 25*, 2, 57–74.

Mayo Clinic (2013) *Dementia: Definition.* Available at www.mayoclinic.com/health/dementia/DS01131, acessed on 11 October 2015.

Milne, A. (2010) 'The "D" word: Reflections on the relationship between stigma, discrimination and dementia.' *Journal of Mental Health 19*, 3, 227–233.

Moore, R. (2011) Alzheimer's Australia national conference.

Mukadam, N. and Livingston, G. (2012) 'Reducing the Stigma Associated with Dementia: Approaches and Goals.' *Aging Health 8*, 4, 377.

Novotney, A. (2008) 'Finding the right words.' *Monitor 39*, 2. Available at www.apa.org/monitor/feb08/finding.aspx, accessed on 11 October 2015.

Odenheimer, G. (2006) 'Driver safety in older adults: The physician's role in assessing driving skills of older patients.' *Geriatrics 61*, 10, 14–21. In P. Gray-Vickrey (2010) 'Dementia and driving.' *Alzheimer's Care Today 11*, 3, 149–150.

Overmier, J.B. (2013) 'Learned helplessness.' *Psychology.* DOI: http://dx.doi.org/10.1093/obo/9780199828340-0112.

Payne, M. (2006) *Narrative Therapy*. London: SAGE Publications.

Pesonen, H., Remes, A. and Isola, A. (2011) 'Ethical aspects of researching subjective experiences in early-stage dementia.' *Nursing Ethics 18*, 5, 651–661.

Phillipson, L., Magee, C., Jones, S. and Skladzien, E. (2012) 'Correlates of dementia attitudes in a sample of middle-aged Australian adults.' *Australasian Journal on Ageing 33*, 3 ,158–163.

Polkinghorne, D.E. (2000) 'Narrative Therapy'. In A. E. Kazdin (ed.) *Encyclopedia of Psychology*. Washington, DC: American Psychological Association.

Powell, J. (2005) *Julie and Julia*. London: Penguin.

Rahman, S. (2014) *Living Well with Dementia: The Importance of the Person and the Environment for Wellbeing*. London: Radcliffe.

Rahman, S. (2015) *Living Better with Dementia: Good Practice and Innovation for the Future*. London: Jessica Kingsley Publishers.

Ryan, S. (2006) 'Stigma of dementia is "cruel and widespread".' *Irish Medical Times 40*, 39, 6.

Sabat, S. (2001) *The Experience of Alzheimer's Disease: Life Through a Tangled Veil*. Malden, MA: Blackwell.

Scheff, T. (1990) *Microsociology: Discourse, Emotion and Social Structure*. London: University of Chicago Press.

Scottish Dementia Working Group (2014) *About Us*. Available at www.sdwg.org.uk/home/about-us-sdwg, accessed on 3 April 2014.

Seligman, M. (2011) *Flourish: A Visionary New Understanding of Happiness and Well-being*. New York, NY: Free Press.

Simpson, J. and Roud, S. (2000) *Dictionary of English Folklore*. Oxford: Oxford University Press.

Sinclair, A.J., Morley, J.E. and Vellas, B. (2012) *Rehabilitation*. Chichester: John Wiley & Sons, Ltd.

Squires, A.J. and Hastings, M.B. (2002) *Rehabilitation of the Older Person: A Handbook for the Interdisciplinary Team*. Cheltenham: Nelson Thornes.

Swaffer, K. (2008) 'Dementia: My new world.' *Link Disability Magazine 17*, 4, 12–13.

Swaffer, K. (2011a) 'My unseen disappearing world.' *The Big Issue 389*, 16–19.

Swaffer, K. (2011b) 'Dementia: The Reality.' *Inquiry into Dementia, Early Diagnosis and Intervention*. Available at www.aph.gov.au/Parliamentary_Business/Committees/House_of_representatives_Committees?url=haa/dementia/subs/sub077%20-%20kate%20swaffer%20-%2005%20may%202012.pdf, accessed on 15 September 2015.

Swaffer, K. (2011c) 'Dementia.' *Creating Life with Words*. Available at http://kateswaffer.com/dementia, accessed 23 November 2015.

Swaffer, K. (2012a) 'Dementia, aged care, death and drugs.' *Creating Life with Words*. Available at www.kateswaffer.com/2012/09/05/dementia-aged-care-death-and-drugs.

Swaffer, K. (2012b) *Locked in Prison.* Available at www.kateswaffer.com/2011/12/29/locked-in-prison.

Swaffer, K. (2012c) *Love, Life, Loss: A Roller-Coaster of Poetry.* Kelbane, Richmond, SA: Graphic Print Group.

Swaffer, K. (2012d) 'You Live Until You Die.' In P. Willis and K. Leeson (eds) *Learning Life from Illness Stories.* Mt Gravatt, Qld: Post Pressed.

Swaffer, K. (2013) 'Creating life with words'; 'Dementia, aged care, death and drugs'; 'Dementia and human rights'; 'Dementia = social inequality'; 'Heading to aged care'; 'The human cattle yards for dementia and aged care'; 'Human rights, dementia and the elderly'; 'Locked in prison'. Available at www.kateswaffer.com/2013/05/02/ita-buttrose-on-dementia-and-human-rights, accessed on 27 November 2015.

Swaffer, K. (2014a) 'Dementia: Stigma, Language, and Dementia-friendly.' *Dementia 13*, 6, 709–716.

Swaffer, K. (2014b) 'Reinvesting in life is the best prescription.' *Australian Journal of Dementia Care.* Available at http://journalofdementiacare.com/reinvesting-in-life-is-the-best-prescription, accessed 23 November 2015.

Swaffer, K. (2015) 'The power of language.' *Australian Journal of Dementia Care.* Available at http://journalofdementiacare.com/the-power-of-language, accessed 23 November 2015.

Taylor, R. (2007) *Alzheimer's from the Inside out.* Towson, MD: Health Professions Press.

Taylor, R. (2008) 'Is this the end of the beginning or the beginning of the end?' *Monitor* 39, 2, 25. Available at www.apa.org/monitor/feb08/isthistheend.aspx, accessed on 11 October 2015.

Temes, R. (1992) *Living with an Empty Chair: A Guide Through Grief.* Far hills, NJ: New Horizon Press Publishers.

Ticehurst, S. (2001) 'Is dementia a mental illness?' *Australian and New Zealand Journal of Psychiatry 35*, 716–723.

Travers, C., MacAndrew, M., Hines, .S, O'Reilly, M., Fielding, E., Beattie, E. and Brooks, D. (2015) 'The effectiveness of meaningful occupation interventions for people living with dementia in residential aged care: a systematic review protocol.' *JBI Database of Systematic Reviews & Implementation Report 13*, 4, 87–99.

Walker, R. (2012) *The Five Stages of Health.* London: Transworld Publishers.

Werner, P., Mittelman, M., Goldstein, D. and Heinik, J. (2012) 'Family stigma and caregiver burden in Alzheimer's disease.' *The Gerontologist 52*, 1, 89–97.

White, M., Morgan, A. and Dulwich Centre (2006) *Narrative Therapy with Children and Their Families.* Adelaide: Dulwich Centre Publications.

Zeilig, H. (2014) 'Gaps and spaces: Representations of dementia in contemporary British poetry.' *Dementia (London, England) 13*, 2, 160–175.

訳者あとがき

本書は、認知症への偏見を覆すものです。

読者は、著者ケイトの知性に圧倒されたのではないでしょうか。自己に起きる出来事を冷徹なまでに見つめ、言語化し、分析する。それをなしえたのはケイトの力であるとともに、声なき者たちの声が彼女の存在に宿り、力を与えたのでしょう。

認知症がある人が自ら講演をし、認知症とともに生きることについて語る――これは当初、大きな驚きをもって受け止められました。その先駆者と言えるのが本書にも登場するクリスティーン・ブライデンです。彼女が登壇した京都での国際アルツハイマー病協会国際会議が開催された2004年は、日本の認知症ケアにおける大きなターニングポイントになりました。日本においても当事者による発信はあったものの、社会的烙印のために匿名で行われていました。2004年以降、クリスティーンに触発され、実名での発信が増えるとともに社会的な関心も高まりました。

私自身も、当時クリスティーンに触発された一人です。うつ病を患っていたのが、偶然テレビで目にした彼女の姿に惹かれて著書を読んだことで、うつ病と認知症の症状が似ていることを知りました。実際に彼女に会い、深い共感を覚えたことから認知症ケアに関わるようになりました。今では著作や講演を通してパーソンセンタードケアを伝えています。この10年ほどの間に、パーソンセンタードケアも認知されるようになり、当事者の声に耳を傾ける人が少しずつ増えてきました。

２０１４年には日本でも認知症ワーキンググループが結成され、「私たち抜きに私たちのことを決めないで」という言葉が現実味を帯びました。この間の急速な技術の進歩もあり、ＳＮＳを駆使して発信する当事者も増え、当事者発信はまさに新しい時代に突入したように感じます。

そんななか、今後の10年をリードする存在として登場したのがケイトです。ＳＮＳのみならずマインドフルネスやポジティブ心理学など最新の知見を存分に活用して認知症を乗り越えていくケイトの姿には雄々しさすら感じます。

私がうつ病から回復したきっかけは読書だったため、本がもつ力を信じ、読書療法の研究、発信を続けてきました。そんな私にとって本書で多く紹介されているようにケイトが本の力によって認知症を乗り越えてきたことは、とても興味深いのです。

本は、ただの紙の塊ではありません。そこには著者の魂が生きています。ケイトがリチャード・テイラーの言葉によって認知症を乗り越えて生きる力を得ることができたように、本書も多くの読者に生きる力を与えることと確信しています。

身を削って執筆した著者の思いが、どうか読者のみなさまに届きますように。

２０１７年4月

寺田　真理子

著者｜ケイト・スワファー（Kate Swaffer）
オーストラリア在住、58歳。2008年、49歳で認知症と診断された。
認知症病棟の看護師、オーナーシェフなど多彩な職歴をもち、診断後、認知症当事者による権利擁護活動を開始。2014年に当事者だけの国際認知症同盟（DAI）を共同設立、議長となる。2015年には認知症がある人として初めて国連の世界保健機関で講演、当事者の権利を訴えた。
認知症と高齢者ケアの権利擁護者、活動家。作家、国際的講演家
オーストラリア・アルツハイマー病協会認知症諮問委員会会長。消費者認知症研究ネットワーク共同議長。国際アルツハイマー病協会理事。現在、ウーロンゴン大学博士課程に在籍
2017年の「最も活躍したオーストラリア人」（南オーストラリア州）に選出される。（オーストラリア）ナショナル・ディサビリティ・アワードで新リーダー賞を共同受賞。国際認知症アワードの「今年の認知症リーダー」賞を受賞
https://kateswaffer.com/
https://kateswaffer.com/daily-blog/

訳者｜寺田真理子（てらだ まりこ）
長崎県出身。幼少時より南米諸国に滞在。東京大学法学部卒業
日本読書療法学会会長（日本読書療法学会：http://www.bibliotherapy.jp/）
日本メンタルヘルス協会公認心理カウンセラー
著書や訳書、全国各地での講演活動を通じて認知症のパーソンセンタードケアの普及に力を入れている（パーソンセンタードケア研究会：http://www.clc-japan.com/pcc/）。著書に『パーソンセンタードケア講座』（CLC）、訳書に『認知症の介護のために知っておきたい大切なこと～パーソンセンタードケア入門』『介護職のための実践！パーソンセンタードケア～認知症ケアの参考書』（以上、筒井書房）『私の声が聞こえますか～認知症がある人とのコミュニケーションの可能性を探る』（雲母書房）『パーソンセンタードケアで考える認知症ケアの倫理』（クリエイツかもがわ）など多数。

認知症を乗り越えて生きる　“断絶処方”と闘い、日常生活を取り戻そう

2017年5月20日　初版　第1刷発行

著　者●ケイト・スワファー
訳　者●寺田真理子
発行者●田島英二　taji@creates-k.co.jp
発行所●株式会社クリエイツかもがわ
〒601-8382　京都市南区吉祥院石原上川原町21
電話 075（661）5741　FAX 075（693）6605
郵便振替　00990－7－150584　http：／／www.creates-k.co.jp
編集●七七舎
印刷所●モリモト印刷株式会社

ISBN978-4-86342-210-0 C0036　Printed in Japan